# Agua de Limón

CLARA FUERTES

# *A*gua de *L*imón

"BASADA EN UNA HISTORIA REAL"

Primera edición: marzo, 2014
Reedición: noviembre 2015
Agua de limón
© Clara Fuertes
Fotografía de la portada: María Riquelme Carrere
Fotografía de la contraportada: Clara Fuertes

ISBN: 9781517633790

# ÍNDICE

«Hierve la sangre juvenil; se exalta
lleno de aliento el corazón, y audaz
el loco pensamiento, sueña y cree que
el hombre es, cual los dioses, inmortal.
No importa que los sueños sean
mentira, ya que, al cabo, es verdad
que es venturoso el que soñando
muere, infeliz el que vive sin soñar».

ROSALÍA DE CASTRO,
*En las orillas del Sar*

Dedicado especialmente a mis yayas,
que me regalaron esta historia.

# PRÓLOGO

Este libro se fraguó durante mi infancia. En Zaragoza. En casa de mis abuelas maternas.

El agua de limón me atrae, me transporta a mis largas siestas veraniegas, junto a mi abuela Magui; ella me regaló la historia de su vida.

Le prometí que algún día la escribiría; la palabra de una niña inconsciente y juguetona, que apenas se daba cuenta de lo que ofrecía. Con su muerte, su vida quedó sumergida en el fondo de mi memoria, como una historia más, narrada, apasionada, despojada de toda sensación de realidad, llena de luces y sombras.

Desposeída de todo infantilismo, volvió a mí, como un milagro. Su recuerdo de nuevo se hizo mío, en el momento de mi vida en que yo más lo necesitaba… a la deriva, navegando sin rumbo, un torrente de pensamientos me envolvió, me acogió y me recuperó para escribir.

Evocar una historia verídica es siempre difícil, pero mucho más cuando es personal, toca tus sentimientos y los de los tuyos. Es entonces cuando la escritura se vuelve subjetiva, inventamos personajes, sus ideas, reacciones, la fantasía que los envuelve y la pasión que emanan se entrelazan en ver y sentir la vida de forma autobiográfica, enigma, locura… todo ello se fusiona en una misma obra. En un solo deseo: acabarla.

*El hombre es un dios cuando sueña y un mendigo cuando reflexiona...* He soñado con finalizar esta obra desde el día en que la inicié, un deseo que ralentizaba gozosa, porque disfrutaba de cada palabra que escribía y del tiempo que le dedicaba. Sin embargo, la mendicidad ha llenado algunos de mis párrafos donde hubiese querido expresar libremente mis sentimientos.

Mi reflexión y comedimiento son fruto del pudor; he cambiado algunos de los nombres de los personajes y lugares, a petición de mi madre.

Los personajes son casi todos reales, los lugares que cito y describo también, algunas situaciones son inventadas según mi percepción o mi deseo de que hubiese sucedido tal cual lo expreso, mis lagunas las lleno de emoción, mis miedos de imaginación, ya no tengo a quién preguntar, ya nadie sabe nada y los que pudiesen quedar vivos están perdidos en las tinieblas del olvido.

Si alguien tuviese la medida de la lengua, sabría lo conveniente que es hablar y al mismo tiempo callar; yo he seguido mi intuición, he sido mi propio policía, mi duelo ha sido mi pensamiento, pero el libro ha sabido avanzar seguro, y pese a todo, ha crecido y explorado su propio destino.

J.B. Ballard escribió:

*Creo en la muerte de las emociones y el triunfo de la imaginación para rehacer el mundo, liberar la verdad que hay en nosotros, alejar la noche, trascender a la muerte...*

*Creo en el misterio de la vida y la melancolía de una mano, en la amabilidad de los árboles, en la sabiduría de la luz, en la locura, en la verdad de lo inexplicable...*

*Creo en los próximos cinco minutos...*

*Creo en la historia de mis pies.*

Y así comienza...

# CAPÍTULO 1
## «La infancia»

*Apenas crees dominar un párrafo de tu existencia, algo se divierte emborronando el texto…* las palabras que Chantall Maillard escribió en su libro *Filosofía en los días críticos* me vienen a la mente una y otra vez, como un martilleo, un eco sordo que retumba a gritos en mi cabeza. Desde que leí esta frase, se me quedó grabada, como se quedan grabados los diseños en el cuero cuando los imprimes con fuego, profundo, lento.

Es cierto que cada cambio es una aventura; cada revés de la vida, una forma de superación, un pequeño triunfo hecho de tristeza.

Mil sensaciones lo invaden todo; en este preciso instante, me superan, se apoderan de todo mi ser.

Volver a empezar, de cero, de nuevo. Es la esencia de mi vida, oscilar, quemar preguntas, desgastarme, dejar siempre una puerta abierta para enfrentarme a la realidad que toca, que me asfixia momentáneamente, que me vela la voz hasta convertirla en un lamento… pero si uno logra pasar y avanzar hacia su propio destino, entonces, solo entonces, crece, y la exploración de uno mismo se convierte en vivencia, en conocimiento, en energía pura.

Madrid. El destino vuelve a jugar conmigo; la existencia es algo caprichosa, lo sé, y esta vez, ha vuelto a vencerme y vuelvo. Después de muchos lugares vividos y queridos, regreso a Madrid, testigo mudo de mi independencia, de mi paso de niña a mujer, de mi propia juventud que vivía de prisas, de impaciencia, de inocencia acumulada.

Los retazos de tu vida quedan grabados en tu memoria de forma caprichosa, selección natural de los acontecimientos; ésta borra lo insignificante, magnifica los detalles, imprime lo trascendente, frases, poemas, palabras, imágenes, deseos, arrebatos, miedos, nostalgias, penas, sabores.

Todo me ha gustado escribirlo en cuadernos; siempre han formado parte del paisaje de mi bolso, de mis recuerdos, de mi historia. Los he llevado siempre conmigo, los llevo todavía para no olvidar nada o para recordar aquello que me llama la atención, me gusta, me envenena… me apasiona, aquellos temas que quiero reivindicar, reinventar, olvidar sin desterrar. Mi mente está siempre escribiendo y necesito un papel continuamente a mano. Mis historias están llenas de borrones y tachaduras, pero son las mías, las que quiero, las que desecho, todas, benditas letras que me hacen pensar y navegar cada día en el difícil mundo de la escritura.

La locura de escribir me arrastra.

Ahondar en tus profundidades, en tus propias entrañas, es siempre doloroso; nunca parece ser el momento adecuado, es un ejercicio de subjetivismo autobiográfico, pero ¿qué escritura no lo es? Parece… un sinsentido, pero no; mi libro debe avanzar hacia su propio destino.

Como decía Artaud: *No concibo una obra separada de la vida, cada una de mis obras es un proyecto de mí mismo.*

Sí… éste será mi proyecto, un proyecto de vuestras vidas, de mi vida.

Es ahora o nunca, ha llegado el momento… de escribir… de escribiros… de contaros, a vosotras. A mis yayas…

Y cuando hablo de mis yayas me estoy refiriendo a mis abuelas maternas…

¡Tuve dos!

Sí, sé que es difícil entender que uno pueda tener dos abuelas maternas y una paterna, pero en mi caso fue algo real y maravilloso, porque ellas fueron una constante, una referencia; ellas formaron mi infancia.

Pasaba largas temporadas con mis yayas, Magui y Francis, en Zaragoza; ellas vivían juntas en una preciosa casa en el centro de la ciudad, una casa que para mí era como un palacio de cristal, donde había espacios prohibidos, donde no se podía tocar casi nada.

Adoraba aquella casa, para mí era como un misterioso tesoro; en mi curiosidad cándida abría puertas y me dejaba llevar por mi fantasía siempre desbordante, creaba quimeras y las compartía. Ellas podían ser al mismo tiempo hadas o brujas según me convenía. Su salón prohibido guardaba secretos que yo debía encontrar entre libros milenarios, un mapa o una pista que me llevase a resolver el misterio que cada día me inventaba. Mi creatividad no tenía límites, como no tenían límites los cientos de libros, algunos nuevos, otros antiquísimos, que se acumulaban en las estanterías, mezclados con la plata que limpiaban cuidadosamente una vez a la semana como si fuese un ritual mágico; porcelana auténtica de la china y muebles llenos de bordados. Todo era delicado, pero al mismo tiempo bohemio, acogedor sería la palabra más apropiada; me encandilaba, desde la pieza inaccesible del salón al resto de la casa; nada que ver con la funcionalidad práctica de mi hogar.

Magui y Francis eran hermanas, las dos madres de mi madre, la genética y la razón, el corazón y la educación; ellas amaban incondicionalmente a su única hija, la que no había tenido, la que solo le quedaba, y esto provocaba situaciones de lo más enrevesadas, los celos, la envidia, el amor, la solidaridad, el compañerismo, la hermandad; las contradicciones reinaban continuamente entre ellas.

La necesidad les había convertido en viajeras del mismo barco, viviendo bajo el mismo techo; una necesidad hecha de soledad, de compañía, de cariño dirigido en una sola dirección, mi madre. Fueron veranos felices e intensos donde engordábamos muchísimo; mis yayas nos cuidaban a todos los nietos como si fuésemos príncipes y nos cebaban con lo más apetitoso, con lo más especial... ¡Agua de limón!

Todo lo que queríamos, ellas nos lo daban, era una vida perfecta, un territorio de juegos, un suelo donde pisar, donde poder crear, donde aprendíamos el valor de la amistad, donde volábamos en libertad, la huella de la infancia imborrable y pródiga. Del anonimato, al protagonismo más absoluto.

En aquellos días, me sentía demasiado importante y lo recuerdo después de tanto tiempo con una claridad cegadora, como si me hubiese sucedido ayer...

# CAPÍTULO 2
## «Las siestas»

En uno de aquellos días de verano, mi yaya Magui comenzaría a hablarme.

Todo comenzó durante una siesta; le siguieron muchas más, todas las de aquel verano, el final de mi infancia.

Yo tenía once años, apenas me quedaba un mes para cumplir los doce, el lenguaje que utilizó y el tono fueron desde el primer momento enigmáticos, era como si me quisiera contar un cuento y que nadie más se enterase, o al menos, a mí eso me pareció.

Yo aún no lo sabía, pero aquel sería nuestro último verano juntas.

No fui capaz de rodar una sola lágrima cuando murió, me vestí de colores el día que la enterramos, sabía que a ella le gustaría, no reconocí su cuerpo inerte, descolorido y frío en el tanatorio. Tras el cristal plagado de huellas dactilares marcadas, solo había una triste figura que no era mi yaya Magui, me desligué de su imagen mortuoria y no me sentí afligida, era como un juego tétrico estar en el cementerio, la gente que nos rodeada estaba compungida, yo observaba a mi madre, ella aceptaba con paciencia cada condolencia, con pasividad casi; tampoco ella mostraba ninguna emoción, ningún dolor podía lastimarnos, ningún llanto tocar nuestra alma. Magui vivía y yo la sentía muy cerca todavía, sus palabras aún resonaban en mis oídos, no hacía ni cinco meses desde que había compartido mis últimas siestas con ella, tenía una historia que contar, su historia.

La mente de un niño es un prodigio de banalidades, demasiado protegida del dolor, y yo me fui olvidando, de sus caricias, de su voz, de ella; su rostro comenzó a desdibujarse en mi mente... ¡Agua de limón!... o quizá no.

Yo adoraba su cuerpo mullido que me envolvía entre sus grandes brazos y me embriagaba con su perfume de flores y dulces caseros; es curioso, todavía hoy recuerdo y percibo su olor en algunos rincones de la casa de mis padres, en determinadas prendas, ropa de cama y armarios roperos que mi madre conserva aún con primor. He intentado en vano reproducir su olor comprando los mismos jabones y cremas que ella usaba, pero el resultado no es el mismo, su aroma era especial.

Fue así como comenzó a contarme su vida, como un cuento infantil.

En cada siesta, ella desmenuzaba su alma sin que yo, criatura sin ninguna malicia, percibiese que tenía alguna relación con ella, su historia era real y yo no lo sabía, narró de memoria muchos episodios donde la desdicha, la alegría, el amor, el desamor, los desencuentros, los encuentros, hicieron que yo llorase, me emocionase, y en otras ocasiones riera sin parar; pero sobre todo, consiguió que, voluntariamente, quisiera dormir la siesta en aquellos días infernales de verano donde el aire acondicionado era un espejismo todavía no inventado y donde la imaginación era lo único que contaba para lidiar con aquellas jornadas de nietos interminables.

Magui, como todos la llamábamos en casa, se llamaba en realidad María, era la hermana pequeña de mi abuela materna, Francis; ella se convirtió en abuela, la tercera por derecho propio, y en nuestro ángel de la guarda por derecho reconocido. No es que yo crea en estas cosas de espíritus, almas o reencarnaciones, pero sinceramente, siento que vela por nosotros cada día y pese a mi ateísmo manifiesto, a veces me sorprendo invocando su ayuda y protección, como si de Dios se tratase.

Se fue muy joven de nuestras vidas, pero dejó huella, en todos, a su manera en cada uno.

A mí me dejó la huella de la historia, que no tardaría en descubrir veraz, y después de mil preguntas sin respuesta y de mil respuestas sin preguntas, de años pasados, de escritos, de indagaciones; con la madurez comencé a investigar ya en serio, intenté poner sobre el papel su memoria y unirla a otros retazos que había escuchado a Francis, que por fortuna para mí, fue de gran longevidad.

Con todo ello, recuerdos, preguntas, la ayuda de mi madre y una gran dosis de imaginación, pude por fin entender sus susurradas palabras y crear un proyecto.

Sus memorias eran mi legado y yo se las debía.

Su historia fueron mis siestas.

Su historia es ahora mi desvelo.

Su historia me trae las lágrimas que un día no fui capaz de derramar. Vivo en una encrucijada: la facilidad profunda del recuerdo y mi dificultad exterior de contarla.

*Estoy en la luna cuando otros están en su balcón*, dijo Artaud.

# CAPÍTULO 3
## «Tiempos difíciles...»

Puede que la vida de mis abuelas no difiera en nada de otras vividas a principios y durante el siglo XX, época de incertidumbres, hambre, incultura, reformas, cambios y guerras entre hermanos.

Su intensidad es desgarradora y su tristeza infinita; por eso hoy la escribo y me descubro, me queda el consuelo de que fueron felices y que las quisimos, todos sus nietos, tanto que de alguna forma pudimos suplir tanta pena acumulada.

*Tiempos difíciles... tiempos de amores.* Esta frase la habré oído un millón de veces en boca de mi madre, ella siempre dice que la pronunciaba continuamente mi bisabuela Clara, y es por ella que llevo su nombre; por mi bisabuela, con ella comienza esta historia, el inicio... de todo, al menos del todo que yo conozco.

—Mis padres se casaron en Sabinas de Ebro, allá por el año 1903 —comenzó Magui a contarme—. Sabinas es un pueblecito pequeño, Clara, cercano a la capital, por él han pasado diferentes culturas y de todas ellas han quedado vestigios, la cristiana, la árabe, la judía. Somos pobladores de una tierra fértil, la vega, repleta de cosechas y pastos para el ganado, y todo ello regado por nuestro río, el Ebro, amigo y al mismo tiempo enemigo, destructivo, son innumerables las riadas que se han llevado todo en momentos de crecida, los deshielos y las largas temporadas de lluvias hacen que el río se convierta en un torrente insaciable que lo inunda todo.

23

¿Recuerdas, tesoro, dónde viven tus yayas? —preguntó con aire pícaro mi yaya Magui.

Instintivamente respondí como en sueños:

—¡Sí, Magui, estamos en Zaragoza!

—¡Muy bien! —respondió ella con énfasis—, ya veo que estás escuchando. La capital de Sabinas de Ebro es Zaragoza, pero cierra los ojos, ángel mío, y escucha, ¡escucha!... Has de saber, cariño mío, que las historias importantes se escuchan con los ojos cerrados y de esta forma llegan antes al corazón y se retienen durante más tiempo en la memoria.

La historia es como la música, te penetra el espíritu; es como la poesía, que te permite llegar hasta donde tú quieras solo con el alma alerta y los sentidos atentos; y esto es precisamente lo que quiero para ti, que recuerdes mucho tiempo este cuento que voy a narrarte durante estos días de verano, ¡y recuerda que será solo para ti! Y cuando seas mayor espero que me prometas que lo escribirás, aunque yo ya haya partido de viaje —continuó ella.

—¿Por qué dices que vas a irte de viaje?, ¿dónde irás, Magui?, ¿acaso no puedo ir contigo para que me sigas contando tus cuentos? —pregunté yo titubeante.

—No, tesoro, hay viajes fantásticos donde solo puede ir una persona, no admiten más viajeros —contestó ella con absoluta naturalidad.

—Pero yo quiero estar siempre a tu lado y que me arrulles con tus palabras, ¿sabes?, a veces, yaya, parece que me cantases, ¡y a mí me gusta tanto la música! Papá la toca al piano y adoro oírle, aunque él crea que nadie le escucha. Hay veces que le veo mover los dedos en la mesa mientras comemos, lleva la música en la cabeza todo el tiempo; como yo llevo tus cuentos, nunca podría olvidarlos, pero no sé si seré capaz de escribirlos algún día...

—Algún día, mi vida, estarás preparada y ése será el momento en que yo guiaré tus pasos, tus palabras; tu memoria será la mía —concluyó.

Magui era terriblemente complicada cuando quería, pero esa enrevesada actitud me apasionaba, parecía que ocultase un secreto o miles de ellos a la vez y yo me sentía como una investigadora secreta, como Agatha Christie en sus novelas policíacas que tanto me gustaba leer y que, sin desvelar quién era, sería capaz de descubrir poco a poco cada oscuro rincón de su pasado.

—¡Está bien, Magui!, lo intentaré, pero cuéntame ya la historia, que me empieza a entrar sueño… —respondí bostezando.

—Mis padres se casaron muy jóvenes, mi padre se llamaba Antonio, era el hombre más guapo del mundo, o al menos así lo veía yo, alto, bien parecido, musculado, moreno, curtido por sus largas jornadas de labranza siempre expuesto al sol, al cierzo, al frío. Su trabajo era muy duro, pero él era un hombre alegre y optimista, cantaba de camino a la faena y volvía cantando de vuelta a casa, donde mi madre le esperaba ansiosa, con una gran sonrisa y el puchero en la mesa; mi madre adoraba a mi padre y eso se percibía. Cuando él estaba en casa, parecía que su cara se iluminase y se contagiase de su buen humor.

Eran tiempos difíciles, la comida escaseaba y el trabajo era tedioso y duro, pero ellos eran felices con lo poco que tenían, unas tierras para labrar y unos cuantos animales que vivían casi en casa. Recuerdo un burro, ovejas, una cabra y varias gallinas que iban y venían por los pasillos… Las gallinas nos daban huevos en abundancia, así que mi madre, que no sé si te he dicho, tesoro, se llamaba Clara como tú, haciendo buen uso de ellos, elaboraba pasteles y dulces riquísimos que después vendía entre las vecinas o los intercambiaba por productos de los cuales nosotras carecíamos. Gracias a sus pasteles la vida era un poco más desahogada y nos permitía ciertas licencias, no muchas, no creas, algún vestidito especial para los domingos, pero siempre mirándolo mucho.

A mi madre le gustaba llevarnos bonitas, era orgullosa y altiva, además de preciosa, tenía el pelo suave, moreno y muy largo, siempre recogido en un moño trenzado que cuando soltaba por la noche caía en suaves ondulaciones; siempre recordaré esa imagen, por la noche, mi madre delante del tocador, con aquella camisola blanca de encaje, parecía un ángel, sus rasgos delicados, su delgadez sutil, tenía una elegancia natural… eran, para qué negarlo, ¡una pareja perfecta!

Nunca entendí a quién pudimos salir nosotras con el pelo rizado, pero siempre tuve el sueño de tener una larga cabellera como la de mi madre y nunca lo conseguí.

—¡Nunca aparentéis pobreza, ni os lamentéis por vuestra suerte, la cabeza bien alta, las ideas bien claras, la dignidad es lo único que no nos pueden quitar los señoritos ni la Iglesia! —decía arrogante de vez en cuando alzando la voz en la cocina. Normalmente, estas escenas coincidían con algún tropiezo que había tenido por la calle o con algún comentario maledicente que había oído sobre nuestra familia, porque huelga decir que mis padres eran auténticos revolucionarios, de tertulia y de encendidos discursos sobre la igualdad, sobre el poder de la tierra, sobre la riqueza mal repartida.

En aquellos tiempos, enseguida te colgaban el cartelito, en la tasca se comentaba todo sin el menor miramiento:

*Ese, el Antonio, el marido de la Clara, es de izquierdas, vamos, un rojo de no te menees, rozando el comunismo, digo, habrá que tenerlo bien vigilado*; aunque también apostillaban despés *pero son buena gente, la Clara es una santa y ¡hace los mejores dulces de Sabinas de Ebro!*

Ellos intentaban vivir ajenos a todo lo que se les venía encima y nunca hubiesen creído que sus ideas podrían con el tiempo influir en la felicidad o en la desgracia de sus propios hijos.

Si lo hubiesen sabido, habrían mantenido la boca cerrada y habrían sido más prudentes, pues las injusticias que se avecinaban, ¡no serían pocas!

Ya lo decía mi madre, y era una de sus frases más recurrentes: *Tiempos difíciles... tiempos de amores.* Pese a las penalidades continuas que padecían, ellos se querían mucho y se buscaban para calmar sus desdichas, y así con tanta búsqueda llegamos al mundo cuatro vástagos, entre ellos yo, la más pequeña, y no vinieron más porque padre falleció muy joven, con apenas cuarenta años, y de un ataque al corazón murió mientras araba el campo.

Su muerte fue providencial en aquellos tiempos revueltos, pues de haber seguido vivo, no sé cómo habría acabado, con tanta política e ideas progresistas como tenía ventiladas a los cuatro vientos.

Su muerte fue para mi madre un golpe demasiado duro, envejeció de repente mil vidas y perdió toda su ilusión y alegría, vivía para atendernos y sacarnos adelante, pero sus ojos estaban siempre arrasados y su mirada perdida. A veces la oías hablar por la casa; ella se defendía diciendo que hablaba con su difunto marido, que no se había ido realmente, perdió un poco el juicio y se apoderó de ella la melancolía más absoluta.

Su alma se ahogaba.

Por la noche deliraba.

Yo creo que le buscaba en sueños.

Por suerte, fue precisamente todo esto lo que la salvó del fusilamiento en la guerra; la respetaron porque ella no se metió jamás con nadie, todo lo contrario, era una mujer servicial que ayudaba a quien lo necesitase independientemente de su color político, de sus creencias o de sus simpatías; ella supo mantenerse al margen y ser cauta, pero nunca renegó de sus ideas, ni de las de su querido Antonio.

En el hogar, sus discursos eran encendidos y apasionados, la política conseguía traerla a la luz y sus tertulias poseían un brillo inigualable... pero solo en el hogar; mi madre siempre fue consciente de lo que se cocía fuera e intentó protegernos con su silencio y discreción.

Llevó su pena con dignidad, y decidió que jamás volvería a casarse y vistió de negro hasta el día de su muerte.

Un luto en vida que pocos entenderían por lo joven y hermosa que era, pero que todos supieron respetar, aunque más de un pretendiente tuvo la descabellada idea de presentarse en casa y pedir su mano, ofreciéndole una vida mejor y más amable, a lo que ella declinó con tanto énfasis que no dejó lugar a dudas de que jamás volvería a casarse.

Puede que fuese ese amor tan puro e incondicional lo que me haría vivir a mí más tarde una historia similar.

Pero me estoy adelantando a mi historia... ¡Veamos por dónde iba!...

—Ha muerto tu padre, Antonio —dije, ayudándola a retomar el hilo.

—Tendrás que perdonarme, tesoro, soy ya viejecica y los años no perdonan... ¡Sí!, mis padres tuvieron cuatro hijos, la mayor se llamaba Fátima, a la segunda le pusieron Francis; ella, como sabes, es tu abuela materna —añadió Magui.

—Pero, tú también eres mi abuela materna, ¿no, Magui? —dije interrumpiendo su monólogo...

—No, cariño, yo solo soy la hermana de tu abuela Francis, pero quise y quiero a tu mamá tanto como si fuese mi hija propia... Y como si fuese mi hija la cuidé de niña, la eduqué y velé por ella todos los días —respondió.

—Es igual lo que digas, para mí eres mi abuela y te quiero tanto o más que a Francis —dije con cierto tono de rebeldía que ya de niña apuntaba maneras y que hoy día es uno de mis grandes caballos de batalla, aquello que caracteriza más mi personalidad; ¡no pocas veces tengo que oír, «¡qué carácter tienes, Clarita, qué carácter…!».

—¡Bueno, como quieras!, no voy a discutir, me alegra infinitamente que sientas por mí tanto amor, eso significa que en mi vida he hecho las cosas bien y aunque, he sufrido lo indecible, ahora tengo mi premio —dijo pensativa.

—Sigue, yaya, estabas en que Francis fue la segunda hija —le apostillé.

—¡Ah, sí!, el tercero fue Gonzalo y la última en llegar fui yo, Magui…

Éramos unas muchachas bien parecidas, altas, facciones armoniosas y un poco redondeadas, nada que ver con las bellezas de hoy en día; teníamos, como ya te he dicho, el pelo muy rizado y aunque esté mal decirlo, estábamos de muy buen ver o, al menos, eso nos decían los muchachos del pueblo, que a menudo nos silbaban al pasar y nos lanzaban piropos entre dientes que oíamos perfectamente, pero disimulábamos no percibir.

Aún me parece oír a mi madre: *¡Guardaos bien, que hay mucho sinvergüenza!*, *¡haceos valer!*, decía constantemente, cada vez que asistíamos a una verbena o a una fiesta popular.

Parece mentira, pero hace unos días yo misma, en el cuarto de baño, pronuncié estas mismas frases a mi hija de doce años cuando le explicaba cómo debía ser la relación con los chicos a edades adolescentes.

Siempre me parecieron una antigüedad pronunciadas en boca de mi madre y me sorprendí a mí misma diciéndolas completamente en serio; palabras que he oído decir a mi madre desde mi adolescencia, a mis hermanas y a mí misma, y resulta que ella también las había escuchado de su madre antes, y su madre antes de su madre y luego… ¡Dicen que las tradiciones y enseñanzas orales se pierden con el paso del tiempo, que solo lo escrito perdura!; sinceramente creo que no es cierto, los valores se trasmiten generación a generación.

Me viene a la memoria el recuerdo de una de las películas que más me ha marcado: *Memorias de África.*

Yo creo que la debí de ver más o menos a la misma edad de mis siestas con mi yaya Magui. Fue la primera película de adultos que mis padres me llevaron a ver. Su música se reproduce constantemente en mi cabeza y la pienso como una letanía cuando necesito estar tranquila, me transporta a África, un continente que me apasiona y me atemoriza al mismo tiempo. Recuerdo a Robert Redford cuando discute con Meryl Streep sobre la necesidad de enseñar a los niños africanos a leer; él sostiene que no lo necesitan, que los africanos tienen su propia manera de transmitir sus leyendas, su historia, que no por ello son incultos o analfabetos.

*Yo tenía una granja en África,*
*a los pies de las colinas de Ngong.*

¡Qué película más hermosa!, y al mismo tiempo, ¡qué trágica! Lloré como una niña, como lo que era, y he llorado muchas veces, todas las que a lo largo de estos años he tenido la oportunidad de volver a verla, intensos momentos, inolvidables… *Nunca me perteneció*, concluye Karen, la protagonista… nunca entendí bien si se refería a él o a África, o a las dos.

*Nunca me perteneció*, repetía Magui entre siseos delirantes cuando murió, ¿hablaba de mi madre o quizá se refería al único amor de su vida?

# CAPÍTULO 4
## «Perdidos»

Con la muerte de padre, Clara, tu bisabuela decidió que el hombre de la casa, el único varón, debía ocuparse de las tierras y, por tanto, del sustento de la familia.

Pero el destino es caprichoso y el peso de la vida incierto.

Gonzalo, mi hermano mayor, fue un niño enfermizo, débil, demasiado delicado, tenía problemas de corazón. Padre le gritaba que no tenía sangre y madre le defendía con pasión, le profesaba continuos cuidados, pocas veces les vi discutir, pero Gonzalo era capaz de sacar lo peor de ellos mismos.

El tiempo le daría la razón a padre, el tiempo se lo llevaría todo, el tiempo…

Pese a su flojedad, Gonzalo era muy inteligente y se le daban muy bien los números, fue una pena no tener la economía suficiente, o que no hubiese habido otro varón en la familia, pues él hubiese podido estudiar y a lo mejor habría llegado a filósofo, médico, profesor o a cualquier oficio un poco más elevado intelectualmente. Pero arar el campo era muy duro y él era demasiado joven, inmaduro, no tuvo fuerzas para crecer, ni para ponerse en el lugar de padre. Las responsabilidades le agobiaban, la inseguridad le superaba y por supuesto, tampoco tenía el menor interés en cultivar la tierra.

Convenció a madre para formar parte de la *Sociedad de Labradores*, una especie de cooperativa que se encargaba del suministro de abono para los cultivos, mientras Tomás, uno de los hermanos mayores de mi madre, se ocupaba de las labores de labranza de nuestras propias tierras.

Con el tiempo y gracias a su facilidad para los números, acabaría de encargado de la cooperativa.

Un trabajo que nos lo quitaría todo, sí, todo, hasta la dignidad. Tuvimos la desgracia de que se enganchara al juego, a partidas nocturnas de cartas interminables donde en más de una ocasión perdió su jornal o apostó lo que no tenía; a Gonzalo le interesaba la política y se sentía fuerte manifestándose en voz alta, una herencia recibida de nuestro padre; encendidos discursos políticos sobre la igualdad y el reparto de riquezas brotaban de sus labios; sobre todo cuando llevaba dos copas de más; ideas que rozaban el comunismo más exacerbado, todas ellas expresadas entre tapetes, cervezas y vinos, en un momento en el que alzar la voz era casi un desafío, donde no pasar desapercibido era una provocación.

Su puesto de encargado de la *Sociedad de Labradores* le permitía practicar lo que predicaba y la mayoría de los labriegos que iban a buscar abonos para las tierras se marchaban sin pagarlos, sobre todo si eran de los que tenían poco, los desheredados de la tierra, como él los llamaba. A todos ellos, Gonzalo les fiaba y sacaba las cuentas mensuales como podía, poniendo aquí y quitando de allá. Entre promesas incumplidas de pago, fue así como sus deudas se hicieron mayúsculas.

Era un ilusionario, vivía en la utopía de un mundo justo y bien repartido; inmersos en plena II República, tímidamente las reformas del país se iban sucediendo; la más decisiva fue la agraria o quizá, la que más nos afectó en el pueblo.

La Ley de Reforma Agraria que se aprobó por aquellos días establecía la expropiación con indemnización de las grandes fincas que no fuesen cultivadas directamente por sus dueños, para ser repartidas entre familias de campesinos o entre colectividades de agricultores.

Los abusos de contratación y la miseria que éstos habían producido durante generaciones en las familias, levantaron al pueblo contra los caciques y generaron un ambiente de guerra de clases, inevitable; las revueltas se sucedieron hasta que fueron diluyéndose en la nada, como un terrón de azúcar en la leche caliente; la lucha fatiga, ¡sí, tesoro! ¡No sabes cuánto!

Pero algo se consiguió, y un cierto sentimiento de dignificación empezó a crecer entre los aldeanos y los jornaleros; la política y sus palabras de esperanzas e ilusiones ahondaron en las incultas y analfabetas mentes del pueblo; quienes durante una vida se habían considerado inferiores a los señores por derecho heredado, empezaban a pensar, a creerse que las cosas efectivamente podían cambiar, a considerar el trabajo algo digno, a pensar que sus hijos heredarían un mundo mejor, sin tantas diferencias ni desigualdades.

El ateísmo de Gonzalo le llevó a enfrentarse incluso con el cura del pueblo, don Emilio, un hombre honesto, de ideas progresistas, y a quien tuvimos que agradecer en numerosas ocasiones su ayuda desinteresada tras la muerte de padre. El párroco incluso nos permitía celebrar verbenas en su iglesia: la Torre Vieja.

Gonzalo le cuestionaba en voz alta sus servicios, la utilidad de la Iglesia, la pobreza teórica que profesaba, sus privilegios… siempre respaldado por aquella época de cambios donde por primera vez parecía que se podía alzar la voz, donde se había proclamado la libertad de culto, la enseñanza religiosa en las escuelas ya no era una obligación, la coeducación brindaba la oportunidad de mezclarse entre los niños y las niñas del pueblo, beneficiándose con todo ello del intercambio de sensaciones y percepciones diferentes, y ya se vislumbraba en el horizonte, en un futuro no lejano, la proclamación de un país laico y aconfesional.

Pero todos estos avances solo los veían y los valoraban los más utópicos, los que anhelaban el cambio en el sentido amplio de la palabra… como mi querido Gonzalo.

Después de la revuelta de 1931, cuyo nombre pasaría a la historia como la "quema de conventos", donde veinticuatro centros católicos, colegios y conventos fueron incendiados en Madrid como represalia a la muerte de un taxista republicano asesinado por los monárquicos, y después de la escasa condena a los sucesos por parte de Manuel Azaña, el presidente de la II República: *Todos los conventos de Madrid no valen la vida de un republicano"*, que amenazó con dimitir *"si hay un solo herido en Madrid por esa estupidez*, los dos bandos claramente ya diferenciados en España, católicos y laicos, se hicieron, si cabe, más evidentes y mientras Madrid recuperaba la calma, la quema de conventos y de otros edificios religiosos se extendió a otras poblaciones del Este y el Sur de España; Málaga se llevó la peor parte.

El resultado fue que alrededor de cien edificios religiosos ardieron total o parcialmente en toda España, todo un patrimonio artístico y cultural quedó destruido, murieron varias personas y otras resultaron heridas durante los incidentes.

Desgraciadamente, esto solo sería un preludio de lo que más tarde nos tocaría vivir a todos.

—El mundo no cambia tan deprisa, Gonzalo —le repetía madre una y otra vez mientras comíamos—. Debes tener calma y sabiduría, los grandes cambios llevan su tiempo, ¿sabes? Es como cuando preparas un pastel, primero has de tener los ingredientes, los debes mezclar adecuadamente, amasarlos, darles forma, dejarlos reposar bien tapados para que la levadura suba, hornearlos y esperar que se enfríen para decorarlos y después, ya puedes comerlos u ofrecerlos. Los cambios llegarán… con el tiempo; cuando seamos capaces de ensanchar nuestras cabezas y mentes, cuando el camino sea ancho y limpio, cuando España no esté dividida y cuando la violencia se desarraigue del carácter del español. Tu padre, que en paz descanse, nombraba continuamente a Unamuno, que desde el exilio en Francia, allá por el año 1922, ya alzaba la voz, cortada y tallada desde la médula patria, de la cual huía y a la que siempre volvía con la palabra: *Busquemos una conciencia auténticamente liberal, llenemos las ideas de mundialidad; la España de los pueblos, de los villorrios, no nos interesa, creemos una España mundial.*

Los poetas a menudo han sido profetas del futuro, adivinadores insaciables de un porvenir incierto, luchadores de palabras que el viento se lleva enredadas entre las hojas de otoño.

Los poetas cargados de incomprensión describen su alma, vacían su ser entre versos rimados y libres. Unamuno fue pesimista, la angustia lo estrangulaba, presentía que algo se avecinaba y sufría por ello… En realidad lo presentíamos todos.

Tiempos difíciles arreciaban entre las colinas y el cierzo las elevaba.

Tiempos de silencio, de miedo a la incertidumbre, de pánico a que alguien supiera qué sabías, o no sabías, o de quién sabías…

Pero Gonzalo no se daba cuenta de todo esto y continuaba con su vida, sin miedo a nada, sin miedo a nadie.

La II República le había dado alas y le estaba nublando el juicio y la razón… Asistía a mítines y volvía repitiendo los es-lóganes que le habían exaltado: *El arma más potente de la revolución es el entusiasmo,* decía un día… *Para que el cambio se opere es preciso que el hombre aprenda a vivir y conducirse como un hombre libre, aprendizaje en el que se desarrollan sus facultades de responsabilidad y de personalidad como dueño de sus propios actos…. El obrero en el trabajo no solamente cambia las formas de la materia, sino que también, a través de esa tarea, se modifica a sí mismo.*

No sé de quién escucharía estas palabras, pero no mucho tiempo después las volveríamos a escuchar en boca de un hombre que marcó un antes y un después en la Guerra Civil, en la batalla del Ebro, "Durruti". Yo le escuchaba, a veces embelesada, otras disgustada, pero la mayoría del tiempo cansada; su inactividad y sus palabras no nos daban de comer, sus continuas concesiones a los labradores solo le acarreaban problemas y discusiones y solo madre hacía lo posible por sacarnos adelante. Le imploraba que no llamase tanto la atención, que la discreción era fundamental, pero Gonzalo no escuchaba.

Por aquellos días, la relación de Gonzalo con el maestro del pueblo se había intensificado. Don Jaime, que así se llamaba el maestro, era un hombre cabal y muy trabajador, llegó a tener hasta noventa chicos y chicas de diferentes edades con los que formaba secciones; les enseñaba a leer y escribir.

Según fuese el nivel, realizaban unos trabajos u otros y en ocasiones les juntaba a todos para cantar canciones, o hacer alguna pequeña excursión por el campo; unas veces se los llevaba entre cultivos de trigo y maíz, hasta la Ermita Blanca de Monte Alto, un promontorio no lejano de la villa, donde todos los meses de mayo el pueblo entero ocupaba en romería sus caminos y celebraban en confraternización comidas y meriendas; otras veces las excursiones eran más largas y se dormía fuera, bajo un manto de estrellas blancas. Llegaban hasta el Barranco del Bosque de las Sabinas, un mar de tierras deforestadas situado en el centro de la depresión del Ebro, desde donde se podía disfrutar de magníficos bosques de sabinas y, si tenías suerte y el día lo propiciaba, contemplar el vuelo del milano negro, que era un auténtico espectáculo. Aquellas jornadas eran maravillosas y los niños aprendían y disfrutaban mucho juntos.

—Magui, me gustaría ir a ese sitio que has dicho de grandes árboles, al barranco y ver a los milanos volar, ¿me llevarás? —dije yo entusiasmada.

—Me temo que no va a ser posible, es una pena, pero las sabinas se han ido talando con el transcurso de los años y ya no queda casi ninguna; poco a poco el paisaje se ha convertido en una gran vega dedicada enteramente al cultivo, y las pocas zonas que quedan, están dedicadas a la caza.

Además, el día que murió madre, me prometí que nunca volvería. Para mí, Sabinas de Ebro es un lugar irreal, como el viento que pasa silbando entre las ramas, me evoca un desgarro silencioso, la felicidad de un instante que todavía sueña con palabras eternas… no me hagas mucho caso, cariño, son desvaríos del corazón encendidos de nostalgia.

Magui se había puesto de pronto muy triste, apenas comprendí sus últimas palabras, parecía poesía. Las lágrimas resbalaban por sus mejillas y yo se las sequé con el dorso de la mano.

—Magui, ¿estás bien?, ¿te duele algo? —pregunté con la inocencia propia de una niña que no sabe que se puede llorar de soledad, de nostalgia, que el alma duele.

Se levantó y, dirigiéndose a un cajón de la cómoda, cogió un cuaderno de tapas encarnadas. Lo conocía bien, era donde escribía poesías, difíciles versos que yo no comprendía, pero que me gustaba leer y que me leyese.

—Te voy a leer un poema —dijo—, lo escribí hace mucho tiempo desde el Barranco del Bosque de las Sabinas, cuando todavía había árboles, cuando el infierno ya había pasado, cuando el hielo cubrió los pastos, cuando la piedra se adueñó de todos los corazones.

Se titula *Copas azuladas*:

*Pétalos deshojan mi embriagada soledad,*
*mi mente se extravía formando espirales discontinuas,*
*cúmulo de estrellados sentidos navegan indolentes*
*la felicidad de un instante sueña palabras eternas, palabras.*
*El trino de la alondra resuena millones de notas,*
*copas azuladas escapan al firmamento.*
*El bosque te envuelve gozoso entre nostálgicas hebras de hierba*
*esperanza desvanecida con la ausencia del rocío.*
*Refugio vencido, inexplorado, tu recuerdo atormentado.*

—¡Qué bonita, Magui! —dije—. Aunque no he entendido nada, ¡sonaba bien!

—¡Gracias, Clara!, para mí escribir poesía es como para quien necesita correr o hacer cualquier tipo de deporte, es una forma de liberarte, de descargar una emoción, una tensión, un deseo.

En fin, ¿continuamos? —preguntó Magui.

—¡Sí, sí!, pero no te pongas triste, ¿vale? —dije yo.

—Eso va a ser muy difícil, recordar es siempre doloroso, aunque lo que cuentes sea algo bueno o un momento feliz de tu vida; el tiempo se lo lleva todo, ¡todo! Es la separación, el frío, el abismo. Cuando el pasaje de tu vida se va borrando y se difuminan los contornos, tus conquistas, el ardor de la llama de tus ojos, cuando ya solo queda la inmensa tristeza de la soledad, es entonces, solo entonces, cuando un brillo de luz trasforma tu mirada en una dirección, rememorar… ¡Bien, pues como te iba diciendo…!

La II República facilitó la coeducación, que tantos maestros pedían desde sus tarimas, no solo por los beneficios que ello comportaba para los niños, sino también por la simplificación de la labor del propio maestro, quien tenía que hacer verdaderos encajes de bolillos para poder atender a todos. No en balde, en varias ocasiones, don Jaime le había pedido ayuda a Gonzalo con los niños, con las salidas e incluso con las actividades de clase si su trabajo se lo permitía. De ideas afines y preocupados por los mismos problemas, don Jaime se convirtió en la guía de Gonzalo y le introdujo más seriamente en la política, le instruyó y le animó a presentarse para las oposiciones a maestro.

Además, por aquella época, entre las muchas reformas que intentó sacar adelante la II República, se produciría una transcendental para la dignificación de la figura del maestro y que ayudaría a difundir la cultura general y la educación ciudadana en aldeas, villas y otros lugares.

Parecía que la II República iba a hacer de la enseñanza el corazón de su reforma.

La República de los maestros y profesores.

Circulares se sucedían sin parar con novedades, instrucciones precisas que llegaban desde la Inspección: *La escuela ha de ser laica... debe en todo momento respetar la conciencia del niño... no ostentará símbolo alguno que implique confesionalidad*, como era el caso de los crucifijos, colgados en todas las escuelas del país, en la cabecera del aula; serían suprimidas por decreto las enseñanzas de religión en horario lectivo, y se dejaría relegado a los fieles el culto en las iglesias.

Muchas fueron las voces que proclamaban desde el puño y la letra un cambio real en la educación: grandes poetas de la generación del 98, como León Felipe, Pío Baroja, Francisco Ayala... entre tantos otros, literatos, catedráticos, políticos comprometidos: *La conducta de los españoles debe depender de su inteligencia, de su educación, no de los intelectuales*, defendía Manuel Azaña en sus discursos sobre la modernización.

Hasta entonces, la figura de los profesores en los pueblos había estado poco apreciada; entre condiciones miserables, los maestros intentaban luchar contra la ignorancia y el caciquismo, niños de edades muy diferentes aprendían conocimientos básicos de lectura y escritura, todos en la misma aula, como en el aula de don

Jaime. Desde Madrid se pusieron en marcha las llamadas Misiones Pedagógicas, un grupo de personas en su mayoría profesores o estudiantes cuya misión era compartir con la gente la vivencia de la cultura en su más amplio contexto, desde libros a películas, a escenas de cuadros famosos, les hablaban de museos, de ciudades, hacían teatro… Eran jornadas inolvidables allá por donde iban, el pueblo se volcaba no solo en aprender, sino en hacer de esos días algo especial para recordar y comentar.

Sabinas de Ebro no fue una excepción, durante semanas se hablaría de aquellos viajeros que por unas horas les habían abierto el mundo, sus riquezas culturales, sus tesoros pictóricos. Altruistamente, habían sido capaces de conseguir lo que en aquella época y más adelante sería impensable lograr: la unión del pueblo, la confraternización de todos. Allí no había izquierda ni derecha, ni ricos ni pobres, ni Iglesia, ni ateos; allí solo había interés por aprender, ilusión de reír, solo por un momento la huida hacia delante, una verdadera fiesta del saber.

Disfruté con aquellas jornadas como una niña con zapatos nuevos.

Comprendí que era diferente, que me gustaba estudiar, que aprendería todo aquello que llegara a mis manos, que viajaría… Soñaría, aunque la realidad me despertase cada día desde el inconsciente: «Eres mujer y, encima, pobre».

Muchas veces me viene a la memoria que si todo, absolutamente todo, no se hubiera torcido, quizá mi destino, nuestro destino, habría sido muy diferente.

Un error tras otro.

Mi hermano, el gobierno, la desunión, el enfrentamiento, el terror, la sospecha nos llevaron a la ruina a toda la familia, a todo un pueblo, a nuestra patria querida.

La embriaguez y locura por la confraternización, la igualdad, el reparto equitativo, la justicia, le hicieron hundirse a Gonzalo cada día en un cúmulo de mentiras y deudas con la *Sociedad de Labradores*; entre los que adeudaban y a los que cobraba de más para compensar los impagos, se fue creando un gran vacío y una falsedad de apuntes que muy pronto les llevaría a los responsables de la Sociedad a sospechar de él.

Cuando quiso darse cuenta de lo que había hecho, de nada sirvió, nos había dejado sin la única razón de nuestra subsistencia, sin herencia, sin trabajo, sin futuro.

De nada servirían sus lamentos ante mi madre, sus ruegos jurando, implorando perdón.

—¡Si su padre levantase la cabeza! —decía mi madre, sollozando—. ¡Pobre Antonio, debe estar removiéndose en su tumba! —añadía después.

Nunca vi sufrir tanto a madre como en aquella época, luchaba por hacer entrar en razón a ese hijo enloquecido por la política, intentaba hacerle comprender que sus ideales podían ser muy nobles, pero que la conciencia era una cosa y la legalidad otra. Madre se consumía por hacerle entender, pero Gonzalo estaba comprometido, enfermo de justicia, sordo, ciego.

Nadie sabía que lo peor aún estaba por venir…

# CAPÍTULO 5
## «Deslumbrada por la capital»

Madre sabía, o al menos intuyó, que algo se avecinaba; recomendadas por el cura del pueblo, don Emilio, tuvo que colocar a mis dos hermanas mayores en el servicio, en la capital: Zaragoza. Tuvieron mucha suerte; bonitas, trabajadoras, no tardaron en encontrar familias acomodadas que las acogieran. Fátima se convirtió en la cocinera de una familia que vivía en el Paseo de la Independencia, un matrimonio sin hijos dueños de una empresa floreciente de corsés en Zaragoza, y Francis pasó a ser la sirvienta de una familia con varios hijos a quienes cuidaba con infinito amor.

Y fue precisamente en uno de esos viajes a la capital, a Zaragoza, para ver cómo estaban mis hermanas y mandarles recados de madre, cuando mi deseo de huir se hizo más intenso.

Cuando vi a mis hermanas ataviadas tan elegantes en la puerta de la estación, con guantes de lino blanco y abrigos de paño azul y negro, bolsos de piel marrón languideciendo en sus brazos y los zapatos a juego… me deslumbré.

Parecían señoras de la alta sociedad, con ese porte, y la altivez que madre les había transmitido. Me sentí tan orgullosa de ellas y tan avergonzada de mi propio atuendo, de mi extrema sencillez, de mi aspecto de pueblerina, que quise volver a subirme al autobús y huir de allí inmediatamente.

Como un anhelo irrefrenable, deseé cambiarles su lugar, soñaba con vivir entre grandes avenidas, carruajes, edificios, hombres y mujeres elegantemente vestidos; quería formar parte de ese mundo, de su mundo, alejarme del mío, del campo, de la miseria, de la vulgaridad.

Ellas, sin embargo, no parecían tan felices, trabajaban mucho y la apariencia nada tenía que ver con la realidad; no eran señoras, sino sirvientas, y de eso ya se ocupaban las señoras y dueñas de la casa de recordárselo continuamente.

Dos mundos bien diferenciados, el de los ricos y el de los pobres. Éste era precisamente el sistema que mi hermano Gonzalo se afanaba en eliminar en sus discursos, lástima que lo hiciese casi siempre con un par de copas de más y con las personas inadecuadas, pues la esencia de sus acaloradas palabras era muy cierta: *la incansable lucha contra las clases sociales y la abolición de sus privilegios.*

Sin embargo, yo me cegué.

Me alojé durante esos días en la casa de mi hermana Fátima; ella tenía asignado un cuarto de los muchos que había en aquella casa del Paseo de la Independencia. Su habitación era sencilla, pocos adornos, lo esencial para vivir y realmente contrastaba con la riqueza y el lujo de la vivienda; el impacto fue maravilloso, de una casa rural a un palacio, fantaseaba paseándome entre estancias… deseé vivir allí con todas mis fuerzas, rodeada de tanta belleza, aunque supiese que no era mía. Aquél comenzó en secreto a ser mi sueño, mi celo.

A mi hermana, el lujo no la impactaba, ella no se consideraba afortunada por trabajar en aquella casa, la cocina le atareaba todo el día, le ajaba las manos y detestaba el olor permanente que la cocina le dejaba en su cabello y en sus ropas. Apenas tenía tiempo para disfrutar de la ciudad y de todos sus placeres, pero, no obstante, un día, antes de dormirnos, me confesó que estaba viéndose con un chico de muy buena familia y que además tenían una farmacia. Se llamaba Adolfo.

Mientras hablaba, me venía continuamente a la mente el cuento que nos había leído una vez don Jaime en clase, *La lechera*, de Félix de Samaniego. Comparaba a la lechera con Fátima, fantaseaba e hilaba una cosa con la otra… *y cuando pida mi mano, nos casaremos por todo lo alto, sus padres nos comprarán una casa, yo dejaré de trabajar y le ayudaré en la farmacia hasta que tengamos a nuestro primer hijo; entonces solo me ocuparé del pequeño y…;* sus nubes no tenían fin, no tocaba el suelo y yo me adormilaba escuchándola.

Fátima fue siempre débil de carácter y poco trabajadora, jamás manifestó interés alguno por aprender o estudiar, pero yo la idolatraba. Soñaba siempre despierta y soñaba con vivir bien, sin trabajar, con un hombre que la mantuviese, con una casa con todas las comodidades; ella soñaba como lo hacían tantas otras mujeres de aquel tiempo: casarse bien, solo eso, eso era suficiente.

Me alegré por ella, parecía entusiasmada ante la idea de ocuparse solo de su casa y de formar una familia, pero el tiempo se encargaría de colocarla en una posición difícil, de hacerla esperar más de la cuenta, un noviazgo largo e indeciso, un hombre inadecuado, que no solo la haría profundamente infeliz al inicio, sino también irremediablemente pobre.

Pude, durante esos días, conversar también con mi hermana Francis; ella vivía, a diferencia de Fátima, encantada de la vida. Su casa era menos lujosa, pero su labor más sencilla: cuidar de los niños de los señores. Tenían tres, dos niños y la más pequeña, una niña; el mayor no tendría más de siete años; ella quería con locura a sus pequeños, como cariñosamente les llamaba. Era un trabajo fácil, llevarlos al parque, cuidarlos, jugar, vestirlos… labores propias de una madre actual; pero piensa, Clara, que en aquella época, las señoras tenían poco contacto con sus vástagos, los traían al mundo y poco más; cubrían todas sus necesidades de forma externa y se interesaban por ellos como por el menú de la comida o la cena de cada día.

Francis irradiaba felicidad pese a ser una sirvienta más en un mundo de ricos… pero su dicha también tenía que ver con cierto hombre que la cortejaba desde hacía ya algún tiempo. Ella estaba encantada en la ciudad con aquellos niños y con su Matías cerca.

A diferencia de Fátima, Francis jamás soñó con ser rica o vivir cómodamente; ella era una luchadora, muy trabajadora, pura energía. Cuando tuvo que sacar adelante a su familia en la posguerra, no tuvo ningún remilgo en hacer cualquier cosa, incluso alguna que otra ilegal.

Ya desde la niñez, Francis dio claros indicios de que sería una madraza; los niños eran su pasión, cuidaba de mí siempre que madre se lo pedía, soñaba con formar una familia, tener muchos hijos y vivir junto a un hombre que la hiciera feliz, nada más.

Ella veneraba a padre y fue la que más sufrió con su ausencia; a menudo la oía decir: *Yo quiero enamorarme y sentirme como madre, que los ojos me brillen con solo ver a la persona que amo entrar por el umbral de casa.*

Francis era pasional, vivía el día a día, sabía cuál era su lugar y lo aceptaba sin hacerse más preguntas.

Sentadas en la cafetería de *Gambrinus* en la Plaza de España, entre confidencias y un caliente café con leche, me desliaba su historia con Matías, como una madeja de hilo que se prepara para iniciar a tricotar y entre dos manos se van uniendo los cabos, lentamente. Él trabajaba en una panadería, estaba solo y venía de Daroca, un pueblo que estaba viajando hacia el sur, en la carretera de Teruel.

Matías era un hombre callado, muy tímido, rehuía su mirada cuando la veía acercarse al mostrador; al principio, sus silencios la abrumaron; tenía las facciones suaves y unos ojos verdes que desprendían un haz de luz dulce. Parecía un niño triste, solitario. Poco a poco, fue perdiendo la vergüenza, le preguntaba, se interesaba, le aguardaba, le buscaba entre los transeúntes; en cuanto tuvo la certeza de que aquellos tres retoños no eran suyos, sus encuentros comenzaron a ser más duraderos, le reservaba las mejores barras o los suizos más azucarados para los niños, y así se la fue ganando.

Un día, le invitó a dar un paseo hasta el río; otro, se hizo el encontradizo en alguna calle que sabía perfectamente que ella frecuentaba. Parecía perdido, falto de afecto, así que Francis decidió cuidarle, seguirle, apoyarle, y sin darse cuenta, como una espiral interminable, empezaron a festejar a espaldas de madre, a espaldas de todos; su amor estaba por encima del bien o el mal, del qué dirán o de las habladurías.

Iban demasiado rápido, volaban sin darse cuenta.

Yo solo era una adolescente y no tenía ninguna experiencia en el amor, pero sus palabras me arrebolaron las mejillas y me encendieron el deseo; sentí una punzada que me paralizó y a la vez me invadió entera, sentí mucho calor. ¿Te imaginas?, ¡comencé a abanicarme en pleno mes de febrero! "Esta debe ser la sensación del placer", pensé mirando a Francis; ella, en cambio, me devolvió la mirada riéndose con picardía, *¡qué inocente eres todavía, Magui!*, recuerdo que dijo.

Cuán diferente era la historia de amor de mis dos hermanas, nada que ver, hielo y fuego. Secretamente deseé encontrar a alguien que me amase intensamente, que me hiciese soñar, como a Francis, que no me cortase las alas al conocimiento, al estudio; comencé a perfilar un hombre para mí y dirigí mis pasos hasta la Basílica del Pilar, perdida en mis ensoñaciones.

Imaginé el color del manto que debía llevar la Virgen del Pilar aquel día; apenas hube entrado en la Basílica, pensé en un deseo. La tradición dice que si aciertas el color del manto de la Virgen, puedes formular tu deseo y la Pilarica lo cumplirá; son solo tradiciones orales que han ido pasando de boca en boca y que no tienen ningún fundamento religioso, pero allí, en Zaragoza, todos lo hacemos; es como un rito, nuestro rito.

Es muy difícil acertar el color del manto, pues la Virgen lo cambia cada día y ¡hay más mantos de los que te puedas imaginar! Pero, ¿sabes qué, mi reina? Aquel día, yo acerté el color y mi alegría fue tal que me arrodillé frente a la Virgen y pedí que mi deseo se cumpliese, lo pedí fervientemente… Si mi hermano o mi padre me hubiesen visto allí postrada implorando, ¿qué habrían pensado? Pero mi anonimato me reconfortaba, allí nadie me conocía, en Zaragoza era libre.

Pero todavía era una forastera, me quedaba mucho por descubrir, y me prometí a mí misma que poco a poco me haría con cada rincón de la ciudad, aunque eso sería en sucesivas visitas.

No sabía entonces que Zaragoza, mi gran deseo, mi huida hacia adelante, acabaría siendo mi tumba.

# CAPÍTULO 6
## «Descubriendo… el amor»

Cuando volví a Sabinas, todo me pareció feo, insulso, pequeño… le insistí a mi madre día y noche durante semanas que marcharme sería todo un aprendizaje y que allí podía continuar mis estudios, ampliar mis conocimientos, adquirir experiencia; podría trabajar en una pastelería o en una casa como doncella.

A mis dieciséis años me convertí en la sombra de madre, no tuve nada que hacer, no logré convencerla… siempre he pensado que madre me necesitaba a su lado, era su apoyo para no hundirse y todas mis esperanzas de ablandarla murieron el día en que el cura vino a hacernos una visita.

Las temidas habladurías habían llegado a Sabinas desde la capital, y pese a ser nuestro párroco don Emilio un buen hombre, conciliador y bastante tolerante, como pocos en aquella época, intentó prevenir a mi madre de la conducta poco adecuada de Francis y de que si persistía en amoríos podía llegar a perder el empleo, o peor aún, la virtud.

No había visto a madre tan enfadada en mi vida; encendida por la indignación, le aconsejó que se metiera en sus asuntos, que de la virtud de sus hijas se ocuparía ella, y sin más contemplaciones, echó a don Emilio de casa, no sin antes recomendarle que no volviese a visitarla nunca más si era para contarle un solo cotilleo o algo referente a sus hijos y su moral.

En cuanto don Emilio puso un pie fuera del hogar, como una furia se me echó encima para interrogarme, lo quería saber todo, detalles, situaciones… ¡todo!

De la furia fue pasando a la calma; con el rostro ya relajado me escuchaba atenta y yo fui desgranando para ella los amoríos de mis hermanas con todo detalle.

También le di mi parecer; percibí una ligera sonrisa y un destello en sus ojos muy próximo a la alegría; sí, estaba contenta de que sus hijas festejasen y les envió aquella misma tarde un telegrama. No fue solo una invitación, fue mucho más, una sentencia, un futuro, un silenciador en un ambiente asfixiante.

Aquel mismo fin de semana, mis dos hermanas vinieron a Sabinas; muy bien acompañadas. Sentí envidia al verlas apearse del autobús, parecían dos señoritas distinguidas cogidas del brazo de sus novios; llevaban unos vestidos coloridos entallados en la cintura y zapatos de tacón; estaban como fuera de lugar, en un sitio donde la austeridad era la norma y el ir enlutado lo común; mujeres de negro conformaban el paisaje de Sabinas. Todos las miraban y ellas se pavoneaban haciendo como si no viesen, como si no supiesen, como si no entendiesen que serían durante días la comidilla de aquel pueblo, una villa donde el salirse de la rutina o el que alguien nuevo llegase hasta allí ya era por sí solo motivo suficiente de comentarios durante meses.

Madre estaba eufórica, los agasajó cuanto pudo y comprobó que sus intenciones eran nobles, que festejaban con seriedad. Cuando los despidió estaba tranquila, serena. Antes de subir al autobús Matías se volvió y corrió hasta mi madre para darle un beso; bueno, fue algo más que eso; al oído, le pidió permiso para casarse con mi hermana Francis. Mi madre ni siquiera respondió, no fue necesario, le apretó la mano y le sonrió con dulzura, sabía que había ganado un hijo y en secreto ya tenía planes para él… ¡las tierras!

Pero los proyectos que uno piensa y desea para los demás, raras veces coinciden con el desenlace final, y las tierras acabarían baldías, sin dueño, sin vida.

Respecto a mí, madre nunca consideró en serio la idea de mi marcha a la capital. Para ella era demasiado joven e inexperta y aseguraba que alguien tenía que ayudarla, cuidarla en su vejez; su deseo era mi condena, una excusa, ligada como las hojas perennes a sus ramas.

Mi insistencia se fue diluyendo como la arena del río entre los dedos y la resignación se apoderó de mí casi al mismo tiempo que entró en mi vida él, Agustín, el que sería el único y verdadero amor de mi vida.

Nuestro amor surgió de la nada, del vacío, vericuetos impredecibles del destino, en un momento en que yo no esperaba nada, ni a nadie.

Alguna vez lo había visto paseando a su perro por delante de nuestra casa, nos saludábamos y él seguía su camino. Jamás pude imaginar que aquellos encuentros estuviesen provocados y que me buscase con la mirada en las fiestas patronales. Jamás pude imaginar que mi desidia o falta de interés le provocasen una angustia tal que le impedían salir de casa durante semanas, en las cuales se hundía es sus libros y escribía poemas encendidos de desamor o cartas que nunca me enviaba y acumulaba apiladas escondidas en un rincón debajo del colchón.

Jamás pude imaginar que Agustín me amara en silencio desde la infancia.

Yo nunca me fijé en él, sencillamente porque para mí era alguien imposible, inaccesible, como de otro mundo, en una época donde las diferencias sociales eran reales.

Aunque debo decirte que me gustaba su porte, su rostro armónico, su forma elegante de saludar inclinándose al verte pasar, caballeroso como ninguno, pero sin excesos amanerados, serio y tímido al mismo tiempo, con una voz fuerte y grave, muy seguro de sí mismo.

Te miraba sin mirar, te sonreía sin sonreír, no era como los otros muchachos que iban por ahí diciéndoles piropos a las chicas o silbándoles a su paso.

Era hijo de un terrateniente, uno de los caciques más ricos del pueblo. Había estado fuera mucho tiempo interno en un colegio mayor en Zaragoza.

Era un poeta, un filósofo, un romántico idealista, pacífico y preocupado por los acontecimientos que estaban sucediendo en el país; no tenía ningún interés por la tierra y sus arduas jornadas de labor. No tenía tampoco el menor interés en la política y sus palabras.

Hablaba con su padre e intentaba hacerle entrar en razón sobre las injusticias de los labriegos y de sus familias, sobre la necesidad de los contratos dignos de trabajo, le prevenía continuamente sobre las desigualdades, sobre la sobreexplotación, sobre los derechos adquiridos, pero su padre no le escuchada, estaba anclado en sus privilegios y en el pensamiento caduco del señor dueño de las tierras.

Le gustaba leer, perderse en su mundo de fantasía, donde el alma se le rompía, tejiendo y destejiendo mil historias a la vez. Soñaba con dedicarse a la enseñanza y poder trasmitir sus conocimientos a los niños, soñaba con cambiar el mundo desde la palabra, la educación, el respeto; soñaba porque era lo único que podía hacer, soñar, pues su padre le había cortado de raíz su crecimiento, su conocimiento, arrancado del colegio y devuelto al campo, a la lucha de clases, al caciquismo, a la vergüenza. Lo único que le quedaba era rebelarse y eso fue lo que hizo desde el día que volvió.

Tenía una sed insaciable de aventuras, de conocer mundo. Hablaba con tanta pasión de sus anhelos que me envolvió en un ciclón continuo del que ya nunca pude salir.

Pero de todo eso me enteraría mucho más tarde, de nuevo, me estoy adelantando a mi historia.

Bien… Había vuelto de Zaragoza y mi insistencia en huir del pueblo se había vuelto resignada, triste, apagada, así que comencé de nuevo a frecuentar a mis amigas en algún baile. No tenía deseo alguno de ir, más lo hacía por mi madre, que insistía constantemente en que me relacionase con los demás, sobre todo después de ver a mis hermanas ennoviadas y tan contentas. Yo intentaba hacerla feliz; mi hermano Gonzalo era la fuente continua de sus lágrimas matinales y de una tristeza tan profunda como las raíces de nuestros bosques de Sabinas.

Y sería precisamente aquí, en una de esas fiestas, donde por primera vez hablé con Agustín, o más bien él comenzaría a enamorarme con sus palabras.

Estábamos en el baile, aquella noche se celebraba en la iglesia, el párroco había organizado una pequeña verbena con música con la intención de recaudar algún dinero, la gente del pueblo tocaba, yo movía ligeramente los pies al ritmo de la melodía que en aquel momento sonaba, estaba rodeada de amigas y vecinas que se contoneaban con los ojos cerrados esperando a que algún zagal las sacase a bailar; sin embargo, yo me miraba los zapatos y me avergonzaba de lo sucios que estaban: me había metido sin darme cuenta en un charco lleno de barro antes de llegar y pensaba que si algún día tenía un trabajo, uno de verdad, nunca volvería a ir a una fiesta con zapatos planos, ni feos, y mucho menos desaseados.

Con el paso del tiempo, corroboré que si una mujer lleva el pelo arreglado, un bolso bonito, y unos zapatos elegantes, toda ella desborda una magia y un aura difícil de olvidar.

Nunca pude recordar qué canción sonó aquel día que marcó un antes y un después en mi vida, un día que no volvería nunca más a repetirse, pero que mi memoria rememoraría incansable cada instante vivido, cada palabra, cada gesto como un dulce despertar, como un eterno entierro.

Aquélla fue nuestra canción y yo ni siquiera la recuerdo; dicen que la memoria es selectiva, y que recordamos solo aquello que nos marca, aquello que nos produce una felicidad absoluta o una tristeza ilimitada. Creo que sus palabras fueron suficientes para borrar todo lo demás: la canción, los amigos, los vecinos, las habladurías, las maledicencias, todo me daba igual. La iglesia de pronto quedó vacía, como una espiral que te absorbe hacia un punto de no retorno y te envuelve y te deja sin respiración, resonando queda, como el eco, los latidos de tu corazón, la intensidad del momento. La eternidad.

Cuando la puerta de la iglesia se abrió, apareció Agustín solo, llevaba en la mano un libro. Apenas levanté la mirada, no por falta de interés, sino por apatía; de él jamás hubiera esperado nada; volví a mis zapatos… De pronto unos zapatos marrones, llenos de barro como los míos, se colocaron delante. Alcé la mirada, Agustín me miraba febril, sus ojos brillaban y le temblaba ligeramente la barbilla; su aspecto estaba un poco descuidado, llevaba una chaqueta de punto sencilla y un pantalón de pinzas un tanto raído… giraba enloquecido entre sus manos su sombrero, su pelo estaba revuelto… sus palabras comenzaron a fluir a borbotones, como si le hubiesen dado cuerda a una caja de música y ésta tuviese que sonar hasta el final.

Yo no daba crédito a lo que estaba oyendo; allí, en medio de todos, Agustín me declaraba su amor, su desazón, su delirio, y yo escuchaba aquel torrente con la boca abierta por la sorpresa, y de la sorpresa pasé al estupor, y del estupor, a un calor sofocante que me quemaba por dentro. Las mejillas me ardían, las piernas me temblaban como los flanes recién desmoldados; cuando me invitó a alzarme y me cogió de la mano, sudaba, mi lengua parecía muerta; no sabía qué decir, dónde mirar. Sus ojos me quemaban, navegaba en una nebulosa indefinida entre la vergüenza más absoluta, consciente de que todo el mundo nos estaba mirando, y la dicha más pasional que una muchacha de dieciséis años puede sentir cuando su mundo se para por amor.

Aquella noche bailamos, entrelazamos nuestras manos muchas veces, ardían nuestras yemas jugando silenciosas entre contornos, nuestras miradas se perdían desafiantes en el pozo irisado de nuestras pupilas, el candor enrojecía nuestros rostros. Le amé profundamente desde aquel mismo instante y todavía hoy le amo.

Nunca podré olvidarle, porque el primer amor nos marca de por vida, nos arranca la inocencia, nos despierta los sentidos adormilados de la infancia, lo llena todo, nos invade cada rincón y cuando se va, deja un vacío tan grande que ningún otro amor es capaz de igualarlo.

Me acompañó hasta casa, me confesó que sus encuentros aparentemente casuales paseando a su perro cerca de donde vivíamos no habían sido nunca del todo inocentes; nos desvelamos, despedirnos significaba empezar un nuevo día, ¡en qué punto retomarlo! No teníamos horas para contarnos, para conocernos, con un fulgor desmesurado, el farol de casa brillaba aquella noche, o ¿serían imaginaciones mías? Madre miraba a través de la cortina, se impacientaba, nos vigilaba.

Al inicio de mi calle, justo debajo del medio arco que desembocaba en la plaza principal, nuestro mundo se había parado, la oscuridad se estrechaba a lo lejos; aún percibíamos la música que venía desde la iglesia; de nuevo, me invitó a bailar, esta vez nuestros movimientos fueron serenos; con calma, asió mi mano y acercó su cuerpo al mío lentamente, su mano se deslizaba por mi cintura casi sin rozarme, nuestros rostros se fueron acercando, sus labios apenas tocaban los míos, cerré los ojos sintiendo el vértigo de mil cascadas, sus labios me rozaron el cuello y susurró: *te amo.* Creí morir y nacer allí mismo, el placer que me embargaba inundaba todos mis sentidos, borraba cualquier convencionalismo y por primera vez entendí a Francis; volaba y yo quería volar tan alto como ella, con Agustín de mi mano, con Agustín en mi cuerpo, suya, solo suya.

Creímos percibir un ruido; absortos como estábamos en nuestras primeras caricias, no nos dimos cuenta de que madre estaba con los brazos en jarras delante de nosotros; impulsivamente, nos separamos, volvimos a la realidad demasiado bruscamente; sentí que me dolía el estómago, o quizá fuese más arriba; madre me cogió del brazo y tiró de mí hacia casa. Sentí una profunda tristeza y náuseas; sabía que aquellas horas mágicas no volverían; vendrían otras, quizá, con el nuevo día; pero aquéllas, las primeras, las más inocentes, aquéllas no volverían.

Madre se enfadó conmigo aquella noche, pero sus sermones resbalaron en mí como el agua de un cálido baño perfumado; nada podía quitarme esa sensación de vacío precipitado hacia el deseo, del vértigo de probar lo prohibido, del amor apenas concebido; nada podía quitármelo, a él, a Agustín.

Madre me hizo prometerle ser cabal y juiciosa con aquella relación, que guardaría mi honor, mi reputación, mi virginidad, que evitaría en lo posible el runrún callejero, los dimes y diretes, y yo a todo decía que sí con la cabeza, con cansancio, esperando que su verborrea de reconvenciones terminase en algún momento.

Habría sido capaz de pactar con el mismo diablo para poder volver a verle, aunque solo hubiese sido una vez más.

Es difícil ser juiciosa cuando la sangre te hierve por dentro, cuando el deseo te nubla el entendimiento, cuando las nuevas sensaciones que experimenta tu cuerpo por primera vez te aprisionan y te arrastran.

Al separarnos aquella noche, supe como una revelación que no habría otro hombre en mi vida, que nada tan intenso sería capaz de sucederme otra vez. Y no me equivoqué.

Entre nebulosas llegué a mi dormitorio y mientras me desvestía, un papel se deslizó del bolsillo de mi chaqueta; decía:

*Solo tu labio, tu mano bella, mi fuego ardiente calmar pudiera.*
*Quédate conmigo, Magui, este día y esta noche,*
*y tendrás el origen de todos los poemas.*

Sus palabras me estremecieron y un escalofrío me recorrió la espalda. Me adormecí meciéndolas:

*¡Quédate conmigo, quédate conmigo...!*

Nunca más sería una niña, una nueva etapa se iniciaba en mi vida. Decidí amarlo sin condiciones a pesar de que nuestro amor estuvo condenado de antemano; decidí aprender de él todo lo que pudiese, beber de él, en todos los sentidos posibles; se convirtió en mi único objetivo. Él podía mostrarme un mundo nuevo, no solo de sensaciones hasta ese momento desconocidas y placenteras para mí, sino más allá.

Agustín era un libro abierto, instruido, buen conversador, sabía enseñar, te transportaba, y eso fue lo que me aprisionó a él.

Vivimos un amor sereno, entre libros y palabras, silencios y emociones encontradas.

Cuando teníamos tiempo, nos escapábamos con algo para comer y, cogidos de la mano, emprendíamos camino hacia el río. El Ebro nos recogía entre senderos increíbles, recodos de agua embravecida o remansos repletos de juncos. Cuando llegaba la crecida del río, después de las nieves o en épocas de grandes tormentas, corríamos a ver cómo de la nada brotaba veloz y caudaloso, violento, inundándolo todo mientras huía como loco hacia el mar, una carrera llena de obstáculos hacia su muerte.

Deseábamos ir al mar, hablábamos de ello constantemente, ninguno de los dos había llegado hasta la costa, planeábamos las rutas, imaginábamos lo que sentiríamos al ver la profundidad del azul del cielo reflejado en la inmensidad del agua.

A veces, íbamos un poco más lejos y zigzagueando entre cultivos de trigo, llegábamos a nuestro mirador favorito, la Ermita Blanca de Monte Alto. Allí, en lo más alto, había un recodo, nuestra propia terraza natural. A la sombra de los pinos nos sentábamos y contemplábamos desde lo lejos Sabinas de Ebro; la vega cultivada dibujaba un tapiz de vivos colores y al otro lado, las montañas de los Monegros, áridas y majestuosas, estaban salpicadas de manchitas verdes, matojos salvajes de tomillo y lavanda. Disfrutábamos como niños deseosos de escapar de nuestra rutina y del asfixiante ambiente del pueblo.

Vivimos muchas estaciones juntos, pero nuestra favorita siempre fue el otoño, sus alfombras de hojas mullidas y crujientes hacían nuestros paseos deliciosos; era como tener una melodía acompañando nuestros pasos y palabras. Sus colores dorados y cobrizos salpicados de rojos nos alegraban el paseo, y aprovechábamos intensamente sus escasos y tenues rayos de sol, sabedores de que el invierno no tardaría en echársenos encima y con él, los silencios, la soledad, los anhelos de naturaleza y libertad.
Aquellos días fueron un renacer, mis ansias de saber eran inagotables, él me hablaba de grandes escritores y poetas; los de la generación del 98 eran sus preferidos, pero nombraba a tantos otros: Bécquer, Juan Valera, Espronceda, Calderón de la Barca, Tirso de Molina, Lope de Vega… y no te olvides, me decía, que hay grandes maestros fuera de España; me nombraba a menudo a Whitman, Emily Dickinson, Edgar Allan Poe, entre muchos otros que no recuerdo bien, pues sus nombres eran franceses, ingleses, rusos…

Recitábamos y leíamos, mientras caminábamos por el bosque a la ribera del río.

A mí me gustaban los versos rimados y cantarines, sencillos de entender; a veces, les ponía melodías e inventaba canciones que tarareaba por la casa.

Recuerdo uno de Lope de Vega que canturreaba sin parar:

*En las mañanicas del mes de mayo*
*cantan los ruiseñores, retumba el campo.*
*En las mañanicas como son frescas*
*cubren los ruiseñores las alamedas.*
*Ríense las fuentes tirando perlas a las florecillas*
*que están más cerca.*
*Vístense las plantas de varias sedas,*
*que sacar colores poco les cuesta.*
*Los campos alegran tapetes varios,*
*cantan los ruiseñores retumba el campo.*
*Los que eran amantes amaron de nuevo*
*y los que no amaban a buscarlo fueron.*
*Y luego que vieron mañanas de mayo,*
*cantan los ruiseñores,*
*retumba el campo.*

A Agustín, en cambio, le gustaban más los largos y a ser posible sin rima, con un contenido más profundo; yo me perdía en sus divagaciones y quería entender, pero no entendía.

Él, pacientemente, me enseñaba; una alumna aventajada, la única. Con él aprendí un mundo que nunca olvidaría; a dialogar, a conversar de cualquier cosa, la cultura me alcanzó y me dio de pleno en el corazón, como el dardo que alcanza una diana; el saber me dio seguridad, me hizo diferente a las demás.

Nuestro noviazgo rápidamente corrió de boca en boca entre las empedradas calles del pueblo, arriba y abajo, a la vez que nuestros temores, verticales.

Éramos el tema de conversación favorito de los vecinos, la novedad. *¿Os habéis enterado?... ¡Sí, sí, es verdad, yo les he visto juntos!... ¡La hija de la Clara y el hijo de don Martín!... ¡Como te lo estoy contando!, ¡no puede ser, es una locura!, y la Clara ¿qué dice? ¡Anda, que cuando se entere Gonzalo! ¡Menuda lagarta, nada menos que con el heredero de un terrateniente!, ¡ya lo ha hecho bien, ya!, ¡qué dirá el Martín cuando se entere!...*

—¿Quién era el Martín, Magui? —pregunté curiosa.

—Martín era el padre de Agustín —respondió Magui, y continuó—: Las conversaciones sobre nosotros iban y venían, nuestra reputación era puesta continuamente en tela de juicio, opiniones malintencionadas, invenciones, acrobacias de todo tipo exagerando encuentros, escenarios, situaciones.

En un entorno pequeño y agobiante como era el pueblo, donde todo el mundo te conocía, y si no te conocían, directamente alguien les hablaba de ti, un lugar opresivamente cerrado, carente de actividades lúdicas para hacer, donde solo el trabajo, labrar la tierra, ir a la ciudad, al mercado, a la tasca o a lavar la ropa al río aportaba un mínimo aliciente de conversación, un lugar donde escapar de las habladurías era impensable, donde la vulnerabilidad dejaba a flor de piel tus emociones, en un paisaje así las noticias corrían tan veloces que no tardarían en llegar a oídos de Gonzalo. Entre tapetes y chatos pasaba aquella tarde como tantas otras en el bar del pueblo. A alguien se le fue la boca. De pasada, sin quererlo, las palabras flotaron en el aire viciado del local; era inevitable que lo descubriese. Jamás tuve intención alguna de ocultar a Gonzalo mi relación, hubiese sido imposible. Sé a ciencia cierta, pues más tarde alguien se lo contó a madre, que entre improperios y gritos abandonó el bar; se indignó tanto que dejó la partida a medias, ¡cosa rara en él!, y casi le da un puñetazo en la boca a quien tuvo la osadía de contárselo.

Llegó muy alterado hasta casa, exigiendo, pidiéndome explicaciones que no le correspondían... *Y encima, con un señoritingo...*, repetía continuamente, *con un señoritingo...*

Parecía que eso, precisamente eso, fuese lo que más le afectaba.

A lo largo de la vida te das cuenta, Clara, de que los pensamientos cambian, porque intentamos comprender lo vivido desde otra perspectiva, desde otra madurez; en aquel momento, la posición de Gonzalo me pareció aberrante, exagerada hasta el extremo y, entre sollozos, impuse mi voluntad y me encaré a él, a mi hermano, al que quería con toda mi alma, que me había educado cuando padre faltó, amparándome con su afecto desinteresado; pero en aquel momento, todo eso se borró, el amor nubló mi mente y me enfrentó a los míos.

Ahora puedo comprender mejor su reacción: me estaba protegiendo una vez más; como lo haría más adelante. Su postura, más que de hermano, era de padre, celoso y posesivo. Que Agustín fuese hijo de don Martín, el gran terrateniente de la vega, no favoreció mucho; su decepción ante mi elección era mayúscula. Él, que lo arriesgaba todo, hasta sus posesiones y su trabajo, por ayudar a los desfavorecidos. Él, que luchaba para desmantelar un sistema de propiedades del que Agustín se favorecía. Él, que me había inculcado desde mi más tierna infancia principios éticos y de igualdad, él...

Pero el amor no se puede elegir. Tú misma, Clara, te darás cuenta cuando lo sufras, cuando vivas la maravillosa experiencia de amar y ser amado; es un sentimiento impredecible y en ocasiones, hasta inoportuno. Cuando Cupido llega y te alcanza, estás perdida.

Al final de la discusión, Gonzalo y yo temblábamos de ira, de pasión sembrada y creciente. Entonces, cansado, se encogió de hombros y se dirigió a la puerta. Ya en el dintel, se volvió y me dijo:

*Acuérdate siempre de las cosas que realmente importan y envuélvete con ellas, y recuerda que en el amor no hay sumas sin restas.*

¿Qué ecuación define lo que importa? En cada momento, el rumbo del destino marca tus decisiones, correctas o erróneas, pero lo que sí es cierto es que el rumbo se puede cambiar, enmendar e incluso perder.

Nosotros perdimos el rumbo, hacia el limbo de los deseos.

Para Agustín, nuestra relación tampoco fue fácil; en el momento en que don Martín, su padre, se enteró de nuestros encuentros, le prohibió tajantemente verme o al menos, llevarme a su casa: *¿Es que no puedes buscarte alguien más apropiada…? No tiene nada que ofrecerte, ni dote, ni tierras; tú puedes acceder a alguien mejor y encima, con ese hermano comunista que es mi pesadilla desde hace meses.*

Don Martín creyó que nuestro amor solo sería un capricho para su hijo, un enfrentamiento más, una forma de rebelarse, un entretenimiento, y que con el tiempo se le pasaría. Desde el principio, toda su familia, no solo su padre, se opuso a nuestra relación, como se opondría a otras muchas cosas, entre ellas, que el propio Agustín cumpliese su sueño y estudiase para ejercer de profesor: *Un nido de rojos, eso es lo que son los maestros*, decían continuamente.

Su futuro estaba decidido de antemano y sus deseos personales o *antojos*, como ellos los llamaban, nada les importaban. Pero Agustín no cedió ni un ápice, ni a la imposición paterna ni a la presión del cura sobre la conveniencia de nuestro noviazgo, ni a las amenazas de mi hermano Gonzalo ni a los comentarios que nos rodeaban entre los vecinos. Nosotros seguimos adelante, viéndonos cada vez más.

Madre creyó desde el principio en la bondad y en las buenas intenciones de Agustín, permitiéndole pasar muchas horas en nuestra casa, sobre todo en el duro invierno de Sabinas; jornadas en las que hablábamos hasta quedarnos sin saliva, hacíamos planes de futuro y nos amábamos a escondidas, besos furtivos, roces intencionados, inocencia libre; para nosotros, todo era posible, incluso lo imposible.

# CAPÍTULO 7
## «Francis se casa»

Era temprano, lo recuerdo bien. Llovía incansablemente en Sabinas desde hacía semanas; el río Ebro había duplicado su caudal, anegando vegas y villas a su paso. Nuestra casa estaba húmeda y muy fría; llevábamos días recurriendo a las botellas de agua caliente para caldear nuestras camas y horneábamos en los fogones ladrillos que después colocábamos en las butacas envueltos con mantas para evitar morir congeladas mientras tejíamos o leíamos.

El único sitio donde podíamos refugiarnos en aquellos gélidos días era en la cocina; vivíamos entre fogones y pucheros humeantes. Cada estación, con la fruta madura de la temporada, hacíamos confituras diferentes que después vendíamos o inter-cambiábamos por alguna cosa que necesitábamos o de la cual carecíamos. Esta práctica de trueque era muy habitual en los pueblos antiguamente, el comercio del canje.

Avanzado el otoño, disponíamos de calabazas, con las que hacíamos un delicioso cabello de ángel, que era la confitura con mayor reclamo entre el vecindario, por su originalidad y sabor; dulce de membrillo con limón y mermeladas de naranja, pera, manzana…

También preparábamos dulces para la Navidad, turrones caseros que hacíamos a base de frutos secos y cáscaras de fruta, higos rellenos de nueces, guirlache, orejones…

65

Entre pucheros estábamos, refugiadas en nuestras tareas, cuando llamaron a la puerta; dimos un respingo por lo inesperado de la hora. La incertidumbre del momento y el miedo continuo a los cambios, a lo impredecible, estaban a flor de piel... Una voz grave al otro lado de la puerta debió intuir nuestro recelo y dijo bien alto para que lo oyésemos: *Correo*.

Nuestras miradas se cruzaron, en ellas el reflejo de la complicidad, el alivio de que nada serio podía ser, el asentimiento tácito de abrir.

Me dirigí a la puerta; el mozo de la voz grave era casi un chiquillo, lo conocíamos bien, hijo de la Juana, que se había quedado viuda y había tenido que poner a trabajar a sus cuatro hijos en lo que fuera para sobrevivir; le sonreí, suspirando tranquila y lamentándome por nuestra continua aprensión.

—Un telegrama de la capital, señorita —dijo—, ¡firme aquí! —me señaló en una cruz y yo puse mi nombre completo.

—Madre, dele algo al muchacho, que es muy de mañana y seguro que no ha desayunado.

Madre acercó dos bollitos de pan que apenas unos minutos antes habían salido del hogar y le deslizó en el bolsillo del abrigo un tarro de mermelada de manzana.

—Esto es para la Juana, no se te olvide —dijo mi madre guiñándole un ojo.

—Muchas gracias, señora —dijo el muchacho pasando los bollos de una mano a la otra porque todavía quemaban, y se esfumó tan rápido como había venido.

Abrimos rápidamente el telegrama, era de Francis, breve y conciso; lo leí en voz alta:

*Me caso, iré en dos semanas, habla con el cura don Emilio para celebrarlo por la Iglesia, el traje lo recojo el viernes, prepáralo todo, algo sencillo. Te quiero. Francis.*

De nuevo, nuestros ojos se encontraron; madre y yo hablábamos sin palabras, nos conocíamos demasiado bien. Una sombra apareció en nuestros rostros, la duda; tanta celeridad resultaba extraña; asentimos, era mejor no aventurarnos en algo que a nosotras ni nos correspondía arreglar ni nos correspondía juzgar Al fin y al cabo se casaban, fin del problema, si es que lo había, y nos pusimos a la frenética tarea de organizar una boda y, sobre todo, el ajuar de la novia.

Solo teníamos dos semanas.

Los días pasaron veloces en un ir y venir de recados, de encomiendas, inmersas en bordar iniciales en las sábanas, toallas, en preparar cestas con mermeladas, embutidos, conservas y todo aquello con que agasajar a los futuros novios para, por lo menos, hacerles su vida inicial un poco más fácil.

El pueblo entero quiso participar, cada uno con lo que buenamente podía, y fueron llegando a casa paquetitos varios con notitas donde felicitaban a los novios por su próximo enlace; trajeron huevos, cintas para el pelo, alguna jarrita de miel, fruta de temporada, todo cosas sencillas que agradecimos como pudimos. El regalo más espectacular fue el de Agustín; venía directo de la capital, entre papeles fuimos desenmarañando el paquete y cuando lo abrimos del todo, el silencio se adueñó de la casa. A madre le rodaban las lágrimas por las mejillas, me miró; yo no sabía qué decir, nada tenía que ver, mía no había sido la idea, ni siquiera lo sabía, jamás le hubiese pedido a Agustín que comprase nada a mi hermana y mucho menos, algo tan costoso.

Allí, delante de nosotras, había una vajilla de porcelana finamente tallada; en el borde superior, tenía florecitas diminutas alrededor del plato, de colores rojo y azul con rabitos en verde; el borde de oro; un servicio para doce comensales.

Aquel día lloré. Me deslicé furtivamente a mi habitación; una sensación incómoda me invadió, una áspera sensación de soledad;

pensé, por puro egoísmo, que yo nunca tendría una vajilla así, que Agustín nunca me desposaría, que todo se estaba volviendo del revés; lloraba por mi propio egocentrismo y por un terrible presentimiento que se apoderó de mí desde aquel instante y que ya no me abandonaría; fue un sentimiento de amargura que me bajaba por la garganta y se me instaló en el estómago encogiéndomelo hasta hacerlo pequeñito.

La memoria selecciona, es cierto, escarba y recoge el fruto de aquello que buscas aunque esté cubierto por miles de hojas. Entre Agustín y yo había una verdad escondida, un proyecto sin futuro, una mentira a gritos que nosotros ocultábamos entre arrumacos y palabras de amor; la exaltación juvenil que trastornaba nuestras almas y las hacía poseedoras de una historia, de un aura de pasión que se perdía entre la niebla. Arriesgarse y tropezar, ése era nuestro futuro, porque cualquier otra cosa era impensable.

Intenté sobreponerme a la amargura que me atenazaba el corazón e intenté sonreír por mi hermana, acogerla, escucharla; ella era la protagonista y nosotras solo meras espectadoras.

Agustín, ajeno a todo, iba y venía. Había acogido en su casa, después de mucho implorar a su madre, al futuro novio, Matías, y a Adolfo, el novio de Fátima, que también había venido invitado a la boda. Estaba contento de participar y de formar parte de nuestra vida, un mundo real, como decía él, donde todo era posible, donde la rigidez no existía, donde la risa se mezclaba con la confitura y los pucheros, donde la pobreza era una sombra de la felicidad que se dejaba colgada en la entrada acompañada del abrigo y el sombrero de paja.

Francis estaba exultante; Fátima, un poco envidiosa, ponía mohín diciendo que no era justo que se casase primero la segunda, que ese honor le correspondía a ella, por ser la primogénita, y continuamente maldecía la pasividad de su Adolfo, su poca sangre, su falta de emprendimiento.

Mi madre, rodeada de todas nosotras, colgó por primera y última vez el negro y rescató de su armario ropas alegres y vistosas; soltó su larga melena trenzándola solo hasta la mitad y se dispuso a disfrutar como una más, ¡era todavía tan joven y hermosa! Fue una auténtica fiesta estar todos reunidos y más por un motivo como aquél. Incluso Gonzalo, al que hacía tiempo que no se le veía por casa, se dejó caer y participó de la alegría familiar.

Abrazos, besos, caricias, preguntas que iban de boca en boca, consejos gratuitos, advertencias desinteresadas, nervios, todo iba acompañando al ajuar de la novia.

Aquella noche anterior a la boda, cuando el silencio ya reinaba en casa y todas nos habíamos recogido, pude oír cómo mi madre y Francis se hacían confidencias; nunca supe de qué hablaron, ni si le preguntó sobre las dudas de una maternidad prematura; no sé si le aconsejó sobre la noche de bodas o sobre cómo llevar su matrimonio adelante; el caso es que hablaron mucho rato, a solas y a media voz... Deseé con todas mis fuerzas estar con ellas, participar de aquellas confesiones, pero no era mi momento; el mío debía esperar...

De nuevo el presentimiento me bloqueó el estómago... quizá el mío no llegase nunca.

Francis y Matías se casaron en una soleada mañana de invierno de 1931. Un aura de heroína la rodeaba como a la protagonista de un cuento de hadas; estaba preciosa, llevaba un vestido azul con encajes bordados que delicadamente recubrían los puños y el cuello; el cabello se lo trenzamos salpicándolo de unas pequeñas flores blancas. Llevaba un ramo entre las manos: lilas, sus favoritas.

Todo era sencillo, delicado, perfecto.

El convite posterior fue un desayuno en el casino, en la plaza principal del pueblo, chocolate con churros para todo el que quisiera acercarse a compartir con nosotros un día tan especial.

Reunidos, olvidamos por un instante las diferencias sociales, los presagios de un futuro incierto, las noticias confusas, el catastrofismo de los diarios y las dudas latentes.

La singularidad del momento se extendió como un torrente cubriéndonos a todos como una colcha de algodón perfumada de tomillo y lavanda, dándonos una sensación de confort y paz… ¡Aún puedo percibir el aroma de aquel día!

Aquella misma tarde, los novios emprendieron bajo vítores continuos de "vivan los novios" su nueva vida. Iban cargados con el ajuar y las cestas preparadas llenas de víveres. *Imposible llevarlo todo*, se lamentaba Matías, *es demasiado.*

Fátima y Adolfo se ofrecieron a ayudarles; partieron antes de lo previsto hacia la capital, acompañando a los novios y dejando la nada deshilachada entre las calles de Sabinas.

Su viaje sería memorable.

Llegaron hasta el río con todos sus bultos y lo cruzaron en una gran barcaza que antes se usaba para pasar al otro lado del Ebro desde el pueblo; allí, un tren los llevaría hasta su nuevo destino, su nueva vida, Zaragoza.

El río iba muy crecido y la barca zozobraba; Francis comenzó a marearse. Como un bostezo contagioso, se le unieron Fátima y los chicos; los cuatro vomitaban la vida sobre el Ebro mientras el barquero maldecía a los señoritingos de ciudad y escupía tabaco negro por la borda.

Cuando llegaron al otro extremo, estaban demudados y macilentos, recogieron sudorosos todas sus cosas, que se habían desparramado a causa del el oleaje por toda la barca; el barquero no les prestó ayuda alguna, mascullaba entre dientes una retahíla de improperios recordando a todos sus muertos.

Se encaminaron a la estación de tren; allí, una nueva sorpresa les deparaba. El tren estaba averiado y debían aguardar en la sala de espera nuevas noticias. Estaba abarrotada de gente, niños jugando, mujeres sentadas charlando animadamente, hombres fumando en corro; se acomodaron donde pudieron, haciéndose un hueco con una manta que desplegaron en el suelo.

El tiempo pasaba, el tedio se apoderaba de la sala de espera, los niños, antes juguetones, se impacientaban; ninguna noticia, hasta que un hombre uniformado les anunció, previo toque de silbato, que debían pasar la noche allí, que el tren llegaría a primera hora de la mañana para llevarles a Zaragoza.

Hubo murmullos de desaprobación, algún que otro personaje encendido por la situación, pero el conformismo se instaló entre los viajeros como las aves migratorias cuando buscan refugio al sol. Francis organizó una cesta, cogiendo esto de aquí y aquello de allá y comenzó a compartir sus víveres con los más próximos.

Una cena improvisada en la sala de espera de una estación dio lugar a una de las más entrañables veladas que uno es capaz de disfrutar en su vida; hubo cena para todos, una puesta en común generosa y pródiga.

Alguien sacó una guitarra, se le unió un acordeón, hubo baile, diversión, paz, conciencia, la sensibilidad a flor de piel, ¡algo que luego perderíamos!

Vivíamos en una España rural, pobre, donde la luz eléctrica era un lujo, donde de los techos de la estación colgaban todavía lámparas de petróleo, donde el agua corriente era solo una visión, los medios de transporte lentos e insuficientes, el analfabetismo una extensa manta que cubría a la mayoría de la población; pero pese a todo, éramos un pueblo alegre, cordial, afable con el prójimo, con una noción de compañerismo como ninguna, paisanos todos de una misma tierra.

Aquella noche sería contada por algunos y exagerada por muchos, durante años.

Es cierto que el boca a boca distorsiona, magnifica lo vivido, pero Francis y Fátima lo narraron tal cual y de ellas, de su aliento, lo escuché.

En Zaragoza, Francis y Matías habían alquilado una humilde casita en la calle Tomás Bretón; por aquella época, esta parte de la ciudad, que ahora es muy céntrica y llena de vida y comercios, era casi el campo, el exterior de la ciudad, pero ellos eran felices así, no necesitaban más, aunque no tardarían en añadir a alguien a su hogar.

Nos enteramos de su embarazo unas semanas después, de nuevo con un telegrama; el mismo muchacho lo trajo, el mismo presentimiento descrito y tácito en nuestras pupilas, de nuevo el silencio asentidor, cómplice y un júbilo al mismo tiempo, íbamos a ser tía y abuela.

¡La llegada de un bebé siempre es una buena noticia!

Pocos meses después, nació mi primera sobrina, Rosario. Para ser más exactos, fueron ocho meses los que tardaron en traer al mundo a su primera hija. La duda, que ya planeaba en el aire desde el día que se casaron, se hizo más palpable; había un gran interrogante, todo podía ser, pero ni ellos confirmaron ni nosotros preguntamos; simplemente, disfrutamos de ese nuevo tesoro que la vida nos brindaba.

—Magui, has dicho que Francis tuvo a su primera hija, ¿entonces, mamá no fue hija única? —pregunté interrumpiéndola de nuevo.

—No, tu madre tuvo dos hermanos más, ¿nunca te ha hablado de ellos? —preguntó Magui con un deje de extrañeza.

—No, mamá jamás, pero tampoco la yaya Francis. ¿Tú sabes por qué será, Magui? —pregunté curiosa.

—Lo puedo imaginar, pero vamos poco a poco, Clara. Esa parte de la historia llegará más adelante; tendrás todavía que esperar algunas siestas, pero cuando llegue el momento, solo entonces, quizás, puedas comprender el porqué de tanto silencio.

Rosario nació en un momento de turbulencias políticas; las izquierdas se desunían, la derecha se hacía cada vez más fuerte, la incertidumbre golpeaba incansable el corazón de las gentes, la euforia inicial de reformas y cambios sociales se diluyó como los primeros copos de nieve de una helada temprana; la esperanza pasó a ser una sombra ciega de anhelos inexistentes.

Mi memoria me arrastra, se desmaya y entre los dedos, acierto a coger una hebra que me atraiga y me transporte de nuevo a ese momento de mi vida que, pese a todas las revueltas externas y problemas políticos existentes, yo recuerdo como el más dulce de mi vida.

Francis nos dejó a la niña pasados los primeros meses, en el pueblo; debía continuar con sus obligaciones y apenas le quedaba tiempo para dedicárselo a Rosario. Todos los fines de semana venían a vernos y a disfrutar de su pequeña, que cada día crecía lejos de su lado.

Ella, que cuidaba a los hijos de otro matrimonio, sufría pensando que no podía dedicarle los mismos afectos a su propia hija. Su mirada se apagaba cuando partían los domingos hacia la capital y volvía de nuevo a brillar los viernes por la tarde cuando apenas se apeaba del autobús y veía a su niña esperándola en el andén.

Yo me mantenía ajena a todo, cuidaba de Rosario, la mimaba en exceso, era la niña de mis ojos, vivaz, contenta, preciosa.

Al mismo tiempo, disfrutaba de Agustín. Rosario se fusionó en nuestras vidas como si siempre hubiese estado entre nosotros.

Un nuevo otoño se cernió sobre el pueblo; el cierzo comenzó a soplar con una fuerza inusitada, haciendo caer precipitadamente las hojas, que estaban todavía en pleno proceso de mutación cromática. La alfombra multicolor de otros años era ahora verde y dura, poco crujiente, acelerada. Nosotros nos re-sistíamos a encerrarnos en casa y como podíamos, seguíamos saliendo a dar largos paseos.

La Ermita Blanca de Monte Alto se convirtió en nuestra atalaya; allí llegábamos paseando tras una larga caminata, mas absortos como íbamos, no nos dábamos apenas cuenta. Desde nuestro mirador, las palabras fluían eternas y el viento las transportaba entre las nubes; a veces, incluso nos quedábamos allí a dormir; extendíamos una manta, y bajo una bóveda de estrellas que titilaban, nos dormíamos arrullados entre poemas.

Con la llegada de Rosario, las salidas, nuestras escapadas secretas, se transformaron, comenzaron a ser más breves, pero todavía tenían su encanto. Llevábamos a la niña hasta el río, donde el reflejo dorado de los árboles en otoño le confería un aspecto mágico, un espejo de tesoros. Nuestra literatura se volvió infantil, le contábamos cuentos fantasiosos de hadas, duendes, trasgos, ondinas silenciosas de agua, libélulas cantarinas, mal-vadas brujas hechiceras, luciérnagas encantadas, y le recitábamos poemas sencillos con estribillo para que pudiese recordarlos fácil-mente. Había uno de Rubén Darío al que cambiábamos el nom-bre y lo transformábamos en nuestro; este poema le encantaba, e iniciaba todos nuestros cuentos; decía:

*¡Espera, a ver si lo recuerdo…!*

*Rosario, está linda la mar,*
*y el viento lleva esencia sutil de azahar.*
*Yo siento en mi alma una alondra cantar.*
*Tu acento,Rosario, te voy a contar un cuento…*

Otras veces, cuando ya se fue haciendo un poco más mayor y participaba señalando con su dedito o riendo, jugaba con ella y entre rimas le cantaba:

*Que el clavel y la rosa,*
*¿cuál es la más hermosa?...*

...y ella elegía cada vez una distinta. Proseguía así el juego entre risas...

*El clavel, lindo color,*
*y la rosa todo amor...*

...de nuevo debía decantarse por color o amor; de esta forma, jugando, le enseñaba muchas palabras.

*El jazmín de honesto olor, la azucena religiosa,*
*¿quién es la más hermosa?...*

*La violeta enamorada, la retama encaramada, la madreselva*
*mezclada, la flor de lino celosa, ¿cuál es la más hermosa?.*

Tirso de Molina

# CAPÍTULO 8
## «Cambios en el aire»

Los días, las semanas, los meses se sucedían en una cadencia suave y serena; pero como todo lo ajeno, un día, aparentemente igual a los demás, de pronto sucede algo que pone del revés tu mundo y, aunque intentes nadar a contracorriente y recuperarte, nada es posible; la ola viene de nuevo y te arrastra hasta hundirte, hasta dejarte inconsciente. Pero no acaba contigo del todo; al final, te arrastra a la playa exhausta y languidecida, esperando que tú misma despiertes y retomes tu vida, tu destino.

1933, comienza un nuevo bienio conservador; Alejandro Lerroux al frente, "el bienio negro" lo llamaron, el gris lo invade todo; de nuevo, la derecha se ha hecho con el poder, las reformas se han desvanecido en el aire como las mariposas cuando llegan los primeros fríos, las dudas se ahogan ante el escepticismo, el miedo se apodera de las calles, de las paredes, de las casas; la modernidad prometida se vuelve antigua, la Iglesia se hace fuerte, los sermones se gritan desde el púlpito, la enseñanza se retrasa, atrás queda la libertad de culto, la enseñanza religiosa vuelve a convertirse en materia escolar, los crucifijos en lo alto de las paredes vuelven a presidir las aulas, un hervor de rumores callados se agita a nuestro alrededor, reuniones clandestinas, encuentros no casuales, los días se encogen, los propietarios se adueñan de nuevo de la miseria…

Intentando abstraernos de la negrura y silenciando los continuos partes que se agitaban a nuestro alrededor, nuestra vida trascurría monótona, los meses se sucedían como copias de un papel calcado, las noticias iban y venían como las olas del mar, unas veces serenas, casi dichosas; otras, embravecidas de espuma blanca.

1934 nos trajo cambios personales. Francis, embarazada de nuevo y a punto de dar a luz; su marido Matías, que había dejado atrás la loable profesión de panadero, se había alistado en el ejército; ella continuaba sirviendo en la casa de los señores, pero cada vez con más pesar, ya no solo por su avanzado estado de gestación, que la impedía moverse con soltura, sino por tener a su pequeña Rosario tan lejos de ella.

Francis estaba intranquila; todos lo estábamos en realidad, pero a ella le afectaba de lleno, en pleno corazón. La desazón le devoraba; Matías era requerido constantemente; todos los militares estaban en alerta; la situación política estaba tensa; los excesos continuos alentados y provocados por miembros de la CEDA (Confederación Española de Derechas Autónomas) fueron minando al gobierno de la República, su moral, sus ideales. Sus seguidores, socialistas convencidos, veían diluidas sus creencias, su base. La respuesta de los sindicatos no se hizo esperar; el ambiente de regresión a la derecha era tan marcado que los socialistas convocaron una huelga general; las revueltas de los mineros en León y Asturias se hicieron intensas y la huelga, que en principio solo había sido convocada para las regiones de Cataluña y Asturias, adquirió un tinte de sublevación al más alto nivel, que se hizo extensivo al resto del territorio nacional.

En Zaragoza y sus alrededores también se agudizó el conflicto social; 1934 viviría una de las etapas más apasionantes y, al mismo tiempo, más traumáticas de la historia aragonesa. Se produjeron varias huelgas generales en distintos sectores: transportes, comercio… y en especial, el de los trabajadores de la tierra, instigados por el sindicato agrario de la FNTT, protagonista de una huelga general campesina que se había producido meses antes en los días previos a la recolección. La huelga promovida por los socialistas no caló en los zaragozanos y la CNT, principal sindicato aragonés, no la secundó. En la provincia, sin embargo, los sucesos más graves tuvieron lugar en las Cinco Villas, comarca con un gran arraigo socialista. Sus ayuntamientos fueron ocupados y banderas rojas ondearon en los balcones; los manifestantes armados se dirigieron a la Casa Cuartel de la Guardia Civil, sitiándola y negándose a reconocer su poder. La insurrección se cobró varias víctimas y duró hasta que se recibieron desde Zaragoza refuerzos policiales que enérgicamente devolvieron la normalidad a la comarca.

Entre sus efectivos, estaba Matías.

Francis seguía los acontecimientos muy pendiente desde la radio de los señores para los que trabajaba en Zaragoza, don Justo y doña Mercedes; nosotras, en Sabinas, desde la radio que tenía don Jaime, el maestro.

Madre rezaba compulsivamente. Se hablaba de insurrección.

Las Fuerzas Armadas se movilizaban.

¡Ya entraban!... hacían prisioneros, había muertos.

Días intensos, el miedo a lo desconocido, el pánico se extendía por los tejados…

La huelga general en Zaragoza duró 36 días. Multitud de personas la secundaron, al coro de:

*Viva la ofensiva revolucionaria; sí hay futuro; a la lucha; construiremos luchando…*

Pero también salió mucha gente para manifestarse en contra de la revolución.

El 6 de octubre se declaró el estado de guerra y la ley marcial.

La autoridad recayó en el gobernador militar.

La revolución en Aragón fracasó, así como lo haría en la mayor parte de España.

Muchos de los ayuntamientos socialistas y republicanos de izquierdas fueron sustituidos por comisiones gestoras. La Patronal y los terratenientes rurales encontraron la excusa para despedir a un gran número de trabajadores simplemente por estar afiliados a CNT o a UGT.

La Revolución de Asturias de 1934, o Revolución de Octubre, se convirtió en casi un mito para la izquierda obrera española y europea, a la altura de la Comuna de París o el Sóviet de Petrogrado en 1917.

Fue la última revolución social, que si bien fracasó, marcó el final de este tipo de revueltas en el occidente europeo.

Para los españoles, significó mucho más, el preludio a gritos de lo que no tardaría en venir... el paso del sueño de la libertad a la pesadilla de la guerra. *¡Y Matías, metido en el ejército!*, se lamentaba continuamente Francis, *¡con lo bien que estaba haciendo panes y bollería!, ¡con lo bien que comíamos!*

Nunca supo Francis los verdaderos motivos que le llevaron a Matías a meterse en el ejército; él aducía un sueldo más elevado y reconocimiento personal, promoción, seguridad; pero nunca estuvo claro, el caso es que éste fue el primero de los muchos episodios negros que la familia tendría que afrontar.

Francis se volcó en sus hijos, y aunque nunca dejó de amar a su marido hasta el día de su muerte, ella siempre le culparía de sus penalidades, de su maltrecha vida y sobre todo, del trágico final de sus niños.

El azar tiene mucho que decir, y el nuestro no sé dónde se torció; perdimos el rumbo y todos nosotros, de manera distinta cada uno, sufrimos nuestras propias condenas, como si el inmenso dolor de una tierra, nuestra patria, tuviera que compartirse.

# CAPÍTULO 9
## «Un viaje sin retorno»

Finales de 1934 vería nacer el segundo vástago de Francis y Matías. Ricardo lo llamaron, era un niño soñador, tan bonito que parecía un muñeco de porcelana; enseguida se adaptó a la familia y a nuestros ritmos.

Francis dejó de trabajar y volvió al pueblo, a Sabinas.

Estaba radiante, con sus dos pequeños cerca, recuperando el tiempo perdido, con la ayuda de madre constantemente a su espalda. A mi hermana le encantaba el pueblo, la vida era fácil, las prendas sencillas y holgadas, la tranquilidad de las calles de Sabinas, los cotilleos en cada esquina, en los que ella participaba activamente; a Matías, ni lo nombraba… estaba feliz.

Siempre pensé, aunque jamás lo diría en voz alta, que ella no deseaba que volviera; lo demostraba continuamente, no con palabras, pero sus expresiones hablaban: *¡Cuán efímero es el amor! y ¡qué pronto se marchita!*, decía suspirando sin apenas despegar los labios. Sus hijos lo llenaban todo, ella no necesitaba más.

La emoción del reencuentro había devuelto a su espíritu el sonido de la tierra, del agua, de la risa de sus niños.

Desde mi pensamiento pueril, lo que le sucedía a Francis después de haber volado, planeado casi entre nubes de algodón con su Matías, era un estrepitoso fracaso, una cruel abstinencia, estrellarse contra un muro de verdad, de nada, una realidad que ella aceptaba encantada y a mí me sumía en la mayor de las confusiones.

Madre decidió que yo debía ocupar su lugar de sirvienta en la ciudad. Su determinación me dejo sin palabras; fue tajante, no tuve argumentos para rebatir algo que yo misma había pedido a gritos no hacía tanto tiempo atrás.

Sus motivos fueron varios, pero los vislumbro ahora, con el paso del tiempo, con la reflexión de la madurez. Por un lado, quería ayudar a una hija que estaba un poco perdida en su matrimonio y que tenía dos hijos a quiénes cuidar; por otro, separarme de Agustín. Nuestra relación crecía y se intensificaba cada día; hablábamos de casarnos, hacíamos proyectos en común, compartíamos intensos momentos, y madre tenía miedo, miedo a que me perdiera.

Algo que me habría llenado de gozo en otro tiempo, irme a Zaragoza, ahora me rompía el alma; no ya solo por no volver a ver a Agustín durante algunos meses, sino por no volver a cuidar de mi niña Rosario.

Francis volvía; yo partía. Francis la recuperaba; yo la perdía.

Nunca he sido madre, Clara, tú lo sabes bien, pero te puedo asegurar que el sentimiento de pérdida que sufre una mujer que lo ha dado todo por un hijo al que ha tenido que cuidar, sea por las circunstancias que sea, es aterrador.

Durante sus cuidados, su educación, te afanas en pensar que da igual, que eres su madre igualmente aunque no haya estado en tus entrañas, que lo realmente importante es el amor que le has dado, el haber estado día a día velando por él; pero la realidad te da la espalda y te golpea en el vientre con toda su fuerza, cuando la biología, la sangre, llama a la puerta y te encuentras que te dice que necesita saber quién fue su madre, por qué le abandonó, que le falta una parte de su vida por completar, nueve meses, ¡toda una vida!... ¡Qué ironía!

Es el momento de enfrentarse con la auténtica separación, la perenne, la que te deja vacía al borde del abismo.

Hice las maletas con todo el pesar con el que es capaz de cargar una mujer, ¡habría podido llenar baúles enteros! Me despedí de mi mundo y lloré amargas lágrimas todo el camino hasta llegar a Zaragoza; mis ojos estaban hinchados y congestionados, ¡tal era la pena que tenía!

Llegué en un día lluvioso; el cierzo soplaba a rachas intensas, todo estaba gris, como mi espíritu; nadie vino a recogerme. Empapándome la ropa y los zapatos, dirigí mis pasos hasta la Basílica del Pilar y recordé el deseo que había formulado años atrás, ¡se había hecho realidad!

Apenas hube entrado en el Pilar, volvía a pensar en el color del manto de la Virgen; quizá podía pedir un contra deseo y que todo volviese a ser como antes de mi partida por la mañana; borrar aquel día, mi marcha, mi pena infinita.

No acerté el color; mi destino estaba ahora allí y tenía que afrontarlo; solo serían unos meses, podría soportarlo.

Puse una vela a la Virgen y pedí fervientemente; me arrodillé ante su imagen en un pequeño espacio. Dentro de aquélla inmensa Basílica, paradójicamente me sentía protegida, segura.

La Virgen del Pilar es pequeña, muy pequeña, pero ¡tan hermosa al mismo tiempo! Su corona, lujosamente tallada, está repleta de piedras preciosas y joyería, circundada por un aura mágica de esculturas y pinturas, donde descansan, majestuosos, los rayos del sol.

Su ambiente me embargó; me descubrí rezando; me hacía bien, calmaba mi desdicha. Podía hacerlo, ¡por supuesto que sí! Agustín me esperaría, él me amaba de veras… o al menos, eso creía.

Un poco más recompuesta, me dirigí a la casa de los señores a presentar mis respetos.

Tenía intención de alojarme en casa de mi hermana Francis; Matías no estaba casi nunca en casa; en su desasosegado ir y venir de soldado raso, pasaba largas temporadas de maniobras, en el cuartel haciendo guardias o simplemente, envuelto en un sinfín de preparativos por lo que pudiera venir.

En el acuartelamiento le daban un camastro y rancho todos los días; así que, entre la ausencia de Francis y sus hijos y la desgana de la soledad, optó por vivir inmerso entre galones, promocionando a ojos vista a una velocidad de vértigo.

Llamé al timbre; una sirvienta uniformada me abrió la puerta. Era casi una niña; me cayó bien solo con verla. Con una seriedad fingida, poco propia de su edad, me preguntó:

—¿Qué se le ofrece, señorita?

Me presenté…

—Soy la nueva doncella —dije—. Vengo a presentarme a los señores de la casa, doña Mercedes y don Justo.

Ella me hizo pasar diligentemente al saloncito de invitados.

Enseguida apareció la señora Mercedes. Mi aspecto debía ser horrible, a juzgar por el mohín y el gesto de desagrado que hizo al verme.

—¿Pero de dónde vienes, chiquilla?, te esperábamos a las seis y son más de las nueve, los niños ya duermen…

Me disculpé, me había perdido, mentí, nadie había venido a recogerme. Llovía, me había constipado; quise hacerle pagar mi desazón y tristeza haciéndole pasar un mal rato, haciéndole sentirse vil por no haberse acordado de mí, por haberme arrastrado a su mundo de ricos, un mundo donde no quería estar, que no me pertenecía.

Pareció ablandarse y creí percibir cierta lástima en su tono de voz; también me pareció sorprendida. Creo que le gustó mi forma de hablar, cuidada, educada; debía de esperarse una pueblerina sin estudios, y aunque mi aspecto era ciertamente penoso, mis maneras la engatusaron… fugazmente pasó por mi mente Agustín… ¡Agustín!

Me llevó al baño y me ofreció ropa limpia y seca; me anunció que cenábamos en quince minutos y que deseaban que compartiese con ellos, con el matrimonio, la cena.

Me enseñó mi habitación. Callé; no era el momento de decirle que no pensaba pernoctar allí como una interna, que yo ansiaba mi libertad, fuera de esas cuatro paredes y lejos de los niños, de la vigilancia extrema, del ser considerada todo el tiempo una sirvienta.

Mientras cenábamos, ellos no paraban de preguntar, indagaban sobre mis gustos, mi vida, estudios, aficiones; parecía una morbosa investigación, querían saberlo todo, con quién dejaban a sus hijos, qué les podía aportar en su educación.

Me pareció normal su actitud; íntimamente la aprobé, eran unos padres entregados y preocupados por sus vástagos; debo decir que nos llevamos bien desde el principio, había complicidad. El discurso fluía libremente, me expresé desenfadada en todo momento, les manifesté mi deseo de vivir mi propia vida y lo respetaron asintiendo serios; un acuerdo tácito, un trabajo, sus hijos, una educación.

Me acompañó el señor don Justo, después de la cena, a casa. Es curioso, aquel nombre le venía como anillo al dedo; "justo" y noble fue precisamente lo que demostró ser durante mi estancia en aquella casa.

Un hombre moderado y extremadamente educado. Tenía, en la calle Alfonso, al principio, junto a la Plaza del Pilar, una tienda de juguetes en un pasaje, y en el otro extremo de la calle, al final, llegando ya casi al Coso, una joyería.

La relación con don Justo y su mujer, Mercedes, sería larga y generosa, hasta que todo se torció, hasta que la muerte y la destrucción ocuparon nuestras vidas. Ellos formaron mi pilar, alrededor del cual crecí en Zaragoza; en aquella casa me hice mujer, maduré, sufrí, reí, aprendí el concepto de la amistad; fueron lo más próximo a una familia, a mi familia perdida entre las sabinas; por eso, cuando llegaron los primeros problemas, yo les protegí, callé y oculté la verdad; por ellos, por los niños, por Mercedes y sobre todo, porque don Justo me lo pidió.

—¿Qué te pidió que hicieras, Magui? —volví de nuevo a interrumpirla.

—Con calma, tesoro, ¡todo a su tiempo! —respondió sonriente—. ¡Eres muy impaciente!, todas las historias tienen un hilo conductor, sutil y transparente; el misterio que recogen sus palabras ha de resolverse con sosiego, como una madeja de lana, tirando suavemente del hilo —dijo.

Durante aquellas siestas del verano, Magui no solo me narró su vida y sus sentimientos más íntimos, que yo en ocasiones comprendía y seguía con excitación y en otros momentos me perdía inexorablemente; también me enseñó la virtud de ser paciente, de aguardar con desvelo mi siguiente siesta para saber más de la historia; me enseñó a esperar y a amar los cuentos, los libros, la poesía, las historias narradas entre sílabas y palabras, el papel rugoso y las tapas duras.

Después de aquel verano, mi último con ella, con Magui, la lectura entraría en mi vida para no marcharse más; se convirtió en mi mayor y más preciada afición.

Magui prosiguió…

—Pronto me adapté a los niños, a la ciudad, al ritmo rápido, al trabajo, a mi independencia.

Sara, la sirvienta que me abrió la puerta aquel primer día recién llegada del pueblo a la ciudad, se convirtió en mi mejor amiga, y aunque era unos años más joven que yo, casi una niña, lo pasábamos fenomenal juntas y disfrutábamos de nuestro tiempo libre como mejor podíamos. Nos ayudábamos en todo, ella me socorría con los niños, yo le ayudaba con la cocina, con la casa. Nunca tuvimos la menor rencilla; el roce diario nos hizo confidentes y amigas. Podría decirte que, para mí, ella se convirtió en parte de mi familia, una querida y próxima hermana.

A Fátima la veía poco; entre el trabajo y su pretendiente, Adolfo, apenas tenía tiempo para mí. Nos fuimos distanciando poco a poco, pero tuve alguna que otra ocasión de estar con ella; me invitaba a su casa; bueno, a la de los señores, y tomábamos el café, nos poníamos al día de las novedades, del pueblo, de madre, de Francis, de Gonzalo, mi trabajo, el suyo.

Tuve la ocasión de encontrarme varias veces con la señora para la que mi hermana trabajaba, doña Elvira; aquella mujer era la gracia natural en persona; su nombre era providencial, me fascinaba; su forma de hablar, desenfadada, pero al mismo tiempo extremadamente fina, su porte elegante y distinguido, su talle estrecho, su delgadez bien repartida, su rostro sin tensión, su cuello interminable, su cabello dorado recogido en un moño bajo, ligeramente despeinado, con guedejas sueltas a los lados, era un ángel, como una *madonna* salida de un cuadro de Tiziano o de Raffaello, perfecta.

Yo le gusté desde el principio; me dedicaba palabras amables, gestos de ternura. Doña Mercedes y ella frecuentaban los mismos círculos sociales y las referencias que tenía de mí eran buenas, óptimas: *que si los niños la adoran, que es muy educada, que sabe mucho de poesía, de literatura, que le gusta la cultura, el arte; nada que ver con su hermana. Con Francis, los niños disfrutaban, la querían con locura, todo eran juegos, canciones, cariño; pero con Magui es otra cosa, aprenden, tienen disciplina, se comportan y eso es más conveniente ahora que van creciendo...*

Empecé a frecuentar alguna obra de teatro, algún concierto de música, actuaciones de danza. Don Justo, siempre generoso, nos invitaba constantemente al Teatro Principal, del cual era socio, y traía con cada nueva actuación invitaciones que nos ofrecía galantemente a Sara y a mí.

Le entusiasmaba la idea de que fuésemos unas muchachas instruidas y supiésemos apreciar y disfrutar el arte y la cultura. Creo que durante el tiempo que estuve en Zaragoza, en casa de don Justo y doña Mercedes, no me perdí ni una sola representación; para mí, todo aquello era nuevo, disponer de mi propia retribución, poder comprarme ropas bonitas, entalladas, elegantes, ser libre… Empecé a añorar cada vez menos el pueblo; Agustín estaba en mi pensamiento día y noche, pero las distracciones, la ocupación de mi tiempo al máximo trabajando, hacían que los días fueran pasando sin darme cuenta.

Recibí un telegrama de Francis pasados unos meses; decía:

*Querida Magui, no vuelvo a la ciudad, me quedo con mis hijos. Si deseas volver al pueblo, dímelo, don Emilio buscará otra chica para el servicio. Espero que lo comprendas. Te quiere. Francis.*

Los seres humanos somos extraños, anhelantes y cambiantes; hoy quiero, mañana desecho; tejemos y destejemos; pasamos la vida entre vagones, desfilando por largos pasillos, adaptándonos al asiento que nos han asignado, siempre por azar; unas veces duro, otras mullido, en ocasiones roto o deslucido; la compañía puede hacer el viaje interesante, aburrido, molesto; el paisaje de la vida recorre veloz las montañas, la vega, tú te reclinas en la ventana, cierras los ojos, te dejas llevar…

Aquel telegrama me dejó un sabor agridulce e interrogante, ¿acaso no quería volver, no era esto lo que estaba esperando desde hacía meses, volver a lado de Agustín, recuperar a Rosario? Aunque solo fuese como la tía Magui, ¿no era lo que siempre le pedía a la

Virgen cuando iba a verla y fervientemente ponía una vela pidiendo mi retorno? ¿Qué me pasaba? Dudaba.

¡Sí!, es cierto, dudaba, porque en Zaragoza era feliz; me faltaba Agustín, pero el resto de mi tiempo trascurría pleno y gozoso.

Dejé pasar unos días, meditando mi respuesta; al final me decidí, escribí una larga carta donde les anunciaba que me quedaría en la ciudad hasta la llegada del verano, ¡aún faltaban algunos meses! Solo cuando los señores partiesen con sus hijos de vacaciones y no me precisasen, entonces volvería.

Mi determinación fue madura y responsable; un poco egoísta, cierto, pero me daba tiempo… para aclarar mis ideas… necesitaba tiempo.

En el pueblo, madre y Francis se sorprendieron de mis palabras; creían que volvería sin vacilación alguna, creían que me hacían un favor, pero se equivocaban.

A Agustín también le escribí. No deseaba en absoluto que creyese que no le quería, que prefería mi vida en la ciudad a estar con él. En el fondo ¿no era cierto? ¿Me estaba engañando a mí misma? La ciudad era mi sitio, pero a su lado, ¿cómo hacérselo entender? Pensé que lo mejor era esperar el momento oportuno y en verano, retomando nuestros paseos, le explicaría, retomando nuestra terraza abovedada de estrellas, comprendería, ¡sí!, retomando nuestros besos, me esperaría.

Dicen que para tomar las mejores decisiones, las más importantes, hay que dejarlas reposar, tenderlas al sol, girarlas, darles la vuelta, volverlas a tender y pensarlas mientras duermes.

Solo hay un pequeño problema, y es que el imperio de los sueños no deja rastro.

# CAPÍTULO 10
## «Una visita inesperada»

Agustín vino inesperadamente a verme. Me dio un vuelco el corazón cuando, saliendo del portal, lo encontré esperándome en la acera de enfrente; llevaba un ramo de flores en las manos, vestía un traje azul y una camisa blanca; se había puesto un sombrero de fieltro que no le conocía, seguramente era de su padre o de su época de estudiante.

¡Estaba tan guapo! Ahogué un pequeño grito de emoción y corrí hacia él, le abracé con tal intensidad que casi caemos los dos al suelo; fue cómico, emocionante, divertido; unos señores que pasaron por allí nos llamaron la atención…

—¡Un poco más de decencia, señorita! —rugió el más próximo, con un rictus de desagrado en su semblante.

No pude contenerme. Le contesté:

—¡Métase en sus asuntos, cascarrabias!

Se volvió indignado:

—Pero, ¿qué se ha creído usted?, ¡ah! juventud, juventud; así nos van las cosas, de mal en peor.

El señor seguía protestando, pero nosotros emprendimos una rápida huida en dirección contraria, en dirección al amor; no teníamos tiempo que perder, teníamos que recuperar el tiempo perdido, hablar de mil cosas, besarnos hasta desgastarnos, su-

surrarnos al oído palabras eternas; no teníamos tiempo para nada más.

Es curioso cómo se ven las cosas cuando eres joven; todo es positividad, energía arrolladora; no hay motivos para el desaliento, todo es superable, el cansancio se hace etéreo, difuso, pero con los años, la falta de energía te arrastra, te sube desde los pies en un movimiento ascendente; el agotamiento te invade el cuerpo, se apodera de tu esencia, se te adormecen los sentidos, todo pesa, el mal humor se instala en ti como las cortinas de un viejo y deslucido salón, quemadas por el sol, con el polvo de mil tardes.

Agustín estaba ahí, conmigo, ¡no me lo podía creer!; se quedó varios días en la ciudad. Pedí permiso a don Justo para ausentarme unos días y disfrutamos como dos enamorados de Zaragoza, de sus cafés; le enseñé mi recién estrenado mundo, caminamos de la mano hasta agotarnos, fueron unos días maravillosos, el Edén.

Él se alojaba en una residencia de curas que había en la Plaza del Pilar, a la izquierda de la basílica; por mediación de don Emilio, le habían dejado pasar todos los días que quisiese en la capital.

Agustín conocía bien la ciudad; durante su época de estudiante había recorrido con calma sus calles, disfrutado de algunos de sus recoletos rincones, plazas, miradores.

Amaba Zaragoza, y perderse en ella conmigo era, en aquel momento, lo que más deseaba; de nuevo Agustín me enseñaba, era como una mano diestra que guiaba cada paso de mi vida, en el momento que más lo necesitaba.

Desde que había llegado a la capital, un sentimiento de insignificancia se había apoderado de mí; Zaragoza me parecía enorme, me asustaba la idea de perderme, de salirme de mi aprendido recorrido, de mi rutina marcada, de que mi memoria fallase y no fuese capaz de volver a casa. La angustia me embargaba cuando pensaba que me podían robar; tenía miedo de todo, de lo nuevo, de lo viejo, de mí misma; pero con Agustín a mi lado me sentía segura por primera vez. Me dejé llevar y comencé a disfrutar de todo, a orientarme. Fueron unos días muy especiales; me elevé sin darme cuenta, un peldaño, dos... me enamoré, si cabe, aún más.

Me llevó a sitios que nunca antes había visto; el Paseo de Sagasta, que antes de llamarse así, me explicó, se le conocía por el Camino de Torrero, ya que, discurriendo por él, se llegaba hasta la Cárcel de Torrero. Se convirtió en mi calle favorita, majestuosa, señorial; subiendo por ella, íbamos descubriendo casas de ensueño, como la del número 19, la casa Corsini, e imaginábamos que nos comprábamos allí una vivienda; jugábamos a ser los señores y hacíamos como que entrábamos a los portales; a veces, él era el portero; otras, yo la sirvienta. Situaciones cómicas que se parecían, desgraciadamente, demasiado a la realidad.

Seguíamos explorando... subiendo por el largo Paseo de Sagasta se llegaba hasta la Avenida Siglo XX.

Más adelante, cambiaría de nombre, como lo harían tantas otras calles después de la guerra y que, afortunadamente, volvieron a retomar sus nombres con la llegada de la democracia.

La Avenida Siglo XX (actual Paseo de Cuéllar), nos llevó hasta el Parque Pignatelli y de allí fuimos a parar al Canal Imperial de Aragón. Es curioso, su nombre sonaba imponente y parecía que te ibas a encontrar algo grandioso al llegar, pero no era más que un pequeño caudal que discurría por la parte externa de la ciudad. Estaba lleno de patos, y grandes árboles lo acompañaban en el devenir de su paseo; me pareció muy romántico y me transportó por un momento a Sabinas, a nuestros senderos a la vera del río, al misterio que envolvía sus ramas, al murmullo de sus aguas, al silbido de las hojas rozadas por el viento distraído. Momentos felices evocados con nostalgia me sugirieron un poema que escribiría más tarde, en soledad, pues aún me avergonzaba mostrarme ante Agustín; él sabía mucho, en cambio, a mí me quedaba un mundo por aprender todavía.

Continuando nuestros paseos cogidos de la mano, Agustín me susurraba al oído palabras dulces, almíbares del deseo que deshacían en pedazos mi forzada compostura de muchacha decente; por dentro me moría de ganas de ser suya, de amarle hasta la extenuación, de probar la fruta prohibida; lo indecente, como lo llamaban las más beatas; lo que te podía perder y llevarte a la locura, como decía continuamente mi madre. Por fuera, solo se percibía la rigidez de una muchacha que aparentaba frialdad y se escandalizaba ante los susurros pícaros de su hombre enamorado. Me venían a la memoria los sermones del cura de Sabinas, cuando hablaba de las dos voces de nuestra conciencia, el diablo y el ángel; así me sentía yo; el diablo podía más y si las horas del día hubiesen sido más largas y la compañía más próxima, habría sucumbido sin dudarlo a ese amor desenfrenado que sentía cada día más intenso por Agustín; ¡cuántas veces lamentaría no haber sido suya más veces! ¡Cuántas! ¡Y cuántas me preguntaría! ¡Y si…! ¡Quizá si...!

De nada sirve remover el pasado; las cosas suceden; dicen algunos… que es el destino; otros… las casualidades; podría ser la ¿sincronización? O quizá… la fatalidad, ¡quién sabe! Lo que es innegable es que nunca termina de irse el ayer y la reconstrucción de los pasajes de tu vida son un reflejo imperfecto de ella, una sensación incómoda de entender lo incomprensible, sobre todo, cuando la travesía ha ido al revés. ¡Pero nada!, el ayer sigue ahí, inacabado, ahogándote, a la deriva, como una cama vacía cuya visión áspera y solitaria te derrumba y te aísla del mundo.

Un recuerdo se manifiesta de forma diferente cada vez que lo evocas. Entonces, si ya ocurrió, ¿por qué continúa poniéndolo todo patas arriba?, ¿por qué te atraviesa de arriba abajo el revoltijo de tu vida?… ¡Ay, ay! Perdona, perdona, tesoro mío;

desvarío, dejemos la filosofía para los que entienden y volvamos a la historia, volvamos al paseo soñador, a la cálida mano de Agustín, a la emoción de una mirada…

El paseo por el Canal Imperial era un espectáculo cromático y musical; sus árboles, en su mayoría álamos, fresnos y plátanos de sombra, estaban repletos de sonidos diferentes que se entrelazaban con el rumor del agua; las ramas se arqueaban buscando el contacto húmedo, y el reflejo de su estampa enraizada festejaba la unión.

Nuestros pasos se volvían cada vez más perezosos, intentábamos resguardar el tiempo, pararlo, aprovechar cada instante.

*¡Carpe diem!* Tanta belleza dolía.

De nuevo, nuestro río Ebro nos daba cobijo y nos guarecía, resguardaba nuestro amor de los ojos del mundo.

Continuando, llegamos hasta el Parque Primo de Rivera, al "Parque Grande", como lo hemos llamado siempre los zaragozanos; allí, ya fuera del núcleo urbano, Agustín me llevó a ver la estatua del Batallador. Me impresionó su talla, ¡inmensa!, su porte valiente, el orgullo de su altiva mirada dominándolo todo y a todos, en un entorno natural donde parecía que el mismo rey Alfonso I hubiese librado su propia batalla y la hubiese ganado. El blanco del mármol brillaba intensamente bajo los últimos rayos del atardecer; allí te sentías seguro, bajo la protección de un gran hombre, libre para vivir, lejos y a la vez cerca de la ciudad.

Aquel lugar se convirtió desde entonces en nuestra atalaya, como lo había sido la Ermita Blanca de Monte Alto en Sabinas, nuestro mirador secreto de puestas interminables de sol y estrellas incipientes; lo disfrutaríamos solo en las contadas ocasiones que Agustín vino a verme a la ciudad; la cima del mundo, la cima del Batallador.

Agustín trajo, con su viaje, más sorpresas. Me anunció su voluntad de matricularse de nuevo en septiembre en la Escuela de

95

Magisterio para finalizar sus estudios; solo le quedaba un año y después prepararía oposiciones a maestro titulado; también nos personamos con algunos de sus escritos, principalmente poemas y artículos filosóficos, en el periódico *El Ideal de Aragón*, un diario auspiciado por el Partido Republicano Autónomo Aragonés.

Agustín nunca se había manifestado por uno u otro lado; decantarse, para él, era imposible; era un pacifista, un idealista apolítico al que solo le interesaba escribir; pero al director del periódico le daba igual que no expresase ninguna ideología; es más, lo prefería. Le contrató porque le gustaba lo que le ofrecía, su estilo, su pasión, y le incluyeron en una de sus columnas. "Versos y rimas", así se llamaba. Agustín solo puso una condición, y fue que su nombre no figurase en ningún sitio; al final de sus poemas rezaba: "escritor anónimo", o a veces "el anónimo de siempre".

Había intentado, por todos los medios, hacerle comprender a su padre que su talento estaba en las letras.

*¡En las nubes es donde estás!*, le espetaba él.

Pero al final y aunque todavía reticente, el padre había dado el visto bueno; sobre todo, gracias al cambio del nuevo gobierno, ¡paradojas de la vida! Unos, sumidos en la mayor de las decepciones; otros, alentando el cambio a la regresión más recalcitrante.

Para mí, fue la mejor de las noticias; podía continuar en la ciudad y, al mismo tiempo, compartir mi tiempo libre con él, con mi Agustín, que si bien no sería mucho, y ambos lo sabíamos, haríamos lo posible y lo imposible para ingeniárnoslas y encontrar cualquier migaja, cualquier segundo de nuestro tiempo.

El futuro tenía horizonte.Mi amor se hacía cada vez más intenso, más seguro, más suyo.

# CAPÍTULO 11
## «El último verano»

Llegó el verano de 1935; esta vez sería Fátima quien, a través de mí, comunicaría a madre que se casaba. Para mí, había terminado el trabajo. Doña Mercedes, don Justo y los niños se trasladaban a pasar el verano a Jaca. Sara les acompañaba como sirvienta, pero mi ayuda les era prescindible; allí tenían a la familia, abuelos, tíos, primos, y los niños estaban muy entretenidos con unos y otros; lo último que necesitaban era otra niñera. Acepté sin problemas; volvería a primeros de septiembre, cuando iniciase el curso escolar. En mi fuero interno, me habría gustado irme con ellos, no conocía el pirineo aragonés y estaba segura de que el verano en la montaña sería más bondadoso que el calor sofocante de Sabinas.

Me despedí de ellos en la calle después de cargar sus innumerables baúles llenos de ropa y enseres necesarios para pasar casi dos meses en Jaca. Los niños estaban muy excitados y emocionados ante la excursión a la montaña, encantados de ver de nuevo a sus abuelos.

El cambio de aires les sentaría fenomenal. En Zaragoza eran pequeños hombrecitos; allí serían niños, traviesos, juguetones y por qué no, un poquito desobedientes. Me abrazaban sin parar de reír, correteaban entre mis piernas, se colaban levantándome ligeramente la falda, se escapaban, se escondían. Inventé algún juego sobre la marcha. Se impacientaban. *El corro de la patata* les encantaba; sería una buena idea mientras colocaban las últimas cosas. Los bultos no paraban de bajar, el cochero metía afanosamente lo que iba llegando y aseguraba que no cabía nada más, imposible decía, pero siempre había algo más.

Al final, cupo todo, ¡incluso los niños!, que ya dentro, me saludaron felices lanzándome besos al aire y agitando frenéticamente sus pequeñas manitas.

—¿De qué te ríes? —me preguntó Magui—, creí que ya dormías.

—¿Sabes, Magui? —le contesté—. La escena que me estás contando me recuerda a papá. Siempre dice lo mismo cuando nos ponemos en viaje; mamá prepara incansablemente maletas y bolsas y él protesta y protesta sin parar, pero al final cabe todo y conseguimos ponernos en marcha.

Es emocionante viajar; subir en el coche, ver el paisaje correr, las nubes volar, imaginar que las distintas formas que hacen son animales que galopan por el cielo y el viento las ayuda a nadar; las montañas se alejan y se acercan al mismo tiempo; son de fuego y un segundo después, de carbón; los pájaros nos acompañan, salen indiscretos por entre los árboles y se vuelven a esconder, los ves y no los ves; es como si jugaran al escondite; los precipicios parecen interminables caídas al vacío, los campos de trigo ondean mares dorados…

A veces, hay cambios de rasante que me suben el estómago a la garganta; es como estar en una montaña rusa. Viajar es sumergirte en un libro de fantasía, nunca sabes lo que va a suceder; es lo que más me gusta, ¡la intriga que oculta!

—Y tu historia me está gustando mucho, Magui, pero tengo sed, ¿me darías un poco de agua de limón?

Magui se levantó despacio; oía cómo arrastraba los pies por el pasillo, llegaba a la cocina, abría la nevera y cogía un vaso del armario. El líquido, al caer, precipitaba mi deseo de beber haciendo que tuviese aún más sed; mi lengua se paseaba entre los labios saboreando de antemano un placer evocado, dulce y al mismo tiempo ácido. De nuevo el pasillo, y en el dintel, mi ansiado placer, el agua de limón.

Fría, muy fría, deliciosa… Cuando finalicé el vaso, me relamí con gusto, dejando un cerco ligeramente pegajoso en el labio superior.

—Magui, sigue, por favor… sigue… —imploré.

—Bien, Clara, a juzgar por lo rápido que te la has tomado, o tenías mucha sed o estaba tan buena que no podías parar de beber —dijo riendo.

—¡Las dos, Magui! Me pasa siempre que tomo algo rico; no puedo descansar hasta que lo he finalizado —dije riendo yo también.

—Continuamos… Dirigí mis pasos hacia la calle Alfonso.

Don Justo me había dejado un recado, debía pasarme a recoger en su tienda de juguetes del pasaje El Ciclón unos regalos para los hijos de Francis, Rosario y Ricardo.

Y debía hacerlo antes de volver al pueblo.

Como cada vez que emprendía aquella calle, me emocionó el espectáculo que ofrecía la Basílica del Pilar al fondo, perfectamente encuadrada en el centro, como una postal pintada, soberbia, irreal, una auténtica beldad.

Mientras recorría la calle y me iba acercando a la Plaza del Pilar, un pensamiento me rondaba, ¿me casaría allí? Sí, de blanco. Imaginé mi entrada, los pétalos resbalando por mi cara, mis flores silvestres en la mano, dalias, el arroz lloviendo desde los invitados, enlazado en mi cabello, el "sí, quiero" mirando a los ojos de Agustín, mi traje de encaje. Deshilaba pensamientos desordenados con los detalles de un enlace con el que apenas me atrevía a soñar, pero que veía tan claro como el sol que brillaba entre las cúpulas de la basílica… El escenario, la capilla la de San Judas

Tadeo, dentro del Pilar, una capilla pequeña, barroca, recogida, perfecta. Entraría por la puerta del río, mi río Ebro; allí lanzaría mis flores al terminar, mi ofrenda sería para el agua, que había sido testigo de mi amor y nos había regalado tantas horas de besos furtivos y caricias robadas. Mis niños, Rosario y Ricardo, llevarían las arras y me acompañarían sonrientes y traviesos hasta el altar; el órgano ese día tronaría en el Pilar acompañado de las voces angelicales de los infanticos… Tan absorta iba en mi ensoñación, que no me di cuenta de que doña Elvira me asía del brazo y me paraba saludándome afectuosamente. Me sorprendió su amabilidad, me preguntó a dónde me dirigía, y si tenía un momento para charlar.

Me invitó a tomar un café y, volviendo sobre nuestros pasos, al arranque de la calle Alfonso, me llevó al *Café Moderno*. Yo, aunque lo conocía, nunca había entrado; no solía frecuentar ningún tipo de café, salvo el *Gambrinus* en la Plaza España, que era donde alguna vez había quedado con mis hermanas o donde, de vez en cuando, al salir del trabajo, Sara y yo disfrutábamos de un chocolate bien caliente.

El resto de cafés solo los ojeaba de pasada. Al deambular por la ciudad, recorría con la mirada sus escaparates, me entretenía buscando algo en el bolso y así veía a la animada concurrencia que disfrutaba de sus tertulias y de los músicos que tocaban en vivo con sus orquestas.

A Zaragoza se la conocía como la ciudad de los cafés; eran verdaderos centros de reunión, de descanso, de asueto, donde se charlaba con los amigos. Lugares ideales de comunicación entre las gentes, totalmente integrados en el paisaje ciudadano. Para mí, aún era pronto; mi aterrizaje en la capital unos meses atrás y el exceso de trabajo con los niños, no me habían permitido hacer muchas amistades, salvo la de Sara.

Con el tiempo, yo también recorrería aquellos cafés: de la mano de Agustín, en contadas ocasiones, cuando el tiempo nos daba una tregua; y siguiendo a doña Elvira la mayoría de las veces.

Doña Elvira era una mujer delicada pero al mismo tiempo decidida, segura de sí misma; me intimidaba un poco, si te soy sincera; preguntaba sin parar, quería conocerme, saber de mí; creo que le gustaba mi compañía, menos azucarada que su círculo de amistades y más realista, pero no estaba del todo segura. Mi juventud no parecía importarla, podría incluso haber sido su hija, pero a ella le daba igual, su interés hacia mí me descolocaba, ¿qué querría de mí aquella mujer de la alta sociedad? ¿Amistad, interés, información, una hija? Me mostré reticente, ¡qué podía yo ofrecerle!, una simple doncella, venida del campo, con unas ideologías poco claras, aunque tirando a izquierdas y sin experiencias.

Mi hermana Fátima trabajaba para ella y me contaba que la señora era muy reservada, desconfiada incluso. Sin embargo, allí estaba ella, conmigo, sonriendo, feliz.

Tuve muchas dudas de sus intenciones durante los siguientes encuentros que tuvimos; siempre eran fortuitos, inesperados, breves, intensos, pero poco a poco fui perdiendo mis reservas y hacercándome a aquella mujer que significaría todo para mí, aunque yo, en aquel momento, no lo sabía.

Me despedí de doña Elvira y volví a retomar mis pasos por la calle Alfonso. Me encontraba muy cerca ya del pasaje cuando comenzó a llover a cántaros; me paré allí mismo, las gotas me resbalaban por la cara y el escote del vestido. Mis zapatos comenzaron a inundarse. Adoraba las tormentas veraniegas, refrescantes, imprevistas; eran maravillosas, emanaban un perfume a tierra húmeda y lejana, aunque en Zaragoza no se percibía con la misma intensidad que en Sabinas. Mientras la gente huía a refugiarse en los portales o en las mamparas de las tiendas, yo me empapaba entera, gozosa como una niña pequeña.

Escuché un silbido; me sonó a piropo musical; abrí los ojos; un hombre me devoraba con los ojos y su mirada sucia me recorría extasiado. Me avergoncé e instintivamente me miré el vestido; el agua lo había empapado todo y mis pechos se marcaban exageradamente bajo su fina tela; crucé los brazos para protegerme y corrí hasta el pasaje El Ciclón, a refugiarme en la tienda del señor don Justo.

Estaba asustada. Los ojos de aquel hombre me asquearon; me sentí ingenua, culpable de la provocación acontecida; ya no era una niña, mi cuerpo no era cándido e inocente, ¡ya no estaba en Sabinas!

Tan pronto como hube entrado en la tienda, dos muchachas muy jóvenes me saludaron desde el mostrador. Alguna vez había cruzado algún que otro saludo con ellas cuando iba con los niños, pero no nos habían presentado nunca. Me adelanté:

—Hola, soy Magui, la doncella de don Justo.

—¡Buenos días, Magui!, te estábamos esperando.

Sin decirles nada, sacaron una toalla para secarme y una de ellas, la más pequeña de estatura, me ofreció un vestido; era como una bata infantil que utilizaban para vestirse en la tienda, su uniforme.

Pura, que así se llamaba la muchacha menuda, tenía unos grandes ojos risueños y un talle finísimo; parecía una muñequita de ésas que vendían en la tienda en la estantería de la entrada.

—El señor don Justo ha dejado esto para usted. Ya nos avisó que se pasaría hoy a recogerlo.

Allí, en el mostrador, había tres paquetes con diferentes envoltorios. Me extrañé.

—¿Sabéis qué contienen las cajas? —pregunté. La curiosidad siempre ha sido mi debilidad, Clara, es verdad, hay que reconocerlo. Pura comenzó a reírse abiertamente; su risa llenaba todo el local, era contagiosa, alegre, jovial. Sin saber por qué, acabamos riendo las tres.

—¡Ya nos había dicho don Justo que intentarías saber qué habíamos metido en los regalos, pero no te lo podemos decir, es una sorpresa! Sobre todo, la caja violeta; es un presente para tu hermana, la que se casa.

—Fátima —apostillé.

—Yo me llamo Teresa —dijo tendiéndome la mano la otra muchacha del mostrador.

Pasé el resto del día entre juguetes, charlando animadamente con ellas. Aquello era un paraíso, ¡qué pocas cosas había tenido yo de niña! Una muñeca de trapo cosida por mi madre, que de tanto llevarla de aquí para allá, había acabado descolorida y rota; un tirachinas que me había hecho Gonzalo con un palo del bosque en forma de "V" y unas gomas de la cesta de costura de madre, y una comba hecha de cuerda simple con la que saltábamos en la plaza todas las amiguitas al ritmo de distintas canciones, como la del *cocherito leré,* y otras tantas que ahora no me quieren venir a la memoria pero que seguro que tú cantas con tus compañeras del colegio cuando juegas a la comba.

—Magui, ¡cántame la del *cocherito leré*, por favor!, yo te ayudo —dije.

—¡De acuerdo! —dijo animadamente—. ¡Una, dos, tres!:

*Al cocherito leré, me dijo anoche leré, que si quería leré, montar en coche leré, y yo le dije leré: «no quiero coche, leré, que me mareo leré, montando en coche leré.*

—Nosotras en el colegio cantamos también la de *al pasar la barca*, ¿te la sabes, Magui?

Y la tararée; ella su unió a mi canto infantil, también la conocía:

103

—*Al pasar la barca, me dijo el barquero: las niñas bonitas no pagan dinero. Yo no soy bonita ni lo quiero ser. Al pasar la barca, le dije otra vez.*

—Esto ha sonado muy bien, ¡formamos un buen dúo musical! —sonrió Magui—. Aunque ¡yo ya no estoy para saltar a la comba!

Solo imaginarme a mi yaya saltando debajo de una cuerda al ritmo de la música, me hizo reír de tal forma que las lágrimas me rodaban por las mejillas.

—Perdona, Magui, ya paro… continúa, continúa…

—Está bien, ¡los juegos de mi infancia! —suspiró—, ¡qué recuerdos me traen! Clara, eran sencillos, siempre en pandilla, en la calle; la gallinita ciega, la zapatilla por detrás, las cucañas, que solo se hacían cuando había alguna festividad especial, jugábamos *al pase misín*, al escondite a la vera del río, al *tramojazo*, que después pasaría a llamarse *beso, verdad y atrevimiento*. Pero sobre todo, lo que más hacíamos era ir a tirar piedras al río. Las lanzábamos con impacto; tenían que rebotar varias veces en el agua y el que mayor número de saltos conseguía, ganaba. ¡Era divertido! También nos subíamos a los árboles o montábamos en bicicleta si nos la dejaban los pocos niños que tenían la fortuna de tener una.

Pero jamás, hasta ese día, había visto tantos muñecos, todos distintos, perfectos, de porcelana, lujosamente vestidos; trenes, coches, todo un mundo de juegos para niños ricos o de ciudad. Aunque ellos carecían de lo que más abundaba en los pueblos: ¡libertad!

Teresa era la sobrina de don Justo, venía de Jaca y normalmente atendía la joyería del principio de la calle Alfonso, pero la joyería habían decidido cerrarla por vacaciones, así que a ella la habían trasladado a la juguetería.

Pura era de Sádaba, uno de los pueblos de la comarca de las Cinco Villas de Aragón.

104

Aquel día iniciamos una amistad que perduraría durante mucho tiempo. Vivimos momentos agónicos refugiadas entre juguetes. La complicidad con la que uno muere de miedo, une.

Me daba pereza volver al pueblo, así que dilaté la partida todo lo que pude; estaba segura de que todo se me haría pequeño, asfixiante. Tenía el cuerpo adormecido, inerte; la falta de actividad me postró a la sombra de mi hogar, donde aún el calor no apretaba.

Las altas temperaturas de Zaragoza me ahogaban; las horas me resbalaban como un vestido de seda entre las manos, el silencio me embriagaba. Aprovechaba las largas horas de luz para salir al atardecer y darme un largo paseo hasta el río, saborear un helado al ritmo cadente de mis pasos y volver a sumergirme en mi gruta, oscura, fría, silenciosa.

Fue Fátima quien me sacó de mi aislamiento, de mi modorra, y me devolvió a la realidad:

—Hermanita, que me caso, ¿recuerdas? ¡Haz las maletas y ve a ayudar a madre; seguro que hay mucho que preparar! —dijo un poco contrariada.

—¡Es cierto! —dije, y me vinieron a la memoria los largos y tediosos preparativos para la boda de Francis, los bordados, las conservas, el ajuar completo.

Parecía nerviosa, enfadada, y un cansancio preocupante acompañaba sus movimientos.

La invité a un café; por un momento, imaginé que yo me casaba, y creí entender la ansiedad que ella probaba, pero en sus ojos había algo más, algo que no me decía. Callaba… Esperé pacientemente a que se sincerara, pero no lo hizo. Fue una pena; si en aquel momento, mi hermana me hubiese contado, hubiese confiado en mí, si yo hubiese sabido… quizá, solo quizá, habría podido evitar que fuese inmensamente desgraciada el resto de su vida.

La boda siguió adelante; la farsa se adueñó de todos, las lágrimas que algunos creyeron de felicidad de la novia eran en realidad de pena profunda por la desgracia que se le venía encima.

Debo decirte, en favor de Adolfo, que adoraba a Fátima y la quiso con locura toda la vida.

Adolfo tenía una seria cojera que le había sobrevenido con el crecimiento, de niño; una pierna siguió creciendo mientras que la otra, durante meses, durmió sin percatarse que debía crecer al mismo ritmo que su hermana gemela. Para cuando quisieron darse cuenta, ya era demasiado tarde y la cojera le acompañaría durante el resto de su vida.

Era un hombre débil, muy débil; tanto física como psíquicamente.

De muy buena familia, nunca había tenido que preocuparse por nada; todo le había venido rodado, era un señorito, no había querido estudiar por vergüenza de su cojera; no quería trabajar por fatiga. Sus padres dirigían una farmacia en el centro de la ciudad, que actualmente ya no existe. Con el nuevo trazado de avenidas que la capital iniciaría más adelante con la intención de modernizar Zaragoza y adecuarla a las nuevas necesidades y medios de transporte, muchas de sus calles y casas tuvieron que ser derruidas y quedarían en el olvido o en la memoria de unos pocos privilegiados, testigos existentes todavía de una capital fantasma de la que ya casi no queda nada.

La ciudad crecía al ritmo cadente y continuo del reloj, imparable, constante, sin descanso.

Zaragoza se ha convertido en una ciudad importante con el trascurso del tiempo, moderna; avanza como el río cuando crece hasta desbordarse, arrasando todo por el camino, llevándose vestigios de un pasado cercano y descubriendo otros tesoros remotos a quien hacer honores y poner entre sus altares.

De la Zaragoza que me deslumbró con apenas dieciséis años, Clara, cada vez va quedando menos, pero es hermoso disfrutar de los nuevos cambios que trae consigo el progreso y al mismo tiempo poder recordar lo que un día fue.

Acomodado en su vida, a Adolfo no se le pasó por la cabeza que en algún momento formaría una familia, encontraría un amor, tendría que ganarse la vida de alguna manera; confió en su herencia, en la farmacia, en su habilidad para dar pena y salirse con la suya. Y eso fue lo que le perdió; o quizá, le perdió Fátima.

La boda se celebró un 11 de agosto de 1935, el día de Santa Clara; lo recuerdo bien, hacía un calor sofocante, las ropas se nos pegaban como si fuesen una segunda piel, la calima deshacía nuestros peinados, que si bien no eran elaborados, quedaron desechos antes de que la novia dijese el "sí, quiero".

Esta vez se preparó un ágape sencillo en el mismo casino que ya vio casar a Francis y los novios festejaron hasta bien entrada la noche su unión. Agustín les contrató una orquesta como regalo de bodas y todos disfrutamos del baile empapados hasta los huesos de sudor.

En los ojos de los novios se podía intuir al mismo tiempo, y como si fueran las dos caras de una misma moneda, una doble realidad: por un lado, una inmensa tristeza. Al festejo no asistió ningún miembro de la familia de Adolfo. Manifiestamente en contra, ya desde el principio, por la elección de su hijo, que calificaron de desacertada, ya no solo por la pobreza que acompañaba consigo Fátima, sino porque su nivel social en nada se adecuaba a sus intereses propios ni a los que esperaban para su hijo; pero Adolfo tuvo coraje y les enfrentó, se rebeló; Fátima era su gran amor, pero su decisión les llevaría a la ruina.

Al otro lado de la moneda estaba la excitación del momento, la pasión, la incertidumbre de lo desconocido, el hormigueo voraz, el éxtasis apenas controlado… el suelo movedizo, el alma sensible que lucha al mismo tiempo por el todo y la nada.

Un horizonte astillado.

A lo largo de la Historia, grandes amores de la literatura universales como Romeo y Julieta, de William Shakespeare, Tristán e Isolda, de Richard Wagner, Dante Alighieri y Beatriz Portinari, creador de la Divina Comedia, Boticelli y Simonetta Vespucci, su musa, o los propios y cercanos Amantes de Teruel, Diego de Marcilla e Isabel de Segura, entre otros muchos, y aquéllos completamente anónimos, como los de mi hermana Fátima o el mío propio, han sufrido la misma rigidez y tiranía de la conveniencia o no del matrimonio según las clases sociales, según la riqueza a aportar o los pactos a los que los padres podían llegar para que esa unión fuese económicamente rentable para todos; menos para los propios interesados, claro.

Afortunadamente, el deseo y la pasión tienen mucha más fuerza que la conveniencia, el sometimiento o la intriga, y cuando uno está realmente enamorado y quiere beber su esencia más íntima, es capaz de enfrentarse al mismísimo diablo.

La rebeldía, las más sonoras rupturas familiares, se han producido, y se seguirán produciendo durante siglos, en aras del amor.

Así le dieron el ultimátum a Adolfo cuando éste les comunicó que había pedido la mano de la chica con la que festejaba desde hacía tiempo: *Fátima o nosotros*, sentenciaron.

Adolfo les desafió. Deseaba a Fátima: su cuerpo le estaba despiadadamente prohibido, le volvía loco su aroma, su reticencia, su excesiva decencia. *Espera, espera, no tengas tanta prisa; cuando nos casemos…*, repetía ella en cada encuentro; y él ya no podía más, tenía que avanzar en aquella relación o se volvería loco; pero jamás pensó, ni por un momento se le pasó por la cabeza, que sus padres cumplirían su palabra, que lo desheredarían sin el menor pudor, que le dejarían la ingrata labor de tener que trabajar en serio el resto de su vida para sacar adelante a su familia.

¡Pobre Fátima!, sin saber por qué lloraba el día de su boda, sus lágrimas amargas fueron un preludio.

Un preludio del fracaso, del tormento, del choque con la fatalidad de la nada.

Fue una boda deslucida, quizá por el calor, por los nervios; quizá…

Todos juntos pasamos en Sabinas aquel verano.

La casa estaba llena de risas, de bullicio; los niños iban y venían, entraban y salían libres de peligro, jugaban con los animales, les llevábamos de excursión al río a bañarse, venían con otros amiguitos a merendar; fueron días de encuentro en familia, de comilonas, de siestas; nosotras cocinábamos, nos contábamos confidencias entre pucheros y nos refrescábamos bebiendo agua de limón.

Adolfo era el único que no encajaba en nuestro ambiente rural. Gonzalo le ninguneaba continuamente; "el señoritingo", le llamaba despectivamente cuando no estaba delante, y Fátima le reprendía: *Un respeto, Gonzalo, que estás hablando de mi marido.*

Pero pese a aquellas pequeñas naderías, lo pasamos fenomenal; lo recuerdo muy bien, casi como si fuera ayer.

Las semanas se sucedían y agosto tocaba a su fin; el aire comenzaba a cargarse, nubes sombrías se cernían sobre los Monegros, dando un aspecto tenebroso a la vega; comenzó a levantarse el cierzo y el frío se adueñó de las calles.

Los días de descanso eran ya un sueño, como las perezosas tertulias y los paseos campestres. Aún viviríamos un último verano, el de San Miguel, a finales de septiembre, pero yo no lo disfrutaría en Sabinas. Empezamos a pensar en volver y en prepararlo todo; Adolfo, Fátima, Agustín.

Madre tenía el semblante triste y preparaba continuamente conservas para que nos las llevásemos, ¡madre y sus confituras!

Las personas mayores miden la felicidad por la salud y la salud por lo bien o mal alimentado que estás; a mí también me está pasando con los años. Yo, que tanto se lo criticaba a mi madre, ahora os veo comer y soy inmensamente feliz; sin embargo, cuando no lo hacéis, enseguida pienso que estáis enfermos, que pasa algo… ¡desvaríos de la ancianidad!

—Mamá dice que nos devuelves gordos, Magui, y durante las semanas siguientes a nuestro retorno, tiene que ponernos a dieta y no nos deja comer nada rico; ni siquiera podemos beber agua de limón —dije entristecida.

—Tonterías, así estáis mucho mejor —contestó riendo, y prosiguió—: El día anterior a nuestra marcha a Zaragoza, Matías se presentó en el pueblo.

Había pasado todo el verano en los campos de maniobras de San Gregorio y le habían ascendido de empleo. Estaba muy moreno y delgado, vestido con el uniforme militar; su aspecto imponía, pero parecía abatido, cansado. Los niños le recibieron felices y entre fiestas, saltaban a su alrededor y él los cogía en brazos, los lanzaba al aire para jugar, sobre todo a Ricardo, y los volvía a coger.

Francis salió a recibirle; salimos todos en realidad. Que algo pasaba, era evidente; su mirada era huidiza. Tímidamente, cogió a Francis por la cintura y la besó en los labios. No sabría decir si mi hermana estaba feliz o no; su visita fue tan inesperada como el beso furtivo que le había dado momentos antes. No eran la pareja cómplice de antes, aquella que me enamoró a mí; la distancia les había alejado en cierto modo. Pero, pese a todo, entre ellos algo seguía conectado; la mirada, la comprensión mutua, un amor incondicional que perduraría toda la vida. Ni los reproches continuos, ni las calamidades, ni la muerte, fueron suficientes para acabar con su amor, inquebrantable hasta el final.

Mientras comíamos, nos anunció que le habían destinado a Pamplona, Navarra; apenas levantó la vista del plato cuando lo comunicó. No se atrevía a afrontar la mirada de Francis, que le miraba perpleja desde el extremo de la mesa; el silencio podía cortarse con un cuchillo; todos nos intercambiábamos miradas, nadie hablaba, el sonido del tic tac del reloj de la sala tronaba; continuó:

—En unos días me tengo que incorporar y quiero que los niños y tú vengáis conmigo —dijo levantando la cara del plato y enfrentando la mirada a Francis—. No me gusta vivir solo, Francis, me estoy perdiendo a mis hijos y te quiero —concluyó.

Francis le miraba seria, pensativa; temimos su reacción, pero aquel día, mi hermana se mostró la mujer más sumisa de la Tierra; no hubo escena, ni reproches, ni lamentos, y para sorpresa de todos los presentes, contestó:

—De acuerdo, ¿cuándo tenemos que irnos a Pamplona?

En la cara de Matías se dibujó una sonrisa; sus ojos brillaban de puro agradecimiento, lágrimas contenidas; fuera lo que fuese, en aquel instante supe que aquella pareja perduraría toda la vida. Sencillamente, se amaban. Francis deseaba que Matías la necesitase, solo eso.

La intensidad del momento enmudeció los postres; cada uno de los allí presentes estábamos inmersos en pensamientos divergentes, apenas nos mirábamos, no había tensión, solo se percibía la tristeza de la pérdida; lejos estábamos de imaginar ninguno de nosotros que jamás volveríamos a estar juntos, compartiendo aquella mesa y en aquella casa.

El verano de 1935 supuso el final de una época, de una familia, de una vida.

# CAPÍTULO 12
## «Luz grisácea»

Llegó un nuevo día, y con él, nuestra partida a Zaragoza. Los nervios y la agitación de los preparativos hacían más llevadero el mutismo en el que cada uno de nosotros se había instalado cómodamente; la tristeza reinaba por toda la casa, incluso los niños estaban apáticos, tirados por el suelo ¡Mis niños! Me producía tanta pena separarme de ellos… ya no les vería crecer, serían unos extraños cuando volviese a verlos.

Madre nos comunicó que también ella se iría con Francis y Matías; no podía dejarla sola con dos niños pequeños en una nueva ciudad; lo entendimos. De nuevo, sentí en la boca ese regusto ácido, el sabor del miedo; el estómago se me encogió cuando, entre lágrimas, nos despedimos.

—Te escribiré —dijo Francis—; cuidaré de madre, te lo prometo. En Navidad nos volveremos a reunir, aquí, todos juntos, en Sabinas.

Madre se me acercó y me susurró al oído:

—Vigila a tu hermana Fátima. No la veo bien; creo que no ha hecho una buena elección. Necesitará tu ayuda, échale una mano.

Se lo prometí… Lamentablemente, se lo prometí. Pero me costaría no pocos sinsabores aquella promesa.

Volvía a Zaragoza.

Agustín no vino conmigo como yo esperaba que hiciese. La universidad empezaba más tarde y tenía que ayudar a su padre con las últimas cosechas. Lo lamenté; con él a mi lado, todo habría sido más llevadero, más fácil.

Fátima y Adolfo iban sentados en el asiento de atrás, ajenos a mi dolor, a mi desarraigo, a una sensación íntima de desasosiego. Tenía un presentimiento; algo que no sabía describir bien me atenazaba, ¿qué podía ser? Quizá solo eran los nervios del cambio.

Me reincorporé al trabajo sin novedad, como si nunca me hubiese ido de vacaciones; parecían tan lejanos los días de verano, y los niños me acogieron como una brisa fresca, alegre y jovial, desenfadadas sonrisas regadas con el rocío de la mañana y envueltas en abrazos a distintas alturas.

Agradecí a don Justo sus regalos. Todos ellos habían sido magníficos, le dije. A mi Rosario le había encantado su muñeca de porcelana, llena de tirabuzones rubios y con un vestido de encaje como el que se había puesto su mamá el día se su boda, y a Ricardo la locomotora le había vuelto loco; bueno, no solo a él, también a todos nosotros, porque se había pasado el día haciéndola rodar por la casa y tocando el silbato de llegada a la estación. Don Justo me escuchaba muy atento y contento de haber hecho disfrutar a los hijos de Francis; guardaban de ella un buen recuerdo y sus niños aún hablaban de ella; Francis les hizo disfrutar una infancia de juegos y canciones difíciles de olvidar.

—El regalo de Fátima y Adolfo fue demasiado, don Justo, la cubertería de plata nos maravilló a todos por igual —dije—. Si no tiene inconveniente —le anuncié—, en los próximos días, mi hermana Fátima vendrá a agradecerles su presente —concluí.

Don Justo se rascó la barbilla; me había escuchado pero su mente estaba lejana, parecía que quisiese decirme algo pero dudaba. Intuí su reticencia y le ayudé a decidirse.

—Bien, si no desea nada más, tengo que ocuparme de los niños.

Comencé a retirarme hacia la puerta…

—¡Espera! —dijo—. Hay algo que quiero comentarte… siéntate —y don Justo comenzó a hablar—: Este verano tuve ocasión de pasar unos días con doña Elvira y don Manuel en las termas de Alhama de Aragón; me preguntaron mucho por ti; en fin, doña Elvira quiere tenerte bajo su protección. No me preguntes muy bien por qué, pero me pidió que si podías pasar unas horas del día trabajando para ellos, por la tarde, cuando finalizases con los niños; me dijo que fueses a hablar con ella en cuanto volvieses del pueblo.

No me esperaba sus palabras, pero no me sorprendieron; hacía tiempo que doña Elvira quería algo de mí, pero no estaba segura de qué. Le prometí que iría sin dilación y le agradecí sus buenas referencias y el trato amable que siempre me dispensaba.

Esa misma tarde fui a ver a Fátima; hacía ya tiempo que habíamos vuelto del pueblo y todavía no nos habíamos visto. Pero antes de ver a doña Elvira, necesitaba saber si Fátima no tendría ningún inconveniente en que trabajásemos en la misma casa.

Llegué a su portal. Todavía no conocía la casa de mi hermana; no había tenido ocasión de acercarme hasta aquel día. El rellano estaba muy oscuro y sentí cierta aprensión al entrar. Fátima estaba llorosa. Adolfo ni se levantó del sofá. Su casa me produjo una infinita melancolía; olía mal, era toda interior y no entraba, pese a ser un tercero, casi luz. Había humedades en las paredes y escasamente tenía algún que otro mueble. Era, por definirla de alguna manera, inmunda, pobre, triste, como Fátima en aquel momento. No me ofreció nada, ni un vaso de agua; me senté en la única silla que había disponible en la cocina; ella cerró la puerta, yo le hice una señal de silencio y le animé a bajar conmigo a una cafetería que había no lejos de allí; así podríamos hablar más tranquilamente. Acepté. Seguí con la mirada sus movimientos lentos por el corto pasillo hasta que se metió en su habitación para arreglarse; entonces, me dirigí hacia Adolfo y enfadada le pregunté:

—*¿Qué se supone qué estás haciendo?, ¿no trabajas?, ¿ésta es la vida miserable que le vas a dar a mi hermana?, ¿tú no eras un hombre acaudalado que la iba a tratar como una reina?, ¿te parece esto un palacio?, no es ni decente.*

Su mirada me atravesaba sin verme, incrédulo ante la visión de una mujer reconviniéndole, censurándole su actitud de laxitud, su vagancia. Se incorporó ligeramente y, pensando que me echaría a patadas de allí, de su miserable casa, cosa que tampoco me hubiese importado, se puso a llorar como un niño pequeño. Fátima acudió inmediatamente al salón y, saliendo en defensa de su acabado recién marido, fue ella quién me echó de su casa. Me fui de allí, enojada, encantada de dejar aquel hogar destartalado, molesta conmigo misma por no haber manejado mejor la situación; al fin y al cabo, no era mi vida; angustiada ante el pésimo futuro de Fátima y la pobreza absoluta en la que vivía, indignada porque me habían echado, orgullosa por haberme enfrentado a aquel hombre, temerosa de haber perdido a Fátima para siempre.

Estaba tan alterada que aceleré el paso sin saber muy bien adónde ir. Mi mente daba vueltas a lo sucedido una y otra vez; me preguntaba cómo iba a cumplir la promesa hecha a madre… si aquel hombre no quería trabajar, nada se podía hacer; pensé en Fátima y me percaté de que le había visto un poco redondeada, ¿estaría encinta?; eso era ya lo único que le faltaba, ¡se quedaría sin empleo!

Mi cabeza tejía entrelazando hilos de colores, conectaba un pensamiento y lo mezclaba con otro que nada tenía que ver. Quizá doña Elvira quería verme para que ocupase el puesto de Fátima en las cocinas, ¡pero no!, don Justo había dicho que se lo había pedido en verano y para entonces aún no se había casado Fátima, ni mucho menos estaba embarazada, o acaso no lo estaba y solo eran suposiciones mías; entonces, ¿qué quería aquella mujer de mí?...

Sin saber cómo, llegué hasta la puerta de la farmacia de la familia de Adolfo. Dudé... entré, me presenté; no sabía bien qué iba a decir, pero era aquel momento o ninguno; después me enfriaría y mi orgullo no me permitiría rogar a aquellos señores que tuvieran un poco de caridad por su propio hijo, ya que por mi hermana dudo que tuviesen misericordia alguna.

Un hombre salió del mostrador; debía de ser su padre porque tenía los mismos rasgos que Adolfo, aunque sin la cojera que tanto afeaba a mi cuñado. El dependiente ya le había anunciado mi presencia, se acercó y me invitó a marcharme muy educadamente, en voz baja, casi susurrando. Estaba claro que no deseaba ninguna escena, tampoco que le oyese ninguno de los clientes que estaban esperando a ser atendidos. Me sentí tan ofendida, que sin pensarlo bien le amenacé y le dije:

—O me atiende y me escucha como es debido o monto aquí la de San Quintín, y ya sabe usted lo cotilla que es la gente; de boca en boca irán contando, modificando, engrandando una historia que pondrá en entredicho su farmacia, su familia y su buena reputación como cristianos. Y yo me encargaré personalmente de difamarles y calumniarles cuanto me sea posible. Solo le estoy pidiendo cinco minutos de su tiempo.

Conseguí mi propósito.

De mala gana, me hizo pasar a la rebotica y mandó llamar a su mujer; sus ojos destilaban odio, porque era la hermana de Fátima, porque le había acusado de mal cristiano y falta de caridad, porque le traía a su casa su propia vergüenza. Daba vueltas sin parar por la minúscula habitación y agitaba la cabeza negando continuamente, mientras yo, impasible, le observaba sentada en una silla, con una entereza que nunca hubiese imaginado ser capaz de tener. Cuando llegó su mujer, con prisas, se sorprendió ante mi presencia, me levanté y me presenté extendiéndole la mano. Mi iniciativa les descolocó; creo que no habían conocido a una mujer decidida en su vida; esperaban sumisión, como la que se predicaba desde el púlpito todos los domingos; el hombre era un ser superior; la mujer, su sombra… ¡Tonterías!, yo no estaba allí para conseguir migajas; había engullido mi orgullo en la puerta de entrada y estaba allí dando la cara por mi hermana, así que nada de remilgos; fue lo que pensé en aquel momento.

Les conté la situación, la miseria en la que convivía la pareja, la falta de trabajo, la pasividad de Adolfo, el decaimiento moral en el que estaban inmersos, lo insalubre de la casa, el embarazo de Fátima; realmente todavía en aquel momento, no sabía si lo estaba o no, pero decidí jugar la baza del nieto, eso siempre reblandecía el corazón más encallecido.

Me escuchaban asintiendo gravemente; la madre lloraba; cuando finalicé mi relato, les rogué que hiciesen algo, que le proporcionasen a su hijo un medio de vida, algo para hacer y sacar adelante a la familia, un trabajo; les anticipé que mi hermana, en cuanto diese a luz, se quedaría sin el único sustento que hasta ese momento les permitía sobrevivir, y entonces, entonces, ya no tendrían nada.

Me despedí de ellos fríamente. Había sido una conversación difícil. Confié en que mis palabras hubiesen calado lo suficiente en sus endurecidos corazones; les dejé la dirección de su hijo y me marché con la intención de no volver a pisar aquella farmacia nunca más. Pero la vida es un misterio inesperado y te lleva por callejuelas interminables que se cruzan y se descruzan.

Más adelante, volvería a verlos, desde luego, y a pedirles, a rogarles por Fátima, por sus hijos, por su familia.

Estaba exhausta y arrastrando el paso, me dirigí hacia mi casa. El cierzo soplaba con fuerza. Demasiadas emociones en un solo día. De camino, meditaba todo lo que me había pasado; reproducía cada escena como si de una obra de teatro se tratase; quitaba una contestación de aquí, añadía algo allá. Es curioso como el ser humano fantasea continuamente con los pedazos de su vida, con lo que no ha hecho y le hubiese gustado realizar, con lo que ha conseguido y le gustaría olvidar; el poder de la imaginación no tiene límites y puede hacerte recrear imágenes o deseos capaces de hacerte pensar que incluso han sido reales.

Distraída como iba en mis pensamientos, no vi a Sara que cruzaba, a mi altura, la Avenida de Goya, pero cuando tropezó con aquel señor, el ruido de sus libros cayendo al suelo me sacó de mi ensimismamiento. La reconocí enseguida y acudí a ayudarla. Por el suelo habían quedado extendidas unas octavillas; alcancé a ver estampado en el papel una hoz y un martillo, pero nada más.

La celeridad con la que recogía todo me hizo sospechar que algo no iba bien. Alcancé a coger una y la retuve leyéndola entre mis manos.

*Estamos orgullosos de navegar contracorriente,* PCE.

¡Sonaba a política!

Me miró a los ojos acalorada, avergonzada, pero yo seguía sin entender.

El señor con el que había tropezado también las vio, escupió en el suelo cerca de Sara y dijo con desprecio *comunista,* y se marchó braceando y lanzando improperios al aire. Ayudé a Sara a levantarse; la miré interrogante; me cogió del brazo y me llevó aparte, a un lado de la calle.

—Querida Magui, haz como si no hubieses visto nada, por favor; es lo mejor para ti. Lo más seguro; lo hago por tu bien, créeme.

Y dándome un beso se marchó, a paso ágil y decidido.

Un fugaz encuentro que cambió sin embargo nuestra relación; de la amistad pasó a la complicidad, a la ayuda desinteresada, a la desconfianza en algunas ocasiones y al miedo a que nos viesen juntas. Dejé de salir con ella; me asustaba la idea de verme implicada en algo superior a mí, algo que escapaba a mi entendimiento, pero le ayudé en muchas ocasiones, le cubrí las espaldas, fingí y mentí demasiadas veces, por ella, por la amistad que nos unía.

Nunca llegué a saber realmente lo que hacía, no quise enredarme con palabras huecas que para mí no tenían el menor significado.

Tuve la ocasión de indagar un poco más en una visita de Gonzalo a Zaragoza; él estaba muy metido en política y conocía a mucha gente. Tan solo era simpatizante; nunca estuvo realmente afiliado al Partido Comunista, pero venía a las reuniones del partido de tanto en tanto y le acompañaba siempre don Jaime, el maestro de Sabinas. Les conté lo que había visto en la octavilla de Sara.

—Por lo que yo sé —me explicó Gonzalo—, el PCE. ha abierto una nueva sede en la calle San Pablo, en Zaragoza; se han creado comités provinciales en Huesca y también hay grupos muy activos de camaradas en Jaca, Sabiñánigo y Biescas.

Cuando pronunció Jaca, supe enseguida que la habían captado allí, durante las vacaciones estivales.

—Todavía militan en la oscuridad, son un grupo clandestino, poco conocido, sostienen una conciencia revolucionaria y rechazan el capitalismo, hablan siempre en términos de igualdad y trabajan codo con codo para evitar la división de clases, la ostentación, y el nadie es amo de nadie. Se percibe un acercamiento cada vez mayor entre los militantes comunistas y las Juventudes Socialistas Unificadas (J.S.U.), que está aportando una renovada vida política en todo Aragón. Pero si quieres un consejo —dijo Gonzalo—, ten cuidado, Magui, no te metas demasiado; esto va estallar. No sé cuándo, pero estallará.

Sus palabras me asustaron.

—Y tú, ¿por qué lo haces?, ¿por qué te implicas? —le pregunté aterrada.

—Yo ya no tengo remedio, hermanita, estoy metido hasta el cuello, desde hace tiempo. El socialismo y el comunismo no distan tanto. Vivo convencido de que hace falta una revolución social y cultural, que defienda la libertad del individuo y fomente la solidaridad entre todos nosotros; es la única herramienta del progreso, Magui —dijo.

Aquella visita de mi hermano, lo que en ella me contó, el descubrimiento de Sara, sus continuos secretos que ahora percibía claramente y a la luz del día, ¡cómo no verlos!, me abrieron los ojos a un mundo del que yo apenas sabía nada. Nunca me había interesado la política, ni le había prestado la menor atención, pero algo iba a ocurrir y yo me lo estaba perdiendo; percibí el peligro como una punzada dolorosa y la prudencia a partir de entonces se convirtió en una invitada constante en mi vida.

A la situación de Fátima, embarazada como sospechaba, al descubrimiento de Sara, a las noticias de Gonzalo, al miedo, a la soledad por la lejanía de madre y Francis, a todo lo que alteraba mi universo y mi vida, vinieron un día a unírsele nuevas y más tristes noticas; ésta vez… de Agustín.

Entraba en el portal cuando la señora Pilar, la portera, me interceptó el paso; aquella mujer me sorprendía cada día, ¿cómo hacía siempre para aparecer justo en el momento en que yo entraba o salía de casa? Le tenía cierta prevención; no era trigo limpio, me repetía a mí misma, pero me convenía llevarme bien con ella; lo sabía todo y de todos, sus ojos eran los de una hiena en busca de carroña y yo, siempre discreta, contaba lo justo para dejarla conforme y tranquila.

—Tiene carta, señorita Magui; es de su pueblo, Sabinas, de ese novio suyo que vino a verla hace unos meses —dijo de un tirón con cierto retintín.

121

—Gracias, señora Pilar, muy amable —respondí con una sonrisa fingida y pasando rápidamente sin pararme.

Estaba cansada y quería descansar, pero estaba claro que la señora Pilar tenía otros planes para mí. Conversación; con los brazos en jarras empezó a hablarme de los vecinos, los problemas, la gente que no pagaba el alquiler, que iba a subir el precio. Quejas y protestas eran lo único que salía de la boca de aquella mujer negativa y disconforme. Afortunadamente, vino a salvarme la entrada en el portal de mi vecina de abajo, la señora Eulalia. La mirada de la portera cambió de objetivo y, centrándose exclusivamente en la recién llegada, se dirigió a ella sin miramientos. La señora Eulalia era precisamente una de las inquilinas más antiguas del edificio, pero no pagaba el alquiler desde que se había quedado viuda. Sin trabajo y con dos hijos a su cargo, hacía lo imposible por subsistir, cosiendo, limpiando; era una buena mujer y yo la apreciaba, pero en aquel momento, no me encontraba con ganas de salir en defensa de nadie y aproveché el descuido para zafarme de la señora Pilar y escapar corriendo escaleras arriba.

Deseaba leer la carta de Agustín cuanto antes; las manos me sudaban de tanto darle vueltas. Intuía que eran malas noticias. Y no me equivocaba.

En su carta, Agustín escribía que no se incorporaría al curso porque su madre estaba muy enferma y no podía ausentarse de casa en aquellos momentos. *¡Ya habrá tiempo para estudiar!,* le había dicho su padre, casi gritando, cuando un día le comentó que el curso estaba ya comenzado y que si no se presentaba, perdería la matrícula. *No quiero ni oírte hablar del tema, ahora te necesito aquí.*

Las palabras de su carta eran tan tristes… ¡Habíamos hecho tantos planes durante el verano, mi querida Magui! Al final se despedía cariñoso, animándome, y firmó: *Tu poeta de siempre.*

Quise gritar, llorar, lanzar algún objeto contra la pared; me sentía traicionada y sola, terriblemente sola. Pero mis lágrimas se contuvieron, no rodaron, ni se estrellaron contra el suelo. Mis aullidos se ahogaron en un suspiro. La furia que sentía anidó internamente y la tristeza me invadió el cuerpo, se apoderó de mi ser, me dejó sin fuerzas, sin alegría; me sentía huérfana, viuda, llena de temores. Estuve varios días enferma con fiebre, no fui al trabajo; mandé recado a don Justo informándole de mi estado de salud y él, a su vez, me envió un médico para que me visitara. No supe decirle qué tenía; era un estado de extraño abatimiento. El doctor fue muy discreto y, rascándose la barbilla, me aseguró que no tenía nada grave de lo que preocuparme y me recetó sol y paseos; el resto, aseguró con una leve sonrisa, se arreglaría por sí solo.

Siempre fui una mujer fuerte, o quizás quiso el destino que lo fuese. Por los demás, por mí misma, decidí retomar mi vida; las riendas de mi devenir me correspondían solo a mí; no podía hundirme, estar atemorizada o decepcionada, sentirme sola; todo eso no era propio de mi carácter.

Aquel fin de semana iría a Sabinas a ver a Agustín. Me habían recomendado sol y paseos. Seguiría las indicaciones del médico, ¿dónde mejor que a la vera de mi río, mi río Ebro?

Sabinas ya no era la misma. Sin madre, sin Francis y sin los niños, la casa estaba vacía, fría y silenciosa. Mi visita fue muy breve. Agustín mimaba mis pasos; mi abatimiento era también el suyo; su sumisión era mi congoja; mi mirada, una recriminación continua que él rehuía. Quería entender que su madre era más importante que nuestro amor, que su propio futuro, pero me rebelaba con un egoísmo inusitado sabiendo que le retenían en el pueblo porque el verdadero motivo era mantenerlo alejado de mí. Sus alas habían volado, por unos instantes, libres, demasiado libres; pero había que cortarlas. Comencé a odiar en secreto a su padre por no aceptarme y a su madre pusilánime por enfermar precisamente en aquel momento en el que tanto le necesitaba conmigo.

Mi estancia en Sabinas no me reportó ningún beneficio. Llovió todo el fin de semana; no tuve ocasión de pasear cerca del río; la indecisión de Agustín me entristecía. Por primera vez desde que habíamos iniciado nuestra relación, percibí debilidad en su carácter; presagios grises se avecinaban, emociones que yo ya había presentido tantas veces en la boca del estómago. Mi casa me desasosegaba, no encontraba el calor de otras ocasiones; los fogones eran cuencas vacías y negras, sin vida; mi debilidad me irritaba. Aquél no era mi sitio, ¿acaso tenía un sitio en alguna parte?

Decidí volver a Zaragoza, retomar el trabajo e intentar salir de la tristeza que se me había pegado al alma y que me recorría interna y profundamente como las termitas a una vieja cómoda de madera.

Esa misma tarde fui a despedirme de Agustín; coincidí en la entrada de la casa con su madre; estaba postrada en la mecedora del porche delantero y su aspecto era cadavérico. Le saludé y le deseé una pronta recuperación; se la veía vencida.

Creo que si hubo alguien en la familia de Agustín que en algún momento llegó a apreciarme, ésa fue precisamente doña Isabel, su madre. Para ella la felicidad de su hijo era lo más importante, pero la sombra del padre era alargada y afilada; a don Martín todos le temían, dentro y fuera de la casa.

Agustín se entristeció por mi partida; no había sido uno de nuestros mejores encuentros y ya no había tiempo para arreglarlo; no tenía fuerza moral para retenerme, ni excusas para disculparse. Simplemente, me dejó marchar, como yo lo haría con él unos meses después. Ninguno de los dos lo sabía entonces, pero aquel fin de semana fue el inicio de nuestro final, un desenlace que jamás llegué a pensar que pudiese ocurrir, la terminación de una historia de amor que no acabó realmente, porque siempre albergué la esperanza de que volveríamos a reencontrarnos.

Pero estoy de nuevo adelantándome, Clara, ¿será acaso la impaciencia un defecto de la ancianidad? —dijo—. Por hoy ya ha sido suficiente, tesoro, ¡mañana te contaré más!

# CAPÍTULO 13
## «Sujetando las riendas»

En cuanto volví a Zaragoza, lo primero que hice fue ir a ver a doña Elvira. Le debía una visita desde hacía tiempo; me disculpé como mejor pude por mi tardanza, *la enfermedad y el trabajo me han tenido muy ocupada*, dije. La verdad es que me tenía intrigada el encuentro con doña Elvira; por fortuna, ella no se anduvo con remilgos y abordó el tema directamente:

—Mira, Magui, me gustaría que trabajases para mí; quiero que seas mi doncella, que me acompañes. Me gusta tu compañía, no te lo voy a negar; quiero que te instales en mi casa. Tu hermana ha dejado su habitación y así estarás bajo mi protección; vienen tiempos difíciles y eres muy joven; vivir sola puede ser peligroso. Yo te dejaría toda la libertad que necesitases y me ocuparía de instruirte; quiero que llegues a ser el ama de llaves y que dirijas mi casa —concluyó.

—¿Y qué pasa con Fátima? —pregunté.

—Continuará con la cocina, pero no sé lo que durará; falta continuamente al trabajo, el embarazo no debe estar sentándole muy bien.

Así fue como me enteré de que Fátima estaba embarazada. Lo que había intuido era ahora realidad; lamenté estar enfadada con ella, no poder ayudarla. Si perdía el trabajo, sería su ruina. No confiaba en que la familia de su marido les ayudase, así que,

127

sin pensarlo, acepté el ofrecimiento de doña Elvira y le agradecí su confianza depositada en mí.

Mi vida daba un nuevo giro, imprevisto, necesario… Fui a ver a don Justo, le conté mi decisión de trabajar para doña Elvira; los motivos eran muchos y fui muy sincera con él. Dejar la casa de alquiler me permitiría ahorrar para ayudar a Fátima ahora que estaba embarazada, podría echarle una mano en las cocinas, cubrirla cuando faltase para que no perdiese el empleo… ser su sombra; se lo había prometido a madre.

Lo que me callé y no le dije a don Justo fue que quería alejarme de Sara y sus embrollos políticos; que el sueldo que me pagaría doña Elvira sería mucho mayor; que me atraía ser instruida y prosperar en mi trabajo; que me sentía muy sola y que necesitaba que alguien cuidase de mí, que percibía a doña Elvira muy próxima… como una madre. Pero eso, todo eso, no se lo dije; callé por prudencia, por respeto, por afecto a una familia que me había abierto los brazos y había confiado en mí desde el principio, una familia que se mantuvo en mi vida hasta el final; con cambios, eso sí, pero hasta el final. Don Justo asintió grave; entendía mis razonamientos y me pidió unos días hasta encontrar una sustituta o hablar con su mujer para encontrar una solución.

Mientras tanto, yo fui adelantándome; comuniqué a la señora Pilar que en los siguientes días dejaría la casa. Recogí todo; no era mucho. Compré comida y la mandé llevar a casa de Fátima; retomé mi actividad, mi vida. Atrás quedaba la tristeza sobrevenida, los reproches, el miedo. Quedé con Sara y le expliqué que me marchaba; lo sentía por ella, habíamos sido buenas aliadas, pero yo no quería problemas. Le previne sobre lo que mi hermano había dicho; ella me sonrió con condescendencia y dijo: *Tenemos que luchar, Magui, por un mundo mejor. No es el momento de permanecer pasivos; por supuesto que vendrán tiempos peores, desmontar el sistema no va a ser fácil, pero nuestros hijos podrán disfrutar de una sociedad sin desigualdades, llevarán la cabeza bien alta, se acabará la figura del amo, y recuperaremos la dignidad perdida.*

Lo que no sabía Sara era que nuestros hijos solo saborearían la textura de un hambre atroz y que el miedo, tatuado en sus cuerpos, les duraría toda la vida.

Los días fueron pasando. Don Justo encontró a otra mujer que comenzó inmediatamente a ocuparse de los niños; poco a poco, mi presencia dejó de ser imprescindible; los pequeños se acostumbraron a ella como lo hicieron conmigo después de Francis. Se llamaba Encarnación, era una joven viuda, sin hijos, muy hermosa, toda una tentación; sus facciones eran delicadas y redondeadas; el cabello castaño, ligeramente ondulado entre las puntas, le apoyaba sobre los hombros; sus ojos eran de un azul tan celeste que te quedabas hipnotizado con solo mirarlos.

Recuerdo lo que pensé la primera vez que la vi, *de ese color debe ser el mar… El mar…*, mi pensamiento voló hasta Sabinas, hasta Agustín, nuestros sueños de viajar juntos a ver el mar se hacían cada día más lejanos, inalcanzables, difusos.

De nuevo el vértigo, esa comezón que sentía cada vez que evocaba a Agustín, me aterraba, me velaba la mirada, la inundaba.

Perdona, Clara, estaba hablándote de Encarnación… bien, ¿por dónde iba? Sí, ya recuerdo… A su marido lo habían matado en la Revolución de 1934, aunque no sabíamos mucho más de ella, solo que venía recomendada y con buenas referencias; creo que era la sobrina de alguien importante de la ciudad pero estaba marcada por su propio marido y sus ideologías, aunque ella no hubiera tenido absolutamente nada que ver con la revuelta ni comprartiese sus ideas. Por eso había tenido que dejar el pueblo y se había venido a la capital a buscar a un familiar bien situado para que la ayudase a encontrar trabajo, «uno decente», como había dicho ella.

En casa de don Justo encontró el lugar perfecto: alojamiento, cariño y lo más importante, anonimato; allí podía volver a empezar. Sara estaba feliz al inicio. Encarnación era simpática y además estaba comprometida políticamente por su pasado, así que enseguida intentó captarla; un nuevo adepto, pensó, pero chocó con una mujer dura, atormentada, sin imágenes, sin sentimientos; su mirar azul celeste tenía adherida la nieve a sus pupilas; no tenía ningún afecto a la Revolución ni a sus ideales, los cuáles solo le habían traído desgracia y calamidades durante su breve, aunque intenso, matrimonio.

Encarnación era una mujer rota cuando entró al servicio de don Justo.

Ella apenas se daba cuenta del poder y la sensualidad que emanaba. Su naturalidad y su inocencia volvían locos a todos los presentes; ella ni se percataba, hermética en su silencio; su alma se ahogaba. Su tristeza era casi abrumadora pero eso era precisamente lo que la hacía todavía más irresistible y embriagadora.

Encarnación me caía bien, era amable, y aunque conviví con ella poco tiempo, lo justo para mostrarle qué hacer con los niños y que estos se acostumbrasen a su presencia, supe a ciencia cierta que en aquella casa algo iba a suceder. La mirada de don Justo paseándola sin recato alguno, buscándola por cada rincón de la casa, haciéndose el encontradizo y demandándole todo tipo de quehaceres sin importancia, en los que él jamás se había metido, le delataron. Don Justo se enamoró perdidamente de Encarnación y Sara y yo, que nos dimos cuenta enseguida, lo comentábamos cada día entre risas. Pensábamos que era algo platónico, infantil; pero las dos nos equivocamos.

La desgracia y la vergüenza llegarían irremediablemente a esa familia, aunque por fortuna la guerra se ocuparía de borrar el rastro.

A veces, Clara, creo que tengo momentos de clarividencia; mis presentimientos rara vez han errado y eso me asusta. En los últimos días se me repite continuamente la misma sensación, la fatalidad me ha elegido una vez más.

—¿De qué hablas, Magui? —pregunté. Sus palabras me sobrecogieron.

—De nada, tesoro, de nada. ¿Seguimos o prefieres dormir un rato? —preguntó.

—No, por favor, ¡continúa! Pero más tarde me cuentas cuál es ese presentimiento que te ronda —insistí.

Dicen que los niños perciben estímulos que los adultos no son capaces de entender, pero en los ojos de Magui pude leer una sombra de inquietud. La muerte la estaba rozando y no tardaría mucho en hacerle una visita inesperada.

—De acuerdo, Clara, después… —suspiró.

Pero no hubo un después.

Llegó la Navidad; hacía apenas unas dos semanas que me había incorporado al servicio de doña Elvira. Me pidió que me quedara a ayudar, eran días de muchos festejos, de invitaciones a la familia, amigos, y necesitaba a todo el personal; acepté, pese a que me moría por dentro: eso significaba no ir a Sabinas, no ver a Agustín. Estar lejos de él se me antojaba cada vez más insoportable; la situación a la que habíamos llegado no tenía salida, debíamos reconciliarnos o dejarlo, pero eso era imposible, ¿cómo dejar que el amor de tu vida se escape entre tus dedos? ¿Cómo apagar un fuego que ardía vivo e intenso? Quería castigarle, hacerle ver con mi silencio que estaba ofendida, que necesitaba una prueba de amor verdadero para continuar con él, pero al mismo tiempo deseaba amarle hasta la extenuación y el alma se me rompía en pedazos por no tener noticias suyas; vivía un infierno de sentimientos contradictorios.

El orgullo es traicionero, te mata por dentro, te asfixia, te impulsa a escapar por miedo a enfrentarte a ti mismo.

Ese orgullo devoraba a Fátima, también, o quizá fuese la soberbia, ¡hay tan poca diferencia! Yo quería ayudarla, arreglar las cosas, pero ella, pese a todos mis esfuerzos, me ignoraba continuamente. Pensé que la Navidad, la lejanía de madre, la soledad, su embarazo y mis continuos detalles, la animarían a perdonarme, a acercarse un poco más, pero me equivoqué; aún tardaría mucho tiempo en volver a mí, y lo haría no por amor, sino por necesidad.

Recibí por aquellos días carta de madre y Francis. Me la dio don Justo; era la primera carta que mandaban desde que se habían marchado. Llegaba el día de Nochebuena.

Durante todo el tiempo trascurrido, desde que nos despedimos en verano, solo habían enviado algún que otro telegrama, escueto y frío, comunicando que estaban bien, pero no habían dejado una dirección concreta y no había forma de ponerse en contacto con ellas. Nada sabían de mi cambio de empleo a casa de doña Elvira y don Manuel, ni del embarazo de Fátima, ni que a Adolfo le habían desheredado, ni que él y Fátima vivían en la más absoluta pobreza; nada sabían sobre nuestra distante relación, ni de que Sabinas se quedaría vacía y llorosa por primera vez en Navidad. Tampoco sabían que la madre de Agustín se moría, que yo desfallecía cada día por no tenerle a mi lado… Sí, madre no sabía nada de nuestra vida, y mejor así, ¡pobre, si ella hubiese sabido!

En su carta, que estaba escrita con una perfecta caligrafía, decía que, sintiéndolo mucho, no emprenderían ningún viaje para Navidad porque en Pamplona hacía mucho frío y estaba todo nevado.

Les daba pena someter a los niños a una ruta llena de imprevistos y exponerles innecesariamente al peligro; lo sentían en el alma y nos deseaban a Fátima, a Gonzalo y a mí una feliz Navidad.

Miré el matasellos; era del día 15 de diciembre, había tardado casi diez días en llegar; en el reverso venía escrita una dirección ¡Lástima que hubiese llegado tan tarde!, ya no tuve tiempo de contestar. Me entristeció no poder ver a los niños, me los estaba perdiendo. Mi familia se deshacía como el incienso recién encendido, lentamente, dejando a su paso solo cenizas.

Aproveché la oportunidad de que tenía carta de madre para acercarme a casa de Fátima. Los últimos días no había ido a trabajar y estaba un poco preocupada por ella.

Llamé a la puerta y me respondió una voz desganada; era Adolfo.

Un rictus de desagrado me contrajo los labios. Intenté ser amable. Quería ver a mi hermana, desearle una feliz Navidad, estar cerca pese al hastío y rechazo que me producía aquel personaje con el que convivía.

Me dijo que Fátima había salido hacía rato pero que no tardaría en llegar; ni siquiera me ofreció pasar a esperar; tampoco, si te soy sincera, lo habría hecho. Decidí aguardarla. Cerca había una cafetería desde donde se veía bien el portal. Me dirigí allí con paso decidido. Hacía mucho frío, el cierzo soplaba con fuerza; me costaba caminar, me empujaba hacía atrás y me levantaba el abrigo dejando entrever mis piernas, que luchaban en vano por acelerar el paso; alguien pasó y silbó; ni lo miré.

Cuando alcancé la puerta, antes de entrar, dudé un instante; ojeé el establecimiento buscando una mesa libre cerca de la ventana pero estaban todas llenas de gente; mis ojos fueron pasando de mesa en mesa escrutando, buscando un hueco, pero solo se veía disponible la barra de la entrada.

De pronto, algo llamó mi atención; en la esquina más alejada dentro del café, un poco escondidas, había dos personas, un hombre y una mujer se cogían de las manos, jugueteaban con los dedos y los entrelazaban una y otra vez; me resultaron conocidos, familiares sus atuendos, o quizá fuese el color del pelo, o el cruce coqueto de las piernas de ella, pero no alcanzaba a verles bien la cara.

Mi curiosidad se agudizó. Empujé la puerta y entré; quería saber si mi intuición no me fallaba, avancé lentamente como disimulando que buscaba a alguien y entonces le vi, claramente; no había duda, era él, don Justo. A su lado, una mujer: Encarnación, coqueta, insinuante.

Ahogué un grito y me llevé la mano a la boca; no me podía creer lo que estaba viendo. Don Justo levantó la mirada y nuestros ojos se cruzaron por un instante, un momento fugaz, entre él y yo, de pudor, de tristeza, de vergüenza, de amor, de pacto, de secreto. Asentí bajando la mirada y desaparecí del escenario.

Sentía un dolor en el costado y mis ojos se inundaron de lágrimas, ¡pobre doña Mercedes, pobres mis niños!, pero yo debía callar, hacer como si no hubiese visto nada, mantenerme al margen de todo.

En mis prisas por salir del café, no me di cuenta y choqué de bruces con Fátima, que entraba por la puerta, ¡por poco nos caemos las dos al suelo! Me había visto desde la calle y había pensado entrar a saludarme.

Yo estaba demasiado nerviosa para articular palabra y le dije que nos fuésemos de allí enseguida, que no había sitio; balbuceaba palabras inconexas; estaba lívida, temblorosa; la agarré del brazo, necesitaba sujetarme, me sentía perdida.

Don Justo, me repetía constantemente para mí misma, por qué, por qué…

Fátima me invitó a subir a su casa; estaba preocupada; pensó que me encontraba mal, que a lo mejor tenía fiebre; y era cierto, la tenía: fiebre de decepción, de traición. Me sentía como si la infidelidad me la estuviesen haciendo a mí misma, me sentía apaleada, traicionada, don Justo había sido para mí como un padre, un modelo a seguir de hombre, de marido…

Le agradecí a Fátima su preocupación aunque decliné amablemente su ofrecimiento, poniendo una excusa; no tenía fuerzas. Me preguntó que qué me ocurría; estaba tan pálida que parecía que hubiese visto un fantasma, pero no pude decirle la verdad. Debía callar, los ojos de don Justo habían hablado por sí solos… sigilo, es nuestro secreto… habían dicho.

Le acompañé hasta el portal, saqué la carta de madre y se la di. Acaricié su incipiente barriga con cariño y le deseé una entrañable Navidad. Nos abrazamos brevemente, instantes que aprovechó para decirme que los padres de Adolfo le iban a comprar un coche y él se dedicaría a taxista para ganarse la vida; parecía contenta, optimista. El embarazo la sentaba muy bien y, al menos, había una perspectiva de futuro en el aire.

Fueron las Navidades más tristes de mi vida; la soledad vestida de fiesta me acompañó durante sus largas jornadas al ritmo de mis necesidades.

Viviría en soledad muchas otras navidades, pero esa la recuerdo especialmente, porque fue la primera.

# CAPÍTULO 14
## «Fluyendo tras la euforia popular»

Me acomodé a la casa de doña Elvira y don Manuel como si siempre hubiese estado allí; mis obligaciones eran sencillas, mi trabajo entretenido y mi habitación la fui transformando a mi gusto, era mi pequeña morada, mi casa.

No me penó jamás haber dejado el piso de la calle Bretón; mi independencia todavía sería un sueño caro de alcanzar.

Con los señores vivía confortablemente y segura; podía ahorrar íntegramente mi salario y dedicar una parte a otros menesteres, pequeñas licencias que me hacían la vida un poco más fácil: ropa, calzado, algún bolso, un café y lectura, mucha lectura. En aquella época, los libros comenzaron a apilarse en mi dormitorio formando columnas desniveladas.

Doña Elvira participaba continuamente en actividades de beneficencia, se implicaba haciendo donativos, ayudaba a los necesitados, acompañaba a los enfermos en los hospitales. En muchas ocasiones pude asistir a estos encuentros; era como un ángel paseándose entre largos corredores, dando ánimos; se sentaba a leer pasajes de libros si alguno de ellos se lo pedía; la sonrisa se iluminaba en los rostros de aquellos pacientes cuando ella aparecía o entraba en sus habitaciones. Ella quería que yo también me animase, leyese más, escribiese poesía y se la dedicase a ellos, a los demás, altruistamente.

Poco o nada se daba cuenta doña Elvira de que el mundo en el que nos había tocado vivir a ambas era completamente divergente; ella lo tenía todo: riqueza, posición, educación; lo daba todo porque lo tenía todo; yo, en cambio, ¿qué podía ofrecerles?

Le gustaba que me arreglase, que la acompañase a todas partes; me llevaba incluso a alternar a los distintos cafés que ofrecía la capital; me arrastraba con ella, disponía de mi tiempo, de mi vida, y yo me dejaba llevar, aprendía, me embebía. Dejé de ser yo para ser lo que ella quería que fuese, una impostora, una hija, la que nunca tuvo y siempre deseó. Pero solo fuera de casa; cuando retornábamos, yo volvía a ser una doncella a sus órdenes, a lo que dispusiese la señora; tenía que ganarme la vida, trabajar, ahorrar, ocupar mi lugar en el mundo, volver a la realidad, a mi existir pobre, a mis raíces. Nuestra proximidad no pasó inadvertida a don Manuel.

Él también comenzaría a tratarme con condescendencia y afecto, un cariño que me gané con paciencia y con tesón durante una vida de dedicación, regalándoles mis horas, entregándoles mi tiempo.

En mis escasos momentos libres, comencé a frecuentar a mis recién estrenadas amigas de la tienda de juguetes, Teresa y Pura. A veces se nos unía Sara, mi querida amiga, mi compañera, la de siempre. Aunque solo fuese por unos momentos, dejaba a un lado su militancia y su perspectiva de salvar al mundo de los ricos para repartir la riqueza entre todos nosotros y se dedicaba al placer mundano de no hacer nada, simplemente escuchar música o cotillear de los presentes y ausentes. Alguna vez trajo a Encarnación con ella, siempre silenciosa, hermética, distante; llevaba un vestido cosido de tristeza que la hacía, aún si cabe, más hermosa; a su lado, todas nosotras parecíamos insignificantes, feúchas incluso. Los hombres la devoraban con la mirada pero se mostraban indecisos ante su pasividad; nada de flirteos, nada de miradas; vivía ajena, en su mundo de fantasmas, rememorando una juventud pasional que apenas había intuido, gozado, arañado y que ahora estaba muerta, o ¿tal vez no? Quizá era solo la cara que quería mostrarnos, pero yo, que conocía bien su secreto, recelaba de ella y de su aspecto aparentemente vulnerable; no me fiaba, ocultaba algo. Ella no se llegó a percatar de que yo les había visto en aquel café el día de Navidad. Don Justo se ocupó de hablar conmigo, de contarme, de convencerme, de silenciarme. Mi deslealtad me avergonzaba.

Intenté no volver por la casa de don Justo durante unos días; no podía enfrentarme a doña Mercedes sin hablar, se me hacía un nudo en la garganta de solo pensarlo. Tenía al enemigo en casa y ni se percataba, ¿o sí?

Las mujeres somos muy listas e intuitivas, Clara; es difícil que se nos escape algo, pero el devenir casi siempre nos arrastra a silenciar la verdad; por la familia, por el qué dirán, por la vergüenza, por la pérdida de una posición social y económica. El amor incondicional hacia los nuestros nos cierra los ojos, nos cose los labios; miramos hacia otro lado para seguir viviendo, para poder respirar algo de aire, que no es poco.

Pero… volvamos a la historia.

La situación de la casa de doña Mercedes me producía mucha angustia, me rompía el alma, ya de por sí bastante maltrecha; si recuerdas, Clara, yo tenía mis propios problemas, es cierto, mi puzle hacía tiempo que no encajaba, las piezas se estaban perdiendo por el camino y no conseguía reunir fuerzas para recomponerlo.

Agustín me enviaba largas cartas; en ellas volcaba sus sentimientos, sus vacíos, sus brumas, sus pasiones, su rabia contenida, su amor; a veces, también me incluía sus brillantes poemas, que luego enviaba al periódico como anónimos. Aquellas cartas eran como un cáliz para mí, caluroso y envolvente; las leía y releía mil veces; mis lágrimas resbalaban entre sus palabras, emborronándolas, desdibujando las líneas; creando senderos cenicientos que me recordaban a mi río, al Ebro, a las riberas, a mis paseos. Llegué a aprendérmelas de memoria y las repetía en sueños. Nunca imaginé que aquellas cartas, aquellas palabras, se convertirían en una lenta y agónica letanía de amor.

En la capital los días pasaban veloces. El frío ya se había instalado entre los tejados, reticente a dar tregua.

Inmersos en pleno mes de febrero, los cambios se sucedían constantemente; nuevas decisiones planeaban en el aire; la exaltación reinaba por las calles; manifestaciones, discursos políticos vacíos de contenido; nuevas elecciones llamaban a las urnas; la izquierda aprovechaba la experiencia de anteriores convocatorias para unirse en coalición bajo el nombre de Frente Popular. Englobando a Izquierda Republicana, Unión Republicana, Partido Socialista Obrero Español y Partido Comunista de España, querían derrotar a la derecha, cuyo partido principal era la CEDA. Con este panorama, Zaragoza y España entera se enfrentaban de nuevo a las elecciones generales del 16 de febrero de 1936.

El Frente Popular se haría con la victoria. La alianza, el pacto habían dado su fruto.

De nuevo, Azaña sería reelegido presidente de la República y se pondría al frente de un gobierno desgastado ya de antemano.

La falta de proyecto político común en el seno de la coalición frente populista creó numerosas tensiones sociales desde el principio, tanto por parte de los anarquistas como de los socialistas.

Ganaron, sí, pero su propio movimiento popular se despedazó, se disolvió como el almíbar vertido en un bizcocho, dejando todo su sabor y esencia pero solo en determinadas partes; el resto quedaría diluido; no fueron capaces de ponerse de acuerdo en lo mínimo, en lo básico y, pisándoles los talones, la CEDA y los falangistas no daban tregua.

En Aragón se pediría inmediatamente la puesta en libertad de los presos políticos de la cárcel de Torrero en Zaragoza.

Como medida de presión, los sindicatos CNT y UGT llamaron a la huelga general; pretendían agilizar los trámites para la pronta liberación de los encarcelados.

Se convocó una masiva manifestación; en ella participaron miles de personas venidas de toda la región; luchaban por sus ideales, todas juntas, en la calle, gritando, exigiendo.

Nosotras, doña Elvira y yo, veíamos pasar el espectáculo desde nuestra privilegiada posición del balcón principal de la casa del Paseo de la Independencia. Alguien nos increpó desde abajo, levantando un puño en alto y después, escupió violentamente en el suelo; nos retiramos atemorizadas y continuamos viendo a la marea humana que se desplazaba exultante como una gigantesca serpiente hacia la calle Alfonso, escondidas tras los grandes cortinones del salón; temblábamos porque daba miedo la ira que emanaban aquellos rostros contraídos, el odio que expresaban sus ojos; nos producía pánico el fervor popular, el clamor de un pueblo que pedía en voz alta un mundo más justo, un mundo mejor.

¿Cuál era mi sitio?, me preguntaba constantemente. ¿Por qué me atemorizaba toda esa turba? Me reprendía a mí misma por no estar ahí abajo gritando con los demás, con el puño en alto, con los míos, con mi hermano, con Sara… con los pobres, con aquéllos que intentaban hacer algo pese a todo… pese a todos.

Pero yo era cobarde y temerosa, o quizá solo fuese una niña, perdida, buscando cómo ocupar mi lugar en el mundo. Demasiadas veces había visto a mi hermano exaltarse y demasiadas sufrir a mi madre; prefería ofrecer un posicionamiento ecuánime, como el de mi Agustín, apolítico, simple, ajeno.

Perdida en mis divagaciones, vi cómo, de pronto, irrumpiendo con gran violencia en el desfile del descontento, las fuerzas públicas de asalto, en grupos bien armados, desde las calles colindantes al Paseo de la Independencia, comenzaron a reprimir muy duramente a los manifestantes y a exigirles que se disolvieran;

los enfrentamientos fueron terribles y se saldaron con un muerto y decenas de heridos.

La huelga y los continuos disturbios callejeros fueron comiendo terreno a las cesiones gubernamentales; la fuerza del pueblo es poderosa, persuasiva, imbatible, incasable, y al final se consiguió que los presos políticos de Torrero fueran puestos en libertad, de igual modo que los obreros despedidos por las represalias de octubre del 34 comenzarían a ser repuestos en sus lugares de trabajo.

Nadie intuía entonces, en aquel febrero helado y desapacible de 1936, que en tan solo unos pocos meses, la gran victoria liderada por el pueblo, por la izquierda, pasaría delirante de la euforia al infierno, al desastre de una guerra, a una batalla cruenta entre hermanos, vecinos, amigos, desconocidos, españoles todos de una patria común.

Los ideales morirían en nuestros brazos aullando de dolor y desolación, el desamparo amputaría la sensibilidad, el hambre traería consigo la traición.

Un país enfrentado.

Dos Españas.

Una sociedad bajo sospecha.

# CAPÍTULO 15
## «Tiempos difíciles... Tiempos de amores»

En aquellos días de agitación callejera posteriores al triunfo del Frente Popular, nos mantuvimos muy alerta; yo no me fiaba de nadie, hablaba lo justo con las dependientas, con las vecinas; el aire estaba teñido de desconfianza; comprábamos solo lo necesario para evitar estar en la calle demasiado tiempo y que cualquier manifestación te arrollara. Don Manuel prohibió salir a su mujer; eran solo unos días, argumentaba con paciencia, pero ella quería ir a socorrer a los más necesitados, a sus enfermos, como ella los llamaba, a los heridos en las revueltas; se rebelaba, discutían, pero él se salía con la suya; así que, a escondidas, me mandaba a mí y yo me moría de miedo.

Empecé a tener pesadillas; una de ellas se repetía continuamente: estaba en la casa de Sabinas; allí había muchos enfermos gritando, aullando de dolor, pedían ayuda, tirados por todos los rincones; yo gritaba a su vez, más fuerte que ellos, buscaba a madre, ¡madre!, ¡madre!, pero no me contestaba nadie y entonces alguien me agarraba fuertemente por la muñeca y tiraba de mí; me hacía daño, mucho daño; yo me resistía, me asustaba, estaba lleno de sangre, ¡soy yo!, ¡soy yo!, decía; con el dorso de la mano se limpiaba la sangre y entonces veía sus ojos, eran los de Agustín, implorando, sollozando mi ayuda, mi reconocimiento, mi perdón.

Me despertaba empapada en sudor, temblando como una hoja cubierta de rocío; me cambiaba el camisón y me quedaba sentada al borde de la cama. Empezaría a trasnochar por aquellos días; me convertí en un alma nocturna navegando entre sombras, una costumbre que tardaría años en erradicar. No siempre me desvelaba con pesadillas pero era incapaz de conciliar el sueño de nuevo, así que me embebía de palabras, de lecturas, de historias que dieron a mis horas de ensueño sosiego, conocimientos y una sed inmensa de descubrirlo todo; mi estímulo por lo desconocido me abrió un cauce incalculable; el aprendizaje se convirtió en el sentido de mi vida.

Leer es una pasión absorbente; como tantas otras, te engancha o no; pero si es capaz de atraerte, de encandilarte, puede llegar a transformarte y hacer de ti un ser inmenso.

Tuve mucha suerte, don Manuel también era un ávido lector y su biblioteca era gigantesca y cada día crecía; él me aconsejaba sobre lo bueno y lo malo, me enseñaba a discernir, se hacía con libros imposibles. Tenía obras en inglés traducidas, de la generación perdida, Hemingway, Fitzgerald, Faulkner; había oído nombrarlos, aunque solo de pasada, a Agustín. Y otros muchos, como Rilke, Whitman, Manzoni y Proust. De escritores españoles, compraba todo lo que caía en sus manos; me consideraba una privilegiada, lo sería por mucho tiempo.

Incluso cuando el maravilloso ejercicio de la lectura y la escritura comenzarían a estar denostados y censurados, don Manuel desarrolló una especial habilidad en encontrar, entre la nada, sus tesoros rubricados y compartirlos conmigo.

También aprovechaba la oscuridad y el silencio de la noche, interrumpido solamente por el palpitar de algún mueble antiguo o la pulsación de un reloj lejano, para escribir mis pensamientos, largas cartas a madre, Francis y Agustín; y en ocasiones contadas, poemas. Añoraba la tranquilidad de Sabinas y sobre todo, a Agustín.

Comencé a escribir también un diario; en él hablaba de mi infancia, de la huella fantasiosa que se fragua en los primeros años de tu vida, de cómo marca el territorio en el que te ha tocado vivir, los juegos que han alimentado tus tardes; recuerdo que para padre yo era la niña de sus ojos, y eso deja señal, una cicatriz imborrable; siempre me sentí más especial que mis hermanos; yo era diferente. Escribí también sobre Sabinas, mi río y mis olvidadas amigas, ¿acaso habían existido alguna vez?

Desde que Agustín había entrado en mi vida, todo había sucedido demasiado rápido, como un ciclón; el ayer había dejado de existir para mí. Me entristecían los pasajes en los que contaba cómo nuestra familia, pobre pero unida, había comenzado a resquebrajarse. Escribía porque no quería olvidar nada, porque la nada me acompañaba demasiado pegada al cuerpo y solo anhelaba ahuyentarla, vivir, sentir. Un pensamiento me acariciaba constantemente: quizá había llegado mi momento, mi ocasión para formar mi propia familia.

Desandando el camino del *bienio negro*, la izquierda intentaría, en los siguientes meses, retomar el espíritu del movimiento obrero instaurado con la proclamación de la Segunda República, en 1931.

La primavera llegaba de nuevo, alardeando perfumes, pintando de fiesta los árboles; el tiempo brillaba caluroso, pero los excesos continuaban.

La calle daba miedo, los grandes latifundios hervían de agitación, de locura, de tumultos violentos, de manifestaciones continuas, de huelgas reivindicativas. En Extremadura, la paciencia de los jornaleros extremeños se había agotado. En un solo día, el 25 de marzo de 1936, unos 60.000 jornaleros ocuparon casi 3.000 fincas.

La prudencia quedó relegada al fondo del armario y alguien perdió la llave.

El descontento era generalizado en ambos lados.

La guerra pudo haberse evitado, cariño, y con ella, el sufrimiento de tantos miles de personas; pero ni los unos ni otros estaban por la labor, apoltronados cada uno en sus ideologías extremas. Se les fueron de las manos la política, la paciencia, el diálogo, y tomaron caminos erróneos, una vez más.

La desunión de los republicanos, el descontrol continuo del movimiento obrero, la desobediencia de las fuerzas antirrevolucionarias y los abusos del ejército que los apoyaban, dieron al traste de nuevo con las urnas, con la democracia, con la opinión mayoritaria de un pueblo que solo buscaba la igualdad y la dignidad para vivir.

El problema fue que no sabían qué hacer para alcanzarla; estaba muy cerca, al alcance de sus manos, pero se les resbaló entre los dedos.

La revolución permitió a la República lanzarse inconscientemente a una cruenta Guerra Civil; también contribuyó a asegurarle su derrota.

Finalizaba el mes de abril cuando recibí un telegrama de Agustín:

*Madre se muere; es el fin. Te necesito, Magui. Agustín.*

Pedí unos días libres para ausentarme e ir a Sabinas. Doña Elvira y don Manuel me dieron todo su apoyo, me insistieron en que me tomara todo el tiempo que necesitase, que no tuviese prisa en volver; agradecí sus palabras de aliento y su comprensión.

Acompañé a Agustín en su dolor. Su madre murió dos días después de que yo llegase; ya no tenía fuerzas para seguir viviendo. Sus ojos estaban perdidos en un mundo de tinieblas; deliraba febril palabras ininteligibles; compartimos estos momentos tristes cogidos de la mano, sin hablar, ensimismados en proyectos llenos de melancolía. Nuestro amor se renovaba, se perdonaba en cada cómplice mirada, crecía por encima de nosotros.

Ya no había dudas, las tinieblas se habían evaporado… ¡Ay, Clara!, pasamos los días más bonitos que una pareja pueda soñar; fueron tan intensos y hermosos que hasta hoy puedo percibir claramente sus manos recogiendo mi cintura, sus dedos deslizándose entre mi pelo, su aliento en mi cuello, su cuerpo estrechando el mío, sus labios repasando de memoria cada rincón, el sonido acelerado de su corazón que retumbaba como un tambor, los gritos ahogados, el despertar…

—Magui —la interrumpí—, pero, ¿de qué estás hablando?

—De nada, Clara, de nada; son solo las memorias de una anciana que ha olvidado por un momento que eres una niña, pero créeme, entenderás mis palabras cuando seas mayor, ya lo verás.

El amor es perecedero; desaparece, se evapora, pero hay instantes inolvidables, tan gozosos que son capaces de parar el tiempo y suspenderlo en el aire durante toda una vida.

Yo me entregué a él como su esposa, como su compañera, como la futura madre de sus hijos; me entregué a él sin condiciones, sin reservas, se lo di todo y siempre.

Durante aquellos días intensos hablamos de matrimonio, de iniciar, esta vez juntos, una nueva vida, de enfrentarnos a todos, volver al pueblo, dejar el trabajo, irnos a la ciudad, esperar, acabar de estudiar, hacerse maestro… Hacíamos y deshacíamos planes sin parar. No podíamos soportar la tediosa espera, teníamos prisa, urgencia, por compartirnos, por amarnos a la luz del día; estábamos enfermos de amor, descontrolados, enloquecidos.

Y mientras nosotros nos hundíamos en la desesperación de amarnos sin control, el país hervía de agitación.

1 de mayo de 1936. Durante la fiesta de los trabajadores se celebraron desfiles por todos los rincones de España; se pretendía demostrar a los esquivos de la República el poder de la izquierda, la pujanza de un pueblo libre, democrático, luchador, con ideales.

Gonzalo estaba feliz y nos invitó a unirnos a ellos para celebrar aquella gran fiesta, pero a nosotros todo aquello nos resbalaba. Declinamos su ofrecimiento; Gonzalo nos miró con resentimiento, con tristeza, con desilusión.

Durante aquella jornada, que quedaría en la memoria de muchos, los discursos enardecidos del líder socialista Francisco Largo Caballero, apodado "el Lenin español", calaron en las masas, las radicalizaron.

Entre los manifestantes cundió el rumor infundado de que unas monjas habían dado caramelos envenenados a unos niños; un motivo, una gota vertida en el inmenso océano, habría sido suficiente en aquel momento para inundar, para justificarles.

En grupos, atacaron y prendieron fuego a un convento.

De nuevo, las autoridades republicanas se mostraban impotentes, ajenas a la ira anticlerical de algunos sectores de la sociedad. Zaragoza también vería, en mayo, celebrar el congreso anual de los anarquistas.

Se exigían esfuerzos para acabar con la división interna y crear una alianza con la UGT, pero a nadie se le ocurrió anticiparse al creciente peligro que realmente les acechaba.

El golpe de Estado sobrevolaba el país.

Ningún acuerdo se firmó aquel día sobre el futuro armamento de las milicias.

Nadie trabajó seriamente en la organización de un ejército revolucionario.

Poco a poco, la República se fue adentrando en el pozo oscuro de sus encadenados versos.

Un poema que vislumbraba entre puños su propio estribillo. Pasaban los días. Debía volver al trabajo, a mis obligaciones, pero se me hacía imposible tomar una decisión que supusiera alejarme de Agustín; aunque solo fuesen unos metros, me parecía asfixiante. La fui postergando hasta que madre, entre líneas, me tiró de la nube.

Recibí un telegrama suyo; fueron solo unas pocas palabras, pero el mensaje, el aviso, estaban claros:

*Magui, recuerda lo que mides, recupera la calma; vuelve a tus obligaciones. En verano, hablaremos. Te quiere, tu madre.*

La sombra de las habladurías en un pueblo pequeño es afilada e hiriente, llena de espinas, pero me abrió los ojos. Había perdido el norte de la decencia desde que había vuelto a Sabinas y a Agustín; me estaba comportando como una chiquilla; me senté en la bancada de la cocina, delante de los fogones de madre; la imagine allí conmigo, aconsejándome. Mi entusiasmo se vino abajo, reflexioné; la mendicidad volvió a mí. Había dejado de ser la reina del cuento; debía volver a la realidad; mi boca estaba seca y un sentimiento de pobreza, de abandono indescriptible, me embargó.

Hablé seriamente con Agustín. Los dos convenimos que, para acallar las voces maledicentes, lo mejor era dejar claro a todo el mundo que nuestra relación era seria y formal.

Agustín me pidió que me casara con él, una tarde de primavera de 1936, rodilla en tierra, anillo en dedo y como música de fondo, el rumor del agua sonando a nuestras espaldas; de nuevo mi río Ebro me brindaba un escenario de ensoñaciones.

Fuimos a ver al párroco y elegimos fecha para casarnos: 22 de julio de 1936. Quedaban poco más de dos meses. Pretendíamos darles tiempo a madre y a Francis para volver a casa, a Sabinas, en verano. A Fátima, que ya habría tenido su bebé para entonces, para recuperarse del parto.

Ponerlo todo a punto llevaría un tiempo: el nuevo ajuar, planificar nuestro futuro con calma. Aún debíamos decidir si nos instalaríamos en la ciudad o bien nos quedaríamos en el pueblo; pero solo eran flecos, flecos perezosos que el tiempo dejaría fluir con naturalidad.

# CAPÍTULO 16
## «Vericuetos del destino»

*Amar es una espera.*

Y de vuelta a Zaragoza, yo ya echaba de menos a Agustín. Dos meses me parecían una eternidad, una condena, un destierro; soñaba despierta e imaginaba con todo lujo de detalles nuestro enlace. Había renunciado a la idea de celebrarlo en la Basílica del Pilar, desplazar a todos allí se me antojaba complicado y eso era lo último que quería, pero mi pensamiento volaba aún más alto, más atrevido; veía una casa imaginaria, una vida en común. En mi mente todo tenía un sentido, le asignaba historias a los muebles que colocaba, ponía cortinas en las ventanas, elegía el color de la colcha que cubriría nuestras noches, inventaba nuestro día a día, sus rutinas, sus pasiones nocturnas; llegué incluso a enfadarme con él en sueños; mi ánimo se alteró tanto que parecía que hubiese sido real. A veces el mundo de lo onírico es tan verídico como irreal parece lo auténtico.

De vuelta al trabajo, reinicié mis actividades con doña Elvira, contenta de que hubiese regresado. En algún momento, recuerdo que llegó a decirme que había tenido el presentimiento de que no volvería. No se equivocaba; el sentimiento estuvo, madre nos lo truncó.

Le comuniqué que mi boda se celebraría en verano. Sus ojos se ensombrecieron; nunca me lo dijo pero aquella mujer realmente me quería como a una hija y me protegió con uñas y dientes de la tristeza, del desamparo y de la soledad; pero eso sería más adelante.

A los pocos días de haber llegado, Adolfo se presentó de improviso en casa, venía buscándome. Fátima estaba de parto y me requería. Doña Elvira nos acompañó en un coche; corrí a su encuentro, le di la mano, estaba sudorosa, lívida, le temblaban los labios, y sus gritos estremecían las paredes; parecían aullidos de lobo, largos, profundos. Me asusté; nunca había visto un ser desencajado por el dolor; sus ojos se extraviaban con cada empujón, era como si en cada esfuerzo perdiese un poco la vida. Jamás había visto nacer a un bebé; los animales de casa tenían crías, sí, pero no de una manera tan aterradora como aquella escena; las sábanas estaban llenas de sangre y líquidos; creí que se moriría y recé y recé.

Fátima dio a luz a su bebé. Fue un niño prematuro; nació en la noche de San Fernando, el 30 de mayo de 1936. Un milagro, pues se le adelantó mes y medio. Nació moradito, todo arrugado y con un peso ridículo. Un parto complicado, dijo la comadrona, pero de sus labios no salió en ningún momento una palabra negativa o de desaliento, nada adicional que nos hubiese hecho imaginar que el bebé había estado a punto de morir y su madre con él; eso lo supimos más tarde, cuando ya recuperada Fátima, la comadrona le hizo una visita. El cordón umbilical se le había enrollado alrededor del cuello y hubo momentos de peligro que aquella mujer se había encargado de disipar, con maestría, la que te proporcionan unas manos mágicas y la experiencia de tantos años ejerciendo con pasión un oficio milenario.

Para Fátima, Fernando, ya que así lo llamaron en honor al Santo del día en que vino al mundo, fue lo más bonito y especial que había tenido en sus manos. La dificultad de un parto hace que la unión de la madre y el hijo sean mayores, y ése fue el caso de ellos.

Fernando sería siempre el niño de sus ojos, su razón de existir.

Escribí dos telegramas avisando de la buena noticia; uno a madre y el otro se lo enviaría a Gonzalo a Sabinas: *Fátima ha sido mamá, un niño, Fernando. Todo ha ido bien. Magui.*

Odiaba aquellas misivas, breves, sin alma, escuetas hasta la enfermedad, palabras que no podían expresar lo que uno sentía, que decían lo mínimo porque alargarlas resultaba un lujo demasiado costoso.

Más tarde escribiría una carta, intensa, emocionante desde el recogimiento de mi habitación; esta vez no ahorraría detalles, explicaciones, puntos, comas, sentimientos y papel.

Quería trasmitirle a madre lo que había supuesto para mí la experiencia más aterradora y bella de mi vida; deseaba hacerle partícipe de lo que se había perdido, su primogénita dando a luz a su primer bebé.

En ocasiones, me pregunto por qué suceden las cosas; no entendí que madre no se desplazase desde Pamplona para estar a su lado. Ni antes ni después del parto vino a verla, a ayudarla, pero fue así como sucedió.

Fátima tuvo que afrontar la difícil tarea de ser madre primeriza sola; ni un sabio consejo calmó su desazón, su inexperiencia; ni un brazo amable y diestro llegó a tiempo para coger a su bebé y descargarla mientras se recuperaba; allí solo estaba yo, tan perdida como ella.

La maternidad es un acto solitario, brutal, inolvidable para madre e hijo; les une y al mismo tiempo les separa de por vida, es la lucha por la supervivencia. Brindarle una mano a tu hijo se convierte en lo más grande, lo único, darle el cauce para salir, los empujones que le animen a emprender el negro túnel de no retorno, llevarle hasta la luz, recogerle en tus brazos con palabras tiernas y mojadas, regalarle el calor de tu cuerpo agotado y herido que olvida como si nunca hubiese existido el dolor y el desgarro precedente para darlo todo, para siempre.

He pensado mucho en ese momento; fue mi primera experiencia con la vida. Tendría otras, aunque tristemente, nunca sería la mía. Me he preguntado continuamente, a lo largo de la vida, si la unión de una madre con su hijo en el mismo cuerpo, bajo la misma piel, durante nueve meses, es suficiente para crear un aura invisible e infranqueable entre dos seres.

Durante aquellas noches de desvelo, donde reproducía el nacimiento de mi sobrino Fernando una y otra vez, compuse un poema que todavía conservo. Te lo voy a leer.

Magui se levantó con dificultad y se dirigió a su armario ropero.

El aroma que desprendía te embargaba con tan solo abrir la puerta, una mezcla de tomillo que tenía repartido en bolsitas dispersas de tela por todo el fondo del armario y de su propio perfume personal, *Heno de Pravia*, y *Moussel Legrain* como jabón para el cuerpo. Extrajo de un cajón un cuaderno, lo recordaba vagamente; creo que ya me había leído algo antes. Mi obsesión se concentró en hacerme con él y poder así disfrutar de los poemas y secretos que encerraban aquellas tapas.

Volvió a mi lado. Pese a la intensidad del calor y a nuestros cuerpos sudorosos, yo me pegaba a ella, necesitaba su contacto, su cuerpo blando envolviéndome, su perfume; allí estaba en casa. Magui siempre sonreía y me pasaba la mano una y otra vez por el cabello hasta que de nuevo me adormecía; la escuchaba lejana, como en un sueño, y volvía a imaginar a Magui, con apenas veinte años, escribiendo un poema:

154

## "DUEÑAS DE LA TIERRA

*Un grito profundo resuena en la noche de los tiempos,*
*el silencio intermitente se rompe entre lamentos continuos, el dolor*
*traspasa la barrera del sonido*
*y el sudor recorre extraviados senderos.*

*Entre las sombras, alguien llora, fuerte, pleno, nuevo,*
*ella lo ha hecho posible y lo volverá a repetir,*
*una y otra vez... y otra... En la noche de los tiempos.*

*Ella, tú, nosotras,*
*entroncadas raíces donde la vida brota.*

*Y pese a las perentorias inclemencias del tiempo, en la afilada*
*oscuridad algo se vislumbra,*
*surge de la nada, de la noche, de las galaxias,*
*entre los grandes álamos de espinos aprende a volar con dificultad,*
*cayendo entre sus ramas cada vez, hasta que ya nadie la pudo parar,*
*voló y voló tan alto que se perdió en la inmensidad del conocimiento,*
*su espíritu viajó los mundos, su coraje enfrentó volcanes, la*
*curiosidad arrasó su alma,*
*su corazón se adueñó de la tierra".*

—Yo intenté estar cerca de Fátima, vigilante; no quería que le faltase de nada, pero no tardó en volverme a echar de su vida, celosa de su intimidad y del cariño de su pequeño Fernando.

No era ningún secreto para nadie que Adolfo y yo no nos teníamos afecto alguno y yo no podía evitar mirarle con cierto resquemor cada vez que entraba en su casa y le veía sentado en el sofá, haciendo el loable ejercicio de nada mientras mi hermana languidecía embebida en su criatura. Le llevaba las sobras de la comida de la casa de Independencia y la incitaba a salir, a pasear, para que le diera el aire a ella y al bebé.

Todo resultó en vano y yo me fui distanciando de nuevo. Me ahogaba aquel hogar mísero, me sobraba su desdicha.

Finalmente, Fátima dejó el trabajo en casa de doña Elvira, su única seguridad, y se hundió en su podredumbre de amor; nos aseguró que estaría bien, que Adolfo trabajaría en el taxi todo el día para que a ella y a Fernando no les faltase de nada. No le creímos, ni doña Elvira ni yo. Bajo su fingida apariencia de fortaleza, de confianza en el futuro, se encontraba una muchacha llena de desilusión, débil, apática, conformada y pobre, muy pobre.

Doña Elvira me dio dinero para ella y me previno:

*Guárdalo y adminístraselo bien, dáselo poco a poco cuando creas que lo necesita y no dudes en pedirme más si la situación empeorara. Adolfo no trabajará como ella espera; de eso estoy segura, conozco bien a la familia, han sufrido mucho con este muchacho y por lo que veo, sigue siendo el garbanzo negro.*

Fui de nuevo a la farmacia de los padres de Agustín; le pedí a doña Elvira que me acompañara. Su presencia lo hizo todo mucho más fácil; les contamos que su nieto había nacido sano y fuerte y que esperaban su visita. Fue una sutil indirecta para hacerles presentes, para que arrimasen el hombro; su hijo, mi hermana y su pequeño les necesitaban más que nunca.

Todo quedó suspendido en el aire, los preparativos, los cuidados, las noticias…

Su carta llegaría a principios del mes de junio.

Agustín me contaba que estaba preocupado; en el pueblo todo estaba muy revuelto, la violencia se había convertido en el último recurso para escapar de la pobreza, había huelgas constantemente, el ambiente estaba enfurecido, su gente, la del campo, la que siempre había trabajado para su padre, bebía hasta la inconsciencia.

Tenían miedo, no solo por sus posesiones, sino por sus propias vidas.

La ansiedad que despertaron en mí sus palabras me puso en guardia.

En Zaragoza también estaba todo muy alterado.

La política que había desarrollado el Frente Popular había traído como consecuencia una radicalización de la CEDA. Cada vez más próxima a posturas autoritarias y fascistas, invitaban continuamente a la rebelión en contra de la República; los puños y las pistolas habían reemplazado al debate político.

La escalada de tensión y violencia que se vivía llevó a la clausura del local de la Falange en Zaragoza y a toda su cúpula a la cárcel, pero esto no frenó la adhesión de nuevos militantes al partido procedentes, en especial, de las Juventudes de Acción Popular (JAP), que aumentaban a pasos agigantados cada día, descontentos ante tantos actos reivindicativos y huelgas de obreros y proletariados.

Junio tocaba sus últimas notas con un ardor inusitado; apenas se podía respirar, las calles ardían bajo los pies, el calor era asfixiante, aletargaba la iniciativa y nuestras actividades fueron relegadas al diván, con la única compañía de unas cortinas bien cerradas y un abanico revoloteando.

Doña Elvira se encontraba continuamente indispuesta; yo leía para ella, le preparaba jarras frías de agua de limón y le ponía paños humedecidos en la frente. El médico acudió a visitarla; sugirió un ambiente menos cargado y calma para recuperar su estado anímico y físico. En los ojos del médico pude vislumbrar una tenue duda respecto al diagnóstico, pero no llegó a manifestarla en voz alta; al menos, no delante de nosotras.

Don Manuel se retiró acompañando al doctor hasta la puerta; hablaban casi en un susurro; sus palabras quedaron amortiguadas entre el tic tac del reloj y los suspiros entrecortados y constantes de doña Elvira. Nadie me contó nada, pero a los pocos días, don Manuel me comunicó que había decidido adelantar sus vacaciones.

Solían irse todo el verano, los meses de julio y agosto, a las termas de Alhama de Aragón; allí alquilaban dos estancias-dormitorio contiguas y una tercera, que el hotel transformaba en saloncito a petición de sus honorables y fieles huéspedes.

Allí se relajaban, paseaban disfrutando de la naturaleza que el entorno les ofrecía, se daban sus baños termales y se bañaban en el lago. Sus aguas templadas eran una auténtica terapia y nadar entre los peces que picoteaban suavemente sus pies se les antojaba un lujo casi afrodisiaco. Además, a las termas acudía un buen elenco de sus amistades de la capital y Alhama de Aragón les ofrecía, no ya solo la tranquilidad y la calma que afanosamente buscaban para desconectar de una ciudad que se estaba convirtiendo en un hervidero de disconformidad, sino un ambiente social cómodo y distendido donde pasar unos veranos deliciosos. Preparamos los baúles con esmero, eligiendo para cada momento del día lo más adecuado; cogimos libros, cuadernos para pintar, lápices, abanicos, sombreros, decenas de zapatos… parecía un traslado de vivienda en vez de un veraneo; nada era superfluo para doña Elvira.

Entre los vestidos que iba eligiendo, cogió uno de lino blanco ribeteado de puntillas color crema en el talle y en los hombros; era una prenda deliciosa, romántica. Por unos instantes, la imaginé con él puesto y sentí un pellizco de envidia; era como contemplar a un hada de agua marina saliendo entre espumas vaporosas. Debía de ser un vestido nuevo, no se lo había visto hasta entonces; con un rápido gesto, me lo apoyó en mis brazos y dijo:

—Es mi regalo de boda para ti, ¡espero que te quede bien!

Me quedé sin habla; jamás había tenido nada tan bello en mis manos. Mi sorpresa dio lugar a un torrente de lágrimas que no podía parar; emocionada, la abracé… no tenía palabras para decirle lo que sentía; era tanta la felicidad y, al mismo tiempo, la tristeza de estar lejos de los míos, de no poder compartir en ese momento mi dicha, salir corriendo, enseñar el vestido, el de mi boda, gritar a los cuatro vientos: ¡tengo el traje más bonito del mundo!

—¡Cuidado, Magui, se está arrugando! —dijo doña Elvira riendo, con los ojos también arrasados de lágrimas.

A doña Elvira no le gustaban las muestras de afecto; lo sabía bien, pero no había podido evitarlo; ella era un ángel, mi ángel de la guarda.

Nos despedimos; aproveché para hacer los últimos preparativos antes de irme a Sabinas. Tenía la casa a mi disposición; me probé los vestidos de doña Elvira, la imité delante del espejo, me paseé como si fuese la dueña de aquella mansión y cuando volví a mi humilde habitación por la noche, me sentí como Cenicienta después del baile: del todo a los harapos. De todas formas, nada podía velar mi felicidad; aún me quedaban dos días para irme; los emplearía para despedirme de la familia de don Justo, de mi hermana y su pequeño, aunque a ellos pronto les vería en Sabinas, y de mis queridas amigas Teresa y Pura.

# CAPÍTULO 17
## «La conspiración»

Recibiría una carta desde Pamplona al día siguiente de la marcha de doña Elvira y don Manuel; era de Francis. Cuando el portero me la dio, me senté en el rellano del portal, en un escalón, y la leí con avidez.

Entre mi hermana y yo se había establecido una relación de papiro, eternas cartas donde cada una de nosotras se expresaba, se desahogaba, volcaba su ser para hacer entender a la otra cómo se sentía o lo que estaba pasando.

Los militares estaban en alerta, activados; las noticias eran contradictorias, algo se cocía, pero no se sabía muy bien qué; entre las altas esferas había corrillos pero no se filtraba demasiada información. Matías estaba preocupado; habían decidido retrasar el viaje a Sabinas; Francis me prevenía, no había tiempo para preparar el ajuar, ni la boda. Y dejaba una pregunta en el aire… ¿Podíamos retrasar la boda?

¿Pero qué estaba pasando?, me pregunté. El sonido del eco mi voz me sorprendió y di un respingo.

Era 4 de julio de 1936.

Para un gran número de militares, el golpe de Estado era la única vía posible de restablecer el orden, su particular orden de las cosas. Consideraban a la República roja y atea.

Advertido de ciertas conspiraciones militares, el gobierno de Azaña decidió enviar a los generales más derechistas y problemáticos lejos de la Península.

El general Franco fue enviado a las Islas Canarias. Pero el general Mola fue trasladado a Pamplona, a Navarra, cerca, muy cerca… Y Navarra era considerado un feudo carlista de campesinos conservadores dispuestos a todo, a defender a Dios, a la Patria y al rey hasta la muerte.

Allí, en Pamplona, donde mi hermana y madre vivían, donde mis niños crecían; allí donde mi familia se había instalado, fue donde el general Mola se convirtió en el cerebro del complot: la conspiración tomaba forma.

El plan estratégico para el alzamiento lo firmaría Mola como «El director». Entraría en contacto con José Antonio, líder de la Falange, en la cárcel Modelo de Madrid; pero el 5 de junio, José Antonio sería trasladado a la cárcel de Alicante para aislarle de todo contacto subversivo. Demasiado tarde, la idea de la conspiración ya había fraguado…

A finales de junio, lo único que faltaba por fijar era la fecha del alzamiento. La Falange tenía pensado participar activamente con al menos 4.000 efectivos en el golpe de Estado militar.

Matías lo sabía, las informaciones eran secretas pero circulaban a voces entre los compañeros militares; el pánico se apoderó de todos, los que estaban de acuerdo y lo apoyaban y los que no; la prudencia se llevaba a casa y con cuentagotas se administraba. Francis se inquietaba, madre se mordía los labios, los niños jugaban ajenos a todo, Fátima amamantaba a su bebé, Adolfo quemaba el sofá, Agustín luchaba por sus tierras con el arma de la paciencia, Gonzalo se cubría de deudas repartiendo abonos que ningún campesino volvería a pagarle, yo leía su carta…

El 7 de julio de 1936, como cada año, se celebrarían las fiestas de San Fermín en Pamplona. Mola aprovecharía la ocasión de la festividad para pasar inadvertido y dejar completamente zanjado su plan.

Había llegado el momento.

Mientras algunos bebían vino y bailaban vestidos de blanco y rojo, otros daban órdenes y ponían las armas a punto; mientras unos se ahogaban con las altas temperaturas de julio y sofocaban el calor con abanicos, penumbra y agua de limón, otros urdían los planes militares definitivos para llevarnos al infierno de una guerra, que cubriría de tinta negra nuestra historia, la Historia de España.

La carta de Francis me dejó mal cuerpo, el mundo se estaba volviendo loco, mientras yo tan solo pensaba en casarme.

Con una angustia pesada que me sellaba la voz, fui a despedirme de los niños de don Justo que se iban de veraneo a Jaca; quería prevenirles de una posible conspiración, hablarles de la carta, pero su felicidad me hizo enmudecer, ¿quién era yo para velar esos ojos titilantes, esos gritos chillones de emoción?, ¿quién era yo para empañar la dicha de aquel instante?

Esta vez, don Justo no les acompañaba. Se uniría a ellos más adelante, había dicho; negocios urgentes le aguardaban. Encarnación también se quedaba.

Sara, en cambio, se iba con ellos; contenta, cantaba con los niños. En Jaca, ella había encontrado el verano anterior su destino, su afiliación, su compromiso; deseaba ver al muchacho que le había arrastrado a todo ello, quería volver y dejarse llevar.

Me acerqué y le susurré al oído:

—Ten cuidado, está pasando algo, algo terrible; me lo ha dicho mi cuñado, que está metido en el ejército; no te confíes, ¡prométemelo!

Me miró fijamente; se puso muy seria y asintió con la cabeza. En sus ojos había una sombra ¿de miedo? ¿O es que acaso ella sabía algo que no me había contado?

163

—Si pasase algo, escóndete y no salgas, por lo que más quieras; piensa en un sitio seguro, un lugar que no alcance las iras ni de un lado ni del otro —la abracé tan fuerte que la hice daño; era solo una despedida pero mi corazón me decía que iba a ser algo más.

Volvería a verla, sí, pero ya nunca más podría tocarla. Detrás de las rejas de la cárcel, la vi apagarse, enmudecer y hacerse muy pequeñita.

Me despedí de Mercedes; a ella no la volvería a ver nunca más. Tampoco a mis niños; el destino llevaría hasta Jaca la muerte de toda la familia. Don Justo jamás se lo perdonaría; mientras él se abrazaba al amor infiel con Encarnación, cada noche gozoso, Mercedes, su mujer, y sus niños recibían en sus cuerpos las violentas ráfagas de la pólvora… Un grupo de muchachos enloquecidos iba tomándose su propia justicia por las calles de Jaca; el odio encerrado en los ojos de aquellos jóvenes fue peor que los iracundos y descontrolados disparos. Entre ellos estaba Andrés, Sara lo conocía bien, había vuelto por él; un verano atrás había estrechado el comunismo al mismo tiempo que sus manos y sus bocas; él fingió no conocerla.

Presenció la matanza sin poder moverse, sin poder gritar, ahogando sus propios ideales en la sangre inocente de los niños y doña Mercedes.

Pero ella vivió; Andrés permitió que sucediera: *¡A ella dejadla con vida, es de los nuestros, solo es una sirvienta!*, dijo sin poder siquiera mirarla a los ojos.

Y Sara sobrevivió, pero solo para penar.

En su mente quedaría grabado para siempre el desarraigo, y una terrible pregunta: ¿era esto por lo que ella había estado luchando y arriesgándose tanto?

Sara aún no lo sabía, pero lo que había presenciado aquel día solo sería un tímido comienzo de lo que se avecinaría durante aquellos infernales días de conspiración.

—¿Estás llorando, Clara? —preguntó Magui con inquietud, levantando la mirada. Mis lágrimas se deslizaban por mi cara y caían en su brazo, humedeciéndolo.

—Sí —dije compungida, y me sequé con el dorso de la mano las lágrimas que todavía resbalaban a medio camino por mi rostro—. No me puedo creer que mataran a unos niños, ¡pero si solo estaban jugando! —dije restregándome la cara con fuerza, como queriendo despejar el rastro de la tristeza.

—A veces las personas comenten barbaridades cuando están cegadas por el odio. Pero un momento, Clara, que me he adelantado de nuevo a mi historia. ¡Volvamos sobre nuestros pasos!, me estaba despidiendo de Sara, en Zaragoza. ¿Te acuerdas?

En fin, las palabras de Sara acabaron de rematarme. Algo iba a pasar, lo presentía, debía avisar a Agustín, a Gonzalo, a Fátima. Había que estar prevenidos. *Un lugar seguro, un lugar seguro... escóndete en un lugar seguro*, sí, pero... ¿cuál? ¿Adónde podía ir?

Pensé en Sabinas; allí nunca pasaba nada, allí estaría segura.

Me despedí de Fátima y de mis amigas Pura y Teresa. Era como un alma en pena; ni siquiera pensaba ya en nuestra boda.

Hice una maleta pequeña.

Olvidé coger el vestido de novia.

Sabinas me acogió como un lugar estacionado en el tiempo. Recuerdo la calma que sentí al ver a Agustín esperándome al bajar; por un momento olvidé por qué estaba allí, la angustia que me había arrastrado, la carta que tenía en el bolso.

Le besé, le besé mil veces en aquel polvoriento camino; entonces, solo entonces, me di cuenta de que no me había traído mi vestido, el regalo de doña Elvira.

Mi boda era un espejismo ahogado de fatalidad.

Hablamos durante horas, avisamos a Gonzalo, hicimos un plan de emergencia por si ocurría algo; pospusimos todo... ¡podía esperar! Nosotros podíamos esperar.

Mientras tanto…Desde las Canarias, el general Franco fue trasladado a Marruecos para ponerse al frente de la rebelión.

Sería en Madrid, lejos de Sabinas, donde aquella misma noche, al final, se produciría el desenlace fatal.

El drama estaba a punto de comenzar.

El teniente de la Guardia de Asalto José Castillo salía de su casa para iniciar su servicio… El día anterior había reprimido con dureza una manifestación monárquica; la ultraderecha, descontenta, le había amenazado de muerte.

Cuatro hombres armados lo mataron. Y escaparon.

Sus camaradas estaban indignados, querían justicia, clamaban venganza; entre ellos un íntimo amigo suyo, el capitán de la Guardia Civil Fernando Condés.

Se exigió a las autoridades una lista de sospechosos; había que detenerlos y tomar medidas contra la Falange.

Alguien sugirió personarse en la casa del líder de la CEDA, José María Gil Robles, para presionar; éste se encontraba ausente, de vacaciones, pero los ánimos estaban demasiado caldeados para conformarse; emprendieron camino hacia el domicilio del diputado conservador José Calvo Sotelo.

Era 13 de julio.

A pesar de su inmunidad parlamentaria, que le eximía de ser detenido, hacia las tres de la madrugada, Calvo Sotelo sería conducido a comisaría.

Nunca llegaría.

El coche arrancó y, a unos 200 metros de su casa, Luis Cuenca, un joven socialista que iba sentado a su lado, le disparó dos tiros en la nuca.

Calvo Sotelo fue asesinado.

No tuvieron piedad con él, como tampoco la tuvieron con el teniente José Castillo.

Ninguna de las autoridades republicanas dio aquella orden; ni mucho menos se había ordenado su detención, pero sería inevitable no culpar al gobierno de su muerte, al ser asesinado bajo la custodia de la policía republicana.

Fueron muchas las voces políticas que pidieron al jefe de gobierno, en aquel entonces Casares Quiroga, que abriese los ojos, que hiciera todo lo posible para evitar cualquier intentona del ejército, que repartiera armas al pueblo. Pero Casares se negó constantemente, limitándose a decir que estaba seguro de que no ocurriría nada.

Casares era un idealista.

La suerte de la República estaba echada.

El asesinato de Calvo Sotelo les dio alas. Fue el detonante, la gota que colmó el vaso. Ya nada podía salvar a España.

La sublevación sería apoyada por los generales de distintas regiones de España: Franco desde África, Queipo de Llano en Sevilla, Cabanellas en Zaragoza, Fanjul en Madrid y Goded en Barcelona.

El 17 de julio de 1936 ya era demasiado tarde.

La Guerra Civil comenzaría oficialmente el 18 de julio de 1936.

La conspiración fue perfectamente coordinada; la experiencia les había mostrado el camino. Podría decirse que los sublevados triunfaron en el protectorado marroquí, en las islas, en Galicia, Navarra, Castilla-León y buena parte de Andalucía; pero las ciudades españolas más importantes rechazaron la sublevación militar.

Solo habría dos excepciones: Sevilla y Zaragoza.

Zaragoza.

Pero nosotros estábamos en Sabinas.

Todo pasó tan rápido que no tengo una noción clara de lo vivido; se han ido borrando mis imágenes, superponiendo emociones, mezclando olores, pero recuerdo nítidamente el miedo ácido, los disparos; aquellas detonaciones continuas irrumpen todavía en mis sueños: veo a la gente asustada, las carreras en busca de un refugio para protegerse del caos y el silencio de la noche, afilado, cortante, expectante.

Desde el principio, los milicianos se apoderaron del pueblo de Sabinas, de sus calles; se creían los dueños de todo, tiraban las puertas a patadas, entraban sin pedir permiso, empujaban y gritaban, gritaban mucho.

El pueblo reaccionó ante el levantamiento militar, pero lo hizo con una extrema violencia; el terror se concentró en lo que ellos calificaron como sus enemigos: derechistas, monárquicos y católicos.

Se formaron brigadas con chiquillos, adolescentes que se vieron con poder para ejecutar y delinquir impunemente; apropiaciones indebidas, fechorías, delitos, fusilamientos. Éstos, conocidos como "los paseos", se convirtieron en una tenebrosa rutina nocturna. Gonzalo estaba contento. Los suyos, su gente, tenían por primera vez el poder y eso había que celebrarlo; enseguida se les unió haciendo ruido por las calles.

Yo tenía tanto miedo que no podía ni hablar, y rezaba, rezaba sin parar; le pedía a mi Virgen del Pilar que parase la locura que acababa de comenzar.

Pero la Virgen debía de estar tan asustada como yo, o quizá se encontraba de vacaciones junto al mar.

Alguien vino a casa; era un grupo de milicianos. Llamaron con premura y violencia repetidas veces; atemorizada, me acerqué sin llegar a abrir y me coloqué en un lado; desde allí, se podía ver la calle y lo que hacían aquellos hombres. Discutían entre ellos, se quitaban la palabra; sus instintos voraces buscaban sangre, dar rienda suelta a la violencia encerrada durante siglos de proletariado.

Sus ojos eran ásperos, llenos de resentimiento, pero vestían un extraño brillo, generaciones perdidas los habían alimentado; necesitaban saciar sus propias vivencias, ser protagonistas de la otra parte de la Historia, la que defendía la democracia, la que se imponía desde las urnas... la que ahora empuñaba también las armas.

Nadie les dijo cómo discernir entre el bien y el mal; se sentían poderosos y la injusticia, poblada de razones, les hizo adentrarse en un pozo oscuro de fanatismo del que sería muy difícil salir después.

—¡Aquí no hay nadie, seguro que están en la finca! —decía uno.

—¡Pero insensatos!, ¿qué pretendéis? Magui es la hermana de Gonzalo, un camarada, uno de los nuestros, ¿habéis olvidado que lleva años fiándonos con los abonos, dando la cara por nosotros? —nos defendía el más alto.

No veía bien sus caras, pero sus voces, todas ellas, me resultaban familiares, de amigos o vecinos del pueblo; el mundo se estaba volviendo loco, recuerdo que pensé.

Y desquiciado, se volvió.

—No importa, ella festeja con el Agustín; es una de ellos, una traidora. Su padre, el Martín, nos lleva chupando la sangre desde hace años y el señorito, con eso de ser poeta, no se va a librar; ahora va a saber lo que es sufrir.

Justicia perdida.

Aletargada en un mundo que ya jamás existiría, que nunca sería mío, me di cuenta de que el presentimiento que me acompañaba desde hacía años se estaba haciendo realidad. Yo nunca me casaría, no con Agustín, y comencé a llorar... a llorar por lo no vivido, sin lágrimas, sin hacer ruido, a llorar por el abismo del tormento donde caería, sin imágenes, sin sentimientos, sin esperanza.

Me hice un ovillo; hubiera querido desaparecer, ahogarme en el mar salado que brotaba de mis entrañas, arañarles hasta hacerles sangrar el alma, minar su entusiasmo, hacerles comprender su equívoco, pero no acertaba a moverme; el sonido perturbador de las ráfagas y las voces agitadas me paralizaba.

Les oí marchar calle arriba, en pelotón, dirección a la plaza central del pueblo. Algo les hizo desistir… ¿pero qué? Entonces fue cuando les oí gritar:

—¡Han prendido fuego a la torre de la iglesia!, ¿vamos?

Serían aquellas palabras las que me sacaron de mi ensimismamiento y me infundieron valor. ¡Dios mío! Si esos bárbaros estaban siendo capaces de quemar la iglesia, no tardarían en comenzar a arder las fincas de los terratenientes; debía avisar a Agustín, correr, prevenirle; debíamos escapar… escapar juntos.

Salí de casa con lo puesto en dirección contraria a la plaza principal del pueblo; tenía que dar un rodeo, esquivar los grupos de milicianos. Las calles estaban desiertas pero los ojos entreverados tras las cortinas se intuían por todas partes, como búhos inquietantes al acecho de una víctima, una presa fácil de cazar.

Al torcer la segunda esquina, noté que una mano me agarraba muy fuerte del brazo y me ponía la otra mano en la boca, ahogándome un grito de pánico; me susurró al oído:

—Soy yo, no grites —dijo Agustín.

Me soltó muy despacio. Mi corazón estallaba de gozo por haberle encontrado y al mismo tiempo de miedo; estaba aterrada y le abracé intensamente; solo fueron unos segundos pero para mí fue la vida entera.

—Tienes que huir, Magui, corre hacia la Ermita Blanca de Monte Alto, escóndete entre los sembrados, no pares hasta que estés muy lejos —dijo temblándole el habla.

—Ven conmigo, te lo suplico, ¡no me dejes, Agustín, no me dejes!, Aquí te matarán; esos milicianos que han venido a casa iban a por ti; a mí también me estaban buscando —le dije llorando desconsoladamente—. Están quemando la torre de la iglesia, son capaces de todo, están enloquecidos de ira, de poder, de sed de venganza.

—Me reuniré enseguida contigo, Magui; no te preocupes, estaré bien —dijo mirándome a los ojos con amor—. Pero antes debo salvar a padre, convencerle, no quiere dejar las tierras ni su casa; está armado con una escopeta; él también ha perdido el juicio —dijo.

—Voy contigo, ¡no me dejes, Agustín!, ¡te lo ruego!

—¡No!, es demasiado peligroso. Iré por ti, te lo prometo, Magui; nos encontraremos después, donde siempre; tú escóndete y yo te haré una señal, el sonido del mochuelo, que tan bien sé hacer; eso significará que estoy cerca y que no hay peligro; solo entonces podrás salir, ¡prométemelo, Magui!, por lo que más quieras, ¡prométemelo!

Lloraba tanto que mis palabras no salían de mi garganta; mi voz se había quebrado de angustia. Temblando, nos abrazamos de nuevo y nos besamos entre mil lágrimas saladas.

De pronto, bruscamente, me retiró de su lado y dijo:

—Te amo, Magui, pero por lo que más quieras, ¡corre! ¡Corre todo lo que puedas!

Cuando uno no es capaz de encarar su destino, se esconde, huye, pero las circunstancias, el azar o la sincronización, le alcanzan; es inevitable.

Corrí y corrí, sin mirar atrás, sin parar; me caí varias veces estrellándome contra el suelo, magullándome, estaba llena de arañazos por todo el cuerpo y cuando al fin llegué a las faldas de la Ermita Blanca de Monte Alto me escondí y esperé, esperé, esperé. Jamás se me pasó ni remotamente por la cabeza que mi destino me la jugaría de una forma tan cruel y emborronaría mi texto hasta perder mi rastro.

Le esperé escondida, como él me dijo.

No sabía qué ocurría en Sabinas. La inquietud me estaba matando; se oían disparos intermitentes; con cada ráfaga mi desconsuelo aumentaba. Se veía a lo lejos un humo ceniciento que formaba nubes espesas.

Nubes de tragedia.

Mi vista comenzó a nublarse; tenía mucha sed, el agobio del calor me extenuaba, el ansia de volver a ver a Agustín me dolía, la zozobra que sentía era como un cuchillo, me estrangulaba el juicio, me asfixiaba.

Le esperé, pero no vino.

Vi aparecer varias veces la luna acompañada de las estrellas; intuía las horas del día por la luz del sol; me alimenté de lo que encontré en los campos pero nada fue suficiente; el sol me abrasaba y mi boca estaba tan seca que la saliva parecía algodón. Pensé en volver; estaba en una encrucijada. Sentía un perpetuo dolor, una debilidad atroz, pero no podía irme. Agustín había prometido que vendría, que vendría por mí, ¡lo había prometido!

Y yo esperaba el ulular del mochuelo, esperaba, esperaba… hasta que no pude más y cerré los ojos; solo quería descansar un poco, recuperarme. Los sueños me trajeron el ulular del mochuelo, pude oírlo, sí, ¡era él!, pero mis párpados estaban dormidos, pegados, y mi voz ya muda.

Cuando desperté, estaba en Zaragoza. Sola.

\* \* \*

En Zaragoza, el gobierno militar estaba al mando del general Miguel Cabanellas, nombrado jefe de la V División Orgánica de Aragón.

Se le consideraba un militar republicano con fama de masón. Cabanellas mostró desde el principio una actitud ambigua.

Durante los primeros momentos del golpe militar, mostró fidelidad a la República; pero a espaldas de ella, el general se comprometió plenamente con la conspiración.

Los obreros y anarquistas zaragozanos no entendieron bien su posicionamiento y, creyéndole partidario de sus ideales y defensor de la República, perdieron la iniciativa y no se hicieron con las armas, como ocurrió en otras ciudades españolas.

El 18 de julio fue acuartelada la tropa.

Mientras tanto, el general republicano Núñez del Prado volaba de Madrid a Zaragoza con la esperanza de dominar la situación  y hacerse con la División Orgánica de todo Aragón.

Demasiado tarde. Cuando llegó, fue detenido, así como 360 militantes de la CNT y del Frente Popular.

Hubo una gran confusión.

Esa misma noche del 18 de julio de 1936, los sindicatos UGT  y CNT acordaron llevar a cabo una huelga general que daría comienzo al día siguiente; pero a las cinco de la madrugada del día 19, Zaragoza era declarada en estado de guerra.

En el comunicado, se declaraban ilegales todos los partidos republicanos y organizaciones obreras, considerándose delictivos todos sus actos, y se acordaba la prohibición de la huelga general.

El terror provocado por las primeras detenciones se apoderó de la población y la huelga fracasó.

Controlada Zaragoza, se imponía la organización del mando en las comarcas principales en un movimiento coordinado entre la Guardia Civil, el Ejército y militantes de la Falange con carlistas y requetés.

La declaración del estado de guerra se extendió a todas las poblaciones con guarniciones militares:

Huesca, Teruel y Calatayud.

Apenas hubo resistencia.

En cambio, en Jaca, la lucha duró todo un día debido a la resistencia de los ciudadanos armados, dirigidos por el alcalde Muro.

Al final, sería abatido, y con él, muchos civiles inocentes que tuvieron la mala suerte de elegir el día equivocado para salir de sus casas, como Mercedes y sus niños, despiadadamente asesinados en aras de la libertad y la justicia.

¿Puede haber algo más injusto que acabar con la vida de un niño?

Sara, horrorizada, vería caer sus cuerpecitos ensangrentados en tierra, y cubierta por su sangre, los acunaría hasta los últimos suspiros de vida.

Después, se escondería.

Huyendo de la barbarie, se refugiaría en la casa que los señores tenían en Jaca; cerró todas las ventanas y se agazapó en un rincón sin desvestirse. La sangre de sus niños se secaría entre sus dedos y quedaría mezclada con sus lágrimas, que amargamente caían recorriendo los pasajes del infierno vivido; lloraba por seguir con vida, por las palabras escupidas entre las detonaciones:

—A ella dejadla con vida, es de los nuestros, solo es una sirvienta.

*"De los nuestros"*, se repetía una y otra vez. Lo había dicho Andrés, "a ella"; ni siquiera recordaba su nombre; ella tenía nombre, ¡Sara!, y no era una asesina de niños.

Pero su militancia no tardaría en alcanzarle haciéndole cómplice; cómplice de nada, cómplice de todo.

Sus lamentos servirían de poco; su tristeza, su ignorancia de los hechos, su juventud, su colaboración con las autoridades dando nombres; de nada sirvieron, para ella no habría piedad; ni para ella ni para muchos otros.

Acabaría en la cárcel de Torrero en Zaragoza, juzgada por comunista.

Su sentencia: de muerte.

Sería fusilada en las tapias del cementerio de Torrero.

\* \* \*

En Barbastro, el jefe de la guarnición, coronel Villalba, permaneció fiel al gobierno republicano y pudo dominar la situación, consiguiendo así que la sublevación no se extendiese por Monzón y Fraga... ni por Sabinas.

Pero Sabinas no se salvó; y sufrió numerosos combates entre los nacionales y republicanos.

Nadie confiaba en nadie; el horror cubrió al pueblo y la crudeza de sus combates se alargó durante meses, el anticlericalismo se extendió rápidamente, las iglesias y conventos fueron saqueados y los religiosos se vieron forzados a huir al peligrar sus vidas; algunos fueron asesinados en diferentes lugares de la comarca; gran cantidad de imágenes y objetos religiosos fueron quemados.

La represión contra las personas consideradas de derechas fue máxima. Vecinos con tierras, con alguna posesión, tuvieron que esconderse en las montañas de la comarca, huir al extranjero o pasarse a la zona nacional.

Agustín fue uno de ellos. Horrorizado, llegaría a ver cómo a su padre lo fusilaban varios trabajadores de sus propias tierras, todos ellos conocidos; varios disparos cobardes para un único cuerpo débil y anciano, que había caído al suelo como las frutas maduras, ¡con todo su peso!

Después habían prendido fuego a su casa, a sus pertenencias, a los recuerdos, a su vida.

Él permaneció escondido, silencioso, encendido de ira, implorando al cielo que yo estuviese lejos y segura; que le esperase. Aguardó pacientemente a que todo ardiera, a que sus propios vecinos terminaran su festín de venganza y se fueran en busca de más a otra parte. Y entonces salió, recogió a su padre en brazos, se empapó con la sangre que aún brotaba caliente por los agujeros de su cuerpo y lo enterró.

No rezó, ¿de qué hubiera servido?

A los pies de su improvisada y maltrecha tumba, recitó un poema, un poema que todavía nadie había escrito, un poema que alguien escribiría más tarde.

Blas de Otero.

No sería él, Agustín, quien tan acertadamente describiría cómo se sentía, aunque le habría gustado; aquel día sus versos morirían entre palazos de su propia tierra, sangre derramada y las cenizas de su hogar:

*Aquí tenéis, en canto y alma, al hombre aquel que amó, vivió,*
*murió por dentro y un buen día bajó a la calle: entonces*
*comprendió y rompió todos sus versos".*

*"Ni una palabra brotará en mis labios que no sea verdad.*
*Ni una sílaba que no sea necesaria.*
*Viví, para ver el árbol de las palabras,*
*di testimonio del hombre, hoja a hoja.*
*Quemé las naves del viento.*

*Destruí los sueños, planté palabras vivas.*
*Ni una sola sometí:*
*desenterré silencio, a pleno sol.*

*Mis días están contados, uno, dos… cuatro*
*libros borraron el olvido, y paro de contar.*

*Oh campo,*
*oh monte, oh río,*

*Alzad, cimas azules de mi patria, la voz.*
*Hoy no tengo una almena que pueda decir que es mía.*

*Oh aire,*
*oh mar perdidos.*

*Romped*
*contra mi verso, resonad libres.*

En el resto de las poblaciones, donde sí triunfó la sublevación, se ordenaría a los diversos puestos de la Guardia Civil la destitución de los alcaldes y concejales republicanos.

En Alcañiz, el dirigente falangista Jesús Muro sería liberado de la cárcel por 250 falangistas.

El plan de los militares triunfaría, en su mayoría, en Aragón, pero habría una serie de focos republicanos que persistieron y fueron tan virulentos y resistentes que, hasta que no se libró la batalla del Ebro, no se acabaría del todo con ellos; la columna Durruti tendría mucho que decir en la guerra.

El terror rojo se había adueñado de las calles. Falta de justicia, saqueos, delincuencia, "los paseos", apropiaciones indebidas, los camaradas de puño en alto que cantaban a voz en grito himnos revolucionarios y vestían con atuendos proletarios; nada de corbatas, ni sombreros, nada que supusiera algún distintivo de clase.

Pero la táctica les falló, a un bando y al otro. Lo que se pensó por parte de los sublevados que iba a ser coser y cantar, una rápida victoria, se convirtió en una guerra civil que duraría tres años; los republicanos, que tenían de su parte a las ciudades españolas más importantes y las principales áreas industriales, pronto lamentarían su mala gestión en el conflicto.

La más cruenta guerra en la historia de España acababa de comenzar.

La guerra entre hermanos. La guerra del pensamiento. La peor, la más injusta. La más difícil de olvidar.

La destrucción y la desolación llegarían a todos los rincones.

De la mano de unos.

De la mano de otros.

Agustín intentó llegar a la Ermita Blanca de Monte Alto; me lo había prometido. Se escondió durante días avanzando solo por la noche, arriesgando su vida entre los cultivos de la vega; se encontró con vecinos temerosos también, que agazapados esperaban que el ambiente se calmase; se refugiaban todos juntos, se daban ánimos, compartían sus víveres.

Preguntaba a cada grupo que encontraba si me habían visto, pero nadie sabía darle razones. Siguió avanzando hasta que llegó al lugar donde habíamos convenido encontrarnos; ululó, ululó el mochuelo, una, dos, varias veces, escondido, de pie, en alerta; era la señal, estaba clara, pero entonces; ¿dónde estaba yo?

—¡Magui! —gritó—, ¡Magui!

Y siguió ululando incansable.

En ese momento, no lejos de la Ermita Blanca de Monte Alto, un carro se llevaba a una muchacha en estado inconsciente; eran milicianos, amigos de Gonzalo; entre las matas me habían reconocido.

Escuché el ulular del mochuelo, y mi nombre, quise abrir los ojos, arañar a quienes se me llevaban, quise gritar, pero ya no pude; no tenía fuerzas, la fiebre me devoraba las entrañas; tenía llagas por toda la boca por la falta de agua y el calor soportado en aquellos días de julio de 1936; la espera me había hecho enfermar.

Y me perdí entre tinieblas.

Creí que el canto del mochuelo había sido un sueño, lo creí durante muchos años, creí que Agustín me había abandonado a mi

178

suerte en la vega de Sabinas, pero nada de lo que creí fue lo que realmente ocurrió.

Agustín vino en mi busca, pero nuestros caminos se cruzaron en direcciones opuestas y ya no volverían a encontrarse.

Mientras tanto, Gonzalo, mi hermano, recorría las calles de Sabinas en mi busca, preguntaba incansablemente a los vecinos por mi paradero, quería protegerme, sacarme con vida; sabía que estaba en peligro y la única alternativa era que huyese a Zaragoza junto a los señores para los que servía; Sabinas se había convertido en un lugar demasiado peligroso por mi relación con Agustín.

Fueron unos amigos suyos quienes, mientras hacían la ronda por la Ermita Blanca de Monte Alto, me encontraron totalmente inconsciente y en un estado lamentable. Estaba escondida en la vega, entre matorrales altos; me recogieron y me llevaron hasta mi propia casa.

Gonzalo me cuidó y lo arregló todo para trasladarme en un camión de la *Cruz Roja* hasta Zaragoza.

Aún estaba inconsciente cuando abandoné definitivamente Sabinas.

Doña Elvira me cuidaría de mis fiebres primero y de mi absoluta desolación después.

—¡Le prometí que le esperaría, le prometí que le esperaría!... —repetía en aquellos días de enajenación, una y otra vez—. ¡El mochuelo cantó, el mochuelo cantó... lo escuché!

Doña Elvira no entendía nada, pero me acunaba pacientemente, me administraba medicamentos y velaba mis sueños agitados.

Agustín me salvó la vida; mi hermano me arrancó de los brazos de la muerte. Doña Elvira consiguió que volviese a sonreír, pero solo me devolvería al mundo de los vivos mi niña, Piedad.

—¿Piedad?, ¿estás hablando de mamá? —pregunté a Magui, interrumpiéndola.

179

—Sí, Clara. Tu madre, que por aquel entonces solo era un proyecto de vida, iluminó mi vida y le dio un sentido. Pero eso sería mucho más adelante…

No pude agradecerles su desvelo por mi vida. A ninguno de los dos, ni a Gonzalo ni a Agustín, les volvería a ver durante mucho tiempo; no supe qué les había ocurrido, ¡desaparecieron sin dejar rastro! Se perdieron en la nada.

Don Manuel y doña Elvira se habían refugiado en su casa de Zaragoza, apenas habían conocido de primera mano los planes de golpe de Estado que se avecinaban. Don Manuel tenía muchos contactos; habían abandonado Alhama de Aragón y se habían puesto al seguro, como lo harían la mayor parte de las personas influyentes de su círculo de amistades.

Los primeros días habían sido confusos, como más tarde me contaría doña Elvira.

* * *

Zaragoza era un baluarte anarcosindicalista con cerca de 50.000 afiliados a la CNT y las fuerzas militares al mando del general Cabanellas habían dado innumerables pruebas de fidelidad a la República.

Por eso resultó tan difícil de asimilar el rápido triunfo del alzamiento militar en Zaragoza, una excepción entre pocas.

El terror blanco se adueñó de la situación; ya eran zona nacional. Fue un inesperado golpe para el gobierno republicano.

Don Manuel mantuvo su empresa de corsés cerrada y ellos se encerraron en casa, rezando para que todo pasase lo más rápidamente posible.

Y así sería. El general Cabanellas zanjó cualquier intento de suavizar asperezas o de lograr un acuerdo.

¡Demasiado tarde!... —dijo.

A las 11 de la noche del día 18 de julio, el general ordenaría que una batería ocupase el Paseo de la Independencia y que
otras se situasen en lugares estratégicos de la ciudad, en tanto que
varios nidos de ametralladoras eran colocados en los altos de la
Universidad. Fueron detenidos 360 directivos de los partidos del
Frente Popular. En el amanecer del día 19, una Compañía del
Regimiento de Infantería n° 22, después de desfilar por la calle
del Conde de Aranda y el Coso, procedió en la Plaza de la
Constitución a dar lectura al bando que implantaba la ley marcial,
quedando la plaza en poder de los nacionales.

Mientras esto ocurría en Zaragoza, en otras ciudades de
España, como Barcelona, se debatían durante los primeros días del
golpe en un estado de agitación donde nadie sabía si al cruzar la
calle te ibas a encontrar con un bando u otro. Las calles sonaban
continuamente con sirenas que avisaban del peligro; los días se
habían hecho interminables; los refugios se habían convertido en
casas improvisadas; el silencio se rompía con lamentos, con ruido
de ametralladoras, con clamores desquiciados.

El presidente de la Generalidad, Luis Companys, armó a los
trabajadores para defender a la República... Los milicianos, pertre-
chados con armas que en muchas ocasiones no sabían ni
manejar, ofrecían resistencia a los rebeldes.

Y triunfaron...

La República resistió. En medio del entusiasmo general, en
la mañana del día 24 de julio de 1936, salió de Barcelona la primera
columna de milicianos con destino a Aragón: la Columna Durruti.

Compuesta por unos tres mil hombres y por una nutrida
representación de mujeres.

Para Durruti, la toma de Zaragoza se había convertido en una
obsesión "táctica", pues consideraba que recuperarla de manos del
enemigo, los nacionales, era esencial para la buena marcha de la
Revolución.

Como anarquista y revolucionario que era, su intención era seguir siendo fiel a sí mismo a la hora de asumir la dirección de una columna de milicianos destinados al frente de Aragón.

Las ideas de los combatientes anarquistas estaban muy definidas, y el propio Durruti lo dejaba muy claro en sus palabras:

*Se nos impone la guerra… la finalidad de nuestro combate es el triunfo de la revolución.*

*Esto significa no solamente la victoria sobre el enemigo, sino que ella debe oponerse por un cambio radical del hombre.*

*Para que ese cambio se opere es preciso que el hombre aprenda a vivir y conducirse como un hombre libre, aprendizaje en el que se desarrollan sus facultades de responsabilidad y de personalidad como dueño de sus propios actos.*

*El obrero en el trabajo no solamente cambia las formas de la materia, sino que también, a través de esa tarea, se modifica a sí mismo.*

*El combatiente no es otra cosa que un obrero utilizando el fusil como instrumento, y sus actos deben tender al mismo fin que el obrero.*

*En la lucha no se puede comportar como un soldado que le mandan, sino como un hombre consciente que conoce la trascendencia de su acto.*

*Ya sé que obtener eso no es fácil, pero también sé que lo que no se obtiene por el razonamiento no se obtiene tampoco por la fuerza.*

*Si nuestro aparato militar de la revolución tiene que sostenerse por el miedo, ocurrirá que no habremos cambiado nada, salvo el color del miedo.*

*Es solamente liberándose del miedo que la sociedad podrá edificarse en la libertad.*

*Debemos buscar y encontrar nuevos conceptos, la solidaridad entre los hombres debe despertar la responsabilidad personal de cada individuo, a fin de que la disciplina pueda ser asumida, no como un acto de obediencia, sino como un acto de espontánea autodeterminación.*

Idealismo en estado puro... el pueblo no estaba preparado para afrontarlo.

No muy lejos de allí, en zona nacional, en Zaragoza, se proclamaba la vuelta al ascetismo, al espíritu militar, al religioso, la defensa de las buenas y sanas costumbres de un vestir cristiano y decente, sin escotes, sin pintalabios, sin estrecheces, donde la austeridad y el luto impregnaban las calles.

La censura comenzaría a ser implacable y a todos los niveles, el ideológico principalmente: revistas, películas, teatro, libros; todo estaba bajo el yugo del verdugo de palabras.

En cambio, el fútbol y las fiestas taurinas serían exaltados y popularizados como entretenimiento nacional, digno y glorioso. Recuerdo perfectamente el día que comenzaría a dejar atrás mi absoluta melancolía para comenzar a vivir una vida cotidianamente pobre y humilde de afectos.

Llegó carta de Francis; doña Elvira pensó que las letras de mis seres queridos me sacarían de mi ensimismamiento, y fue cierto, sus palabras me hicieron llorar; en mi rostro quedaron dibujados surcos salados durante días, ¡imposibles de borrar!

Francis me contaba que no tenían noticias de ninguno de nosotros, que morían en la desesperación de que algo nos hubiese pasado.

En su carta me decía que habían sido trasladados a San Sebastián, a petición de Matías.

El día de la sublevación en Pamplona, ordenaron formar a todos los militares en el patio del acuartelamiento. Entre ellos estaba Matías. Alguien gritó:

—¡Que den un paso al frente aquéllos que defiendan la República!

No se sabía bien qué estaba ocurriendo; las informaciones eran contradictorias; se hablaba de una sublevación, se decía que los militares debían apoyarla, pero lo cierto es que muchos de ellos estaban manifiestamente en contra. Ellos habían jurado defender la democracia, y para un militar, el honor de un juramento lo era todo.

Matías tenía miedo; alguien le había prevenido de que apoyara la sublevación, que iban a caer cabezas, que abriera los ojos, que olvidara sus ideologías, que salvar la vida era lo único que contaba en aquel momento… Y así fue como ante aquella orden se había mantenido en su sitio, temblando de los pies a la cabeza, esperando un disparo que a él no llegaría pero sí a sus compañeros más queridos; los tenía al lado; sus detonaciones le dejaron momentáneamente sordo, mudo y desconcertado.

Los vio caer al suelo, como muñecos, inertes, muertos.

Cerró los ojos y sintió un vértigo mortal, ¡les había traicionado! Juegos hábiles de palabras para salvar la vida, para ahogar la dignidad; hoy una opinión, mañana la opuesta, el sentido del vacío en el vértice de la boca.

Matías nunca volvería a ser el mismo. El espectáculo de aquel día cambió para siempre su perspectiva del mundo; el gris comenzaría a reinar en sus actos, en sus palabras; se volvió temerario y violento.

Parecía como si buscase la muerte.

Solo eran capaces de sacarle de sus profundidades sus hijos, Rosario, Ricardo y tu madre, que no tardaría mucho en llegar: Piedad.

Justicia militar, penas de muerte, cárcel, hacinamientos, epidemias, parásitos, hambruna, la humillación del pensamiento, el ensañamiento como consigna, el descenso hacia el abismo de uno mismo.

# CAPÍTULO 18
# «Acompasando el ritmo de la angustia»

Después de los avatares y la suerte derivados del alzamiento en las distintas provincias, lo lógico y lo ilógico se sucedieron en un sinfín de episodios dramáticos y dolorosos.

España estaba separada por una línea de fuego un tanto indecisa, alejaba comarcas, cortaba líneas férreas, incomunicaba ciudades. Dos Españas, dos realidades.

Familias enteras se vieron separadas y desarraigadas.

Una parte de mi propia familia en Sabinas, que se había refugiado en los campos como yo, fueron declarados desertores por los republicanos y no se les permitió volver al pueblo; su único delito: el miedo… Con lo puesto, tuvieron que emigrar, exiliarse, huyendo hacia los Pirineos, en un éxodo masivo que irían encontrándose en su largo caminar hacia Francia; el hambre y el frío harían padecer a un pueblo que vería extenderse el otoño ante sus ojos y que no entendía cómo, de la noche a la mañana, las revueltas sociales se habían convertido en una guerra sin cuartel.

En ese éxodo también iría mi Agustín. En su alma llevaba cosidas la muerte de su padre, la pérdida de sus tierras y lo peor, la falta de noticias de su amada Magui. ¿Qué habría sido de ella? La incertidumbre lo devoraba; la había buscado por toda la vega, había preguntado, se había arriesgado, pero de ella no había rastro

185

alguno; al final, había huido del verdugo y atrás habían quedado sus tierras cenicientas, sus versos y su amada Magui.

No volvería la vista atrás. No volvería nunca.

Aquel día moriría una parte de su alma; la otra comenzaría a vivir en Francia, despertando en el olvido.

Gonzalo también se uniría al curso del camino, al devenir de pies arrastrados y bultos infinitos, al devenir del sufrimiento y las familias rotas, a la pérdida de sus ideales que quedaron aparcados en un lugar de la vega, de su vega de Sabinas.

Sus propios camaradas le acusaron de robar a la Asociación de Labradores; a él, que había ayudado a los más pobres, que les había fiado abonos para poder cultivar sus tierras, que había asumido sus deudas continuamente cuando el dinero escaseaba con la promesa de un pago que jamás había llegado. A él, fiel defensor de un mundo igualitario, no le quedó más remedio que huir de su propia gente. Le dieron la espalda y se lo quedaron todo, sus tierras, su casa, ¡toda la vida de madre!

La vergüenza y la rabia le atenazaban la garganta mientras, en mitad de la noche, había escapado rumbo a Francia como antes lo habían tenido que hacer sus primos y Agustín.

Cuando mis fiebres fueron bajando, desperté.

Pasé semanas en estado crítico; el médico llegó a temer por mi vida; al abrir los ojos, vi a doña Elvira cerca de mí, reconocí mi cama, la habitación del Paseo de la Independencia; allí, entre algodones, estaban cuidándome.

En la mesilla tenía agua de limón.

Pero lejos de reconfortarme, me quise morir; allí mismo, en aquel instante.

Estaba a salvo, sí; pero ¿y Agustín?, ¿dónde estaba?, ¿estaba vivo?, ¿había huido?, ¿sin mí? Mil preguntas se agolpaban en mi garganta sin respuesta. Me alcé sin pensarlo y mi mundo se volvió negro; me desplomé y caí de nuevo en la ensoñación, en el delirio, en la tristeza. Aún tardaría en despertar definitivamente muchos días y cuando lo hice, había envejecido mil vidas; la alegría se esfumó de mi rostro y lo tornó ceniciento y opaco.

Mientras tanto, la guerra seguía su curso; las tropas nacionales avanzaban cada día ocupando nuevos territorios: castellanos, extremeños y más tarde, Málaga y Levante.

Bastión republicano hasta el final, Madrid vio incrementada considerablemente su población. Las gentes escapaban de las tropas nacionales y comenzaron los problemas de malnutrición.

Emigraciones masivas de mujeres, ancianos y niños comenzaron a ser enviadas a Francia, Bélgica, Reino Unido, Holanda, México y la Unión Soviética, donde entidades benéficas se ocuparían de ellos. Las cartillas de racionamiento apenas daban para cubrir las necesidades básicas de las familias; la precariedad llegó a extremos de comer cáscaras de naranja, tallos de remolacha, o cualquier tipo de animal doméstico.

El alimento escaseaba; sí, es cierto, pero sobre todo, en la zona republicana.

En la casa de Independencia apenas se percibía. Éramos unos privilegiados, lo sé, aunque yo hubiese preferido un millón de veces pasar hambre y penurias, caminar hasta el agotamiento, pero al lado de él, de mi Agustín.

Su ausencia, sus últimas palabras, *te quiero*, la falta de noticias claras sobre su paradero, mi deslealtad involuntaria al abandonarle, la desolación de verme protegida mientras él podía estar en peligro, o muerto, me sumergían en mi mundo propio de desdicha, girada hacia mí misma; la soledad me ensanchaba.

Vivir esperando, la angustia de la nada, perdida.

El dolor del alma es cortante como un cuchillo, no te deja dormir, comer, pensar. El tormento del presente me arrastraba, me traía recuerdos, fugaces pensamientos, melancolía, sensaciones sumergidas que se consumían, obsesión, desvelo… ¡Agustín!

El gobierno republicano de Largo Caballero, en septiembre, legalizaría la expropiación; la propiedad pasaría a ser socializada, los trabajadores se sentían que formaban parte de algo, el horario de trabajo se reduciría de 48 horas a 40 horas semanales, las propiedades de la iglesia fueron requisadas y los símbolos religiosos, pasto de las llamas.

La mujer, por primera vez en la Historia, comenzaría a participar activamente. Compañera del hombre, formaría parte de las milicias luchando por la igualdad de sus derechos.

La otra parte de mi familia sufriría los rigores propios de la guerra, en la parte republicana, Sabinas.

La falta de alimento, la sustitución del dinero por vales, la especulación alimentaria, el mercado negro, el estraperlo… La vida perdería cualquier rastro de normalidad; los niños de Sabinas serían evacuados hasta Gerona por su seguridad; los bombardeos continuos hacían peligrar su integridad, eso habían dicho… Pero lo único que peligraba realmente era la dignidad, el amor y la privación de la familia unida.

Mi primo, Julián, sería enviado con tan solo nueve años a un convento de monjas que había quedado vacío en Gerona.

Añoraba a su madre y los campos de Sabinas; lloraba cada día por volver al infierno del que había salido. Siete meses después, retornaría a casa junto a su hermano; aún caían bombas. Una de ellas se llevaría la iglesia del pueblo; cayó desde un avión, un avión de la zona nacional, paradojas de la vida.

La torre sería quemada por los republicanos al inicio de la contienda. Después, sería el otro bando el que acabaría derruyéndolo todo.

Dos Españas, una misma pasión, un odio irreconciliable, dos caras de una misma moneda, una situación de auténtica pesadilla.

Y así, el tiempo fue pasando.

En el Frente Nacional, el código de justicia militar sentaría las bases de la represión; un largo camino sembrado que no tuvo fin ni piedad y que se prolongaría muchos años. Aún los vencidos no eran vencidos pero el horizonte ya dejaba vislumbrar un futuro de rencores, una sociedad bajo sospecha y la humillación como golpe inexorable del honor.

Se decretaron penas de muerte contra los responsables sindicales, socialistas, militantes comunistas, liberales, libre-pensadores, masones.

Entre ellos, estaría mi querida Sara.

Doña Elvira llegó un día a casa muy agitada; vino a verme a mi habitación. Su tez estaba lívida y temblaba como los juncos de la ribera del río; me cogió de las manos y respiró.

—¡Dios mío, Magui!, acabo de enterarme… ¿Recuerdas que te dije que no se sabía nada del paradero de doña Mercedes y los niños? ¿Recuerdas que estaban en Jaca veraneando cuando estalló la sublevación? Pues bien —me apretó más la mano, me miró a los ojos y dijo—: ¡Han muerto!, ¡todos ellos han muerto! ¡Dios mío!, ¡y han detenido a Sara! —dijo exaltada.

Me incorporé sobresaltada.

—Estaba escondida en el domicilio de un amigo en Jaca; en realidad, dieron con ella de forma inesperada. Iban a detenerle a él por militante comunista y así la encontraron a ella; estaba enferma y en la cama, con altas fiebres, pero les ha dado igual, la han traído a Zaragoza, a la cárcel de Torrero, y llevan toda la noche interrogándola… Parece que está colaborando e informando de todo lo que sabe, pero las autoridades han llamado a don Justo y le han confirmado que su familia no estaba desaparecida, sino muerta; su mujer, sus niños, ¡Dios mío!, solo con pensarlo se me eriza el vello. Y se ha presentado allí iracundo, gritando, completamente fuera de sí; todavía nadie había tenido la oportunidad de explicarle nada y como debía pensar, en su delirio mental, que Sara tenía algo que ver con la muerte de su familia, ha comenzado a insultarla duramente y le ha espetado a la cara con un odio irreconocible:

*Solo espero para ti el mismo final que han tenido los míos.*

¡Terrible, Magui, terrible…! Y eso es todo lo que me han contado. Pero estoy preocupada por ti, Magui. Tú y ella erais muy amigas y van a tirar de la cuerda; lo sé, os relacionarán, vendrán a por ti, te interrogarán; no lo podrás soportar, estás muy débil y los interrogatorios son muy duros, dicen que hacen muchas barbaridades, que pegan, torturan y hasta mutilan.

Me abrazaba fuerte mientras lo decía, como para protegerme de un dolor que todavía no me habían infringido.

Sus palabras retumbaban en mi mente, ¡Sara, Sara, no podía ser!

Desperté como bruscamente de un largo letargo, tenía la desdicha de la ausencia tan pegada a mi alma que apenas había abierto los ojos al horror ajeno, a la mutilación próxima, y ¡debía ayudar a Sara, prevenir a Pura, a Teresa, todas éramos del mismo grupo de amigas! Y sobre todo, ¡debía ir a hablar con Encarnación! Solo ella podía ahora, en este momento de dolor, convencer a don Justo de que Sara nada había tenido que ver con la muerte de su familia. Entre sollozos, doña Elvira intentó impedirme salir y se lamentaba por habérmelo contado. ¡No pudo frenarme! El coraje que es capaz de despertar en ti la amistad más cercana es una fuente imprevisible, caudalosa y limpia.

Lo primero que hice fue ir a la tienda de juguetes. Les conté lo que había pasado; Sabinas, lo mío, lo de Sara. Lloramos juntas, nos abrazamos, juramos apoyarnos en todo, estar atentas. Estábamos asustadas, pero unidas.

Después fui hasta la casa de don Justo. Me recibió Encarnación.

Su aspecto era demacrado y triste, aún más desolado de lo que recordaba. Le hice un gesto para salir; tenía que hablar con ella, pero a solas.

Rápidamente, se puso una chaqueta que tenía en el perchero de la entrada y mirándose al espejo se atusó un poco el pelo y se pellizcó las mejillas; después, se acercó hasta la puerta del salón; estaba cerrada y la oscuridad reinaba en su interior; tocó dos veces y la oí decir:

—¡Subo enseguida, ha venido la portera y tengo que bajar a atenderla un momento!

No hubo respuesta, el silencio ocupaba cada rincón de la casa y los tacones resonaban por el pasillo como tambores indios.

Sujetándola del brazo, me la llevé. Paseamos calle abajo.

Le puse en antecedentes; le conté lo que sabía de Sara; se lo conté todo, incluso que conocía su relación, la infidelidad con la que llevaban meses conviviendo, el silencio que me había hecho prometer don Justo. Ella escuchaba, asentía, se daba cuenta de la gravedad del asunto, de que ella estaba también desprotegida, de que si la policía tiraba de información clasificada atarían cabos y saldría su pasado; su marido muerto en el 34, un crimen de color político; sus razones no les importarían, los militares que interrogaban no tenían piedad; la implicarían de nuevo. De pronto, escuchó nítidamente los gritos desgarrados de la noche cuando a altas horas de la madrugada se llevaban a los condenados a muerte; se vio a sí misma con esposas, conducida en uno de esos camiones, las sacas, denunciada por conducta sospechosa en el pasado, fusilada junto al muro del cementerio. Vio su vida pasar como una pesadilla oscura y se asustó del futuro.

Aquel día firmamos un pacto.

La complicidad llenó el espacio vacío, la nuestra sería una relación que pese a haber nacido de la necesidad y más tarde del miedo y la angustia más ácida, a partir de entonces la viviríamos con gran intensidad y perduraría hasta el final de nuestros días. Ella consiguió algo que yo no pude, lo hizo mejor; simplemente, supo jugar sus cartas.

Salvar la vida se convirtió en nuestro único objetivo.

—Magui —la interrumpí—, ¿la Encarnación de la que hablabas antes es esa amiga tuya que alguna vez hemos ido a visitar en esa casa tan bonita? —dije.

—Sí, Clara, ¡la misma! La nuestra es una vieja amistad, llena de cicatrices.

Los días trascurrían, lentos, una aparente tranquilidad llenaba las calles; pero de noche, de noche llegaba el silencio, las sirenas, la derrota, el recelo soterrado, *no abráis*.

Encarnación me salvó; lástima que para Sara llegásemos demasiado tarde.

La fusilaron junto con otras mujeres una mañana fría de otoño. El cierzo soplaba muy fuerte en el muro del cementerio de Torrero; quizá quería llevarse el rastro.

El rastro de la amargura.

Porque la sangre no pudo borrarse del camino.

La última carta que escribió Sara antes de morir fue dirigida a don Justo.

Él lamentaría cada noche no haber hecho nada por ella; se sentía un criminal.

La sensación de pérdida estaba teñida, teñida de rojo. La fui a ver, ¿sabes?; antes de morir.

Estaba tan delgada; el pelo se lo habían rapado, la mirada la tenía perdida, la piel cenicienta y llena de mugre, sus ropas raídas y extremadamente sucias; sonrió al verme; los dientes delanteros le habían saltado; imagino que algún puñetazo había impactado en su preciosa cara días antes, pues aún conservaba un color lívido alrededor de la boca.

¡Sentí tanta pena! Su visión, la de mi querida Sara, me acompañaría día y noche. Pudimos hablar; me contó la muerte de Mercedes, el dolor que sentía; había traicionado a los suyos, a sus niños, a sus camaradas, no había sido capaz de soportar el maltrato; tras su captura, la habían violado repetidas veces, ¡siendo todavía virgen! A aquellos depravados les había dado igual; les había excitado incluso saberlo; un rastro de sangre seca todavía recorría sus piernas. Al dolor de la vejación se había unido la pena; no soportaba vivir y rezaba cada día por salir de allí; vivía lo que le quedaba de aliento esperando, esperando la muerte.

Desde detrás de las rejas que nos separaban, pude tocarle las yemas de los dedos, decirle que la quería, que no la olvidaría, que fuese fuerte y valiente, ¡qué falsedad!, desde la libertad se pueden decir tantas cosas... pero todas ellas carecen de sentido.

La sensación de opresión que sentí en la cárcel, el frío insensible de las puertas de hierro cerrándose detrás de mí, en mi nuca y el estruendo sonoro, rotundo, que lo acompañaba, me impactó y me aterró al mismo tiempo.

¿Cómo poder soportar, sin atarte a la locura, ese maldito encierro, esa tumba en vida?

Años más tarde, el poeta Alberto Cubero describiría con unas frases lo que yo sentí allí, el aire irrespirable, el aullido desolado del preso...

*La textura metálica del dolor.*
*Qué metal sangra la fuente donde bebe el despreciado.*

Esta parte de la historia es tan intensa que, aunque hayan pasado años, el polvo del olvido no ha podido borrar su senda; las vivencias que surgen del amor y del miedo arden con un brillo de luz muy especial.

El terror llenaba nuestros días. Y la tristeza. La soledad era la dueña de todo.

Alguien debió de verme salir de la cárcel e informó a las autoridades.

Unos días después, volviendo de hacer unas compras encargadas por doña Elvira, vi en la puerta del portal unos hombres; no les conocía, hablaban con el portero y su cara reflejaba una angustia helada, ¡tenía miedo! Como si no me viera hizo un gesto de negación con la cabeza; era una señal, lo sabía, una señal para mí, ¡no debía acercarme!, así que deshice mis pasos y me giré instintivamente, debía huir de allí, me estaban buscando.

Disimulé como pude y caminando a paso ligero me alejé, desaparecí del escenario, ¿estaba en peligro? ¿Adónde ir?

—¡La fábrica de corsés de don Manuel! —dije para mí misma en voz alta.

Mi propia voz me sobresaltó. Tenía los nervios a flor de piel; cuando llegué hasta allí, entré agitadamente y me precipité hasta su despacho. Atropelladamente, le conté lo que sabía, lo de aquellos hombres en el portal, lo de Sara, lo de mi hermano; quería que lo supiese todo, que me ayudase, que me aconsejase.

En mi mente se me aparecía la imagen de Sara una y otra vez, torturada, violada, fusilada, ¿podría soportar yo algo así?

Dicen los estudiosos que el umbral del dolor es inmenso y que somos capaces de soportar mucho más de lo que pensamos. *No le des al cuerpo todo aquello que es capaz de resistir.*

En lo que sí difieren unas personas de otras es en sus reacciones ante el dolor; lo que para una resulta intolerable, no altera a otra, aunque las dos sientan dolor. Hay dolores que producen angustia, depresión, náuseas e incluso lágrimas. La tolerancia al dolor puede variar en una misma persona según las circunstancias y el estado psíquico.

Y mi estado psíquico era lamentable.

Convenimos en que don Manuel iría hasta mi casa para valorar la situación; si la policía continuaba allí, les diría la verdad, de qué conocía yo a Sara; intentarían protegerme. Mientras tanto, quedamos en que yo iría a avisar a Encarnación, que contaríamos la misma verdad, la misma historia, y después me refugiaría en la tienda de juguetes de don Justo, con Pura, hasta que pasara el peligro; después, vendrían a buscarme.

Pura buscó un escondite perfecto para mí. Entre el mostrador y unas estanterías llenas de juguetes, había una trampilla donde guardaban artículos de limpieza; era casi imposible encontrarme si entraban.

Allí pasé todo el día, en un sinvivir; la incertidumbre me atenazaba el corazón.

La policía pasaría horas esperando mi vuelta a casa de don Manuel, vigilando el portal desde varios emplazamientos, pero yo no llegué; lo hizo don Manuel, altivo, seguro y muy tranquilo; hubiera deseado para mí, en aquel momento, su templanza ante el riesgo. Cuando lo interceptaron, se hizo el sorprendido y, con la elegancia propia de un caballero, que lo ha sido toda la vida y le viene desde la cuna, les invitó a subir a casa. Allí lo interrogaron mientras doña Elvira, postrada en el sofá, enfermaba un poco más, aunque esta vez de preocupación, pues ya llevaba algunos días indispuesta con accesos de fiebre como aquéllos que había tenido al inicio del verano del 36; el médico la tenía en observación, pero aquella visita la dejó en un estado de shock.

Don Manuel dejaría todo claro, atado; había conexión, desde luego, pero pasada; una relación de trabajo, nada más.

La policía pareció convencida con las explicaciones y se excusaron incluso por las molestias. Don Manuel era un hombre de influencias y no les interesaba tener problemas con él; al fin y al cabo, estaban en el poder por imposición militar, pero les convenía tener de su parte también al poder económico, sus órdenes eran claras. Cuando salieron, dirigieron sus pasos a casa de don Justo.

Encarnación se ocuparía de abrirles, de hacer su papel; se recogió el pelo y se vistió de negro. El objetivo era pasar desapercibida, ser transparente para la policía, algo difícil de conseguir; todo su cuerpo emanaba magnetismo, pero lo consiguieron; ella era la sirvienta y en cuanto abrió se retiró a la cocina, silenciosa; esos policías no se fijaron siquiera en su existencia; buscaban sangre, venganza. Si tuviera que compararlos con algo, diría que eran como aves de carroña en busca de nuevas presas; pero don Justo estaba prevenido, yo les avisé; escucharon lo que nosotros inventamos para ellos, una misma historia, de supervivencia, ¡lo que querían oír! Su orgullo y ceguera ante la muerte de su familia le había hecho abandonar a su suerte, que resultó ser la peor de ellas, a Sara. No quiso escucharla, pero Encarnación le había hablado con amor, le había contado la verdad, le había hecho entender, abierto los ojos y el corazón para el perdón.

Para él, Sara había sido como una hija, y ahora lamentaba más que nunca haberla perdido también a ella; no podía volver a errar, debía proteger a su gente; si no, nunca, nunca, se lo perdonaría.

Vivíamos en ambiente bélico, el glorioso movimiento nacional, como ellos lo llamaban; una guerra santa contra todo pensamiento diverso al suyo.

Estabas con ellos o contra ellos.

Don Manuel vendría a buscarme al caer la tarde, sereno; salimos juntos del brazo, nos despedimos de Pura, no había nada que temer, pero yo ya nunca podría quitarme del todo el temor a ser detenida; se me quedó pegado como una segunda piel y cuando veía un militar o un guardia, me ponía tensa, rígida; el uniforme me paralizaba.

Los grandes poetas exiliaron su canto, sus versos se fueron de viaje dejando a España muda y subyugada. León Felipe, Pedro Salinas, Américo Castro, Francisco de Ayala, Jorge Guillén... Hubo quienes no pudieron huir y hoy están encumbrados en las más altas esferas... Lorca, Miguel Hernández... ¿Has oído hablar de ellos, Clara? —me preguntó Magui.

—Sí, este año aprendimos un poema de Lorca; era muy triste.

—La guerra es triste, Clara, aunque Lorca no la viviría; en 1936 se refugiaría con su familia en Granada y allí sería fusilado tras la sublevación militar. Las causas de su muerte han sido ampliamente debatidas por estudiosos de la materia, aunque los motivos no están del todo claros; se cree que pudo ser su afinidad al Frente Popular o su abierta homosexualidad; era un poeta surrealista, usaba la lógica del absurdo, la subversión de valores, la denuncia social, la crítica constante a la falsa religión, al sistema...

¿Recuerdas el poema?, ¿lo recitarías para mí?

—Claro, Magui, era un soneto gongorino; el poeta mandaba a su amor una paloma.

*Este pichón del Turia que te mando, de dulces ojos y de blanca*
*pluma, sobre laurel de Grecia vierte y suma*
*llama lenta de amor do estoy parando.*

*Su cándida virtud, su cuello blando,*
*en limo doble de caliente espuma,*
*con un temblor de escarcha, perla y bruma la ausencia de tu boca*
*está marcando. Pasa la mano sobre su blancura*
*y verás qué nevada melodía esparce en copos sobre tu hermosura.*

*Así mi corazón de noche y día,*
*preso en la cárcel del amor oscura,*
*llora sin verte su melancolía.*

—¡Muy bien!, es un poema precioso. Es una pena que Lorca muriese, ¿no crees?, ¡a mí me entusiasma!... Tuve los mejores maestros; mi Agustín me enseñó a amar la literatura y don Manuel me abrió el mundo para leerla; difícilmente una muchacha de mi condición hubiese tenido acceso jamás a tantos y tantos libros como los tuve yo.

En cualquier caso, comenzaría una época negra para la tinta; las palabras quedaron muertas, estranguladas, fusiladas a medio salir en la garganta que se ahogaba a gritos mudos por la falta de libertad.

El cielo estaba cansado de soportar el peso gris; las cenizas se elevaban formando cúmulos densos de aire; a su alrededor, hilos de seda blanquecinos tejían una trampa sin salida donde todos éramos sus títeres, retenidos en un silencio solemne.

El gran escritor y poeta Unamuno, que no hacía mucho tiempo había inaugurado el curso académico del 36/37 en la universidad de Salamanca, diría:

*Venceréis, pero no convenceréis.*

Para otros, una segunda vida comenzaría: la vida del exiliado, el canto desterrado del anhelo por la vuelta a la patria, el fin deshilachado de la lucha, agonía por la destrucción fratricida, su condena más absoluta a la violencia.

Cada semana iba al puesto de la *Cruz Roja*, buscaba pistas del paradero de Agustín, de Gonzalo, ¿dónde estaban? Nada se sabía de ellos, eran como seres inexistentes evaporados en el aire de la noche.

Mi corazón me decía que estaban vivos, que cuando acabase la locura de la muerte, volverían a mí... Y yo encontraría la quietud, la paz; y el frío que cada noche se me metía en los huesos hasta arañarme, se evaporaría y la vida dejaría de tener sabor a ansiedad, a derrota, a abandono.

*Anhelo, anhelo, el anhelo procreador del mundo*, decía Whitman, y yo lo repetía incesantemente para no derrumbarme.

Mi vida cotidiana me marchitaba; en mi universo despedazado y solitario un párrafo había quedado inacabado, interrumpido entre disparos lejanos y el canto del mochuelo...

Teníamos una historia y había que buscarle un final, feliz o desdichado; pero el ciclo debía terminar para poder seguir adelante.

Sin embargo, el paréntesis estaba durando demasiado tiempo.

¡Noticias!, las noticias llegaban a cuentagotas mientras avanzaba inexorable la guerra; España estaba enferma y ningún médico parecía querer venir a sanarla; el círculo sangriento se cebaba con unos mirando a otro lado y otros proporcionando armas y ayuda militar, lo que provocó que la guerra se alargase de forma innecesaria. Sin la ayuda extranjera, la guerra de España no hubiese durado más de medio año, debido a la escasez de material militar y de repuestos en ambos bandos.

¡Noticias!, ¡Una carta, de Francis! Por fin, daba a luz a una niña: tu madre, su tercer hijo.

Y yo seca, esperando al amor ¡Agustín volvería!, ¡sí!, lo haría y entonces la esperanza me volvería a acariciar y sería madre, ¡madre!

Piedad, así llamaron a tu madre; lo eligió Matías.

La situación profesional en la que éste vivía como militar se le hacía cada día más dura, insostenible; rezaba envuelto en un aura de tristeza, inmerso en un dolor que apenas compartía; el mutismo le desasosegaba; intentaba borrar el panorama diario del horror de su vida; el perdón debía llegar pero no llegaba y la situación cada vez era peor; su obligación era contraria a su corazón; su alma se derrumbaba con cada intervención, con cada marido arrancado de su hogar, con cada madre que dejaba atrás a un niño huérfano de dolor, de desgarro, y lo más duro eran los gritos de quienes lloraban por sus creencias y se aferraban a la vida y al silencio para defender a sus compañeros; esos aullidos le penetraban la sien y no le dejaban dormir, le crispaban hasta tal punto que intentaba en vano taparse los oídos, como si haciéndolo pudiese borrar las señas del subconsciente.

Decidió pedir traslado y alejarse de la península; quizá en algún otro sitio podría volver a empezar y olvidar la desdicha del condenado; quizá podría volver a amar, disfrutar de sus hijos, pasear derritiendo su mirada de hielo y tornándola agua cálida de nuevo, quizá... Tenerife fue el destino de tu madre y de toda la familia, ¡cada vez más lejos de mí!...

De nuevo, madre les acompañaría.

\* \* \*

La ayuda internacional se lavaba las manos. Francia y Gran Bretaña crearon un Comité de No Intervención del que formaban parte 30 países, que se comprometían, en teoría, a no ayudar a ninguno de los dos bandos. Las marinas británica, francesa, alemana e italiana controlarían una zona marítima cada una para que no entrase material de guerra en España. Francia y Portugal cerrarían sus fronteras terrestres.

Teoría y papel mojado.

La República recibió ayuda de material militar de la URSS y en menor medida de Francia y Méjico. Este apoyo soviético, vinculado al comunismo, fue el que le daría el nombre de "República roja y marxista"; los "rojos", como se comenzaría a llamar al bando republicano desde entonces, aún hoy es el apelativo "cariñoso" que se utiliza para denominar a las personas que votan a la izquierda. Pero la ayuda soviética no fue gratuita ni desinteresada;

el llamado "oro de Moscú" salió de nuestro Banco de España de Madrid para pagar su implicación en nuestra guerra; nada más y nada menos que 510 toneladas de oro, toda una fortuna que se diluiría en la nada, dejando a España y al lado republicano en la absoluta pobreza, no solo económica, sino también intelectual.

La ayuda humana llegaría a través de las Brigadas Internacionales; alrededor de 60.000 hombres de diferentes países se unieron a la República bajo el lema:

*España será la tumba del fascismo.*

Lejos estaban todos de imaginar que solo era el principio de un fascismo demoledor que no solo desolaría España durante tres largos años, sino también Europa entera, años después, durante la II Guerra Mundial.

Jóvenes de ideología comunista, socialista o liberal, obreros, periodistas, intelectuales, aventureros; todos ellos vinieron con su ideología debajo del brazo, sin experiencia militar pero con mucha pasión.

Vieron en la guerra española un símbolo de lucha contra la propagación del totalitarismo en Europa.

Su base de entrenamiento, Albacete.

Fueron distribuidos en seis brigadas por toda España. 18.000 de ellos no volvieron a sus casas.

El bando nacional, el sublevado, recibiría, por el contrario, el insigne color azul; su colaboración vendría de la mano de Italia y Alemania, de forma masiva y pagadera en materias primas, especialmente en minerales; se les concedió la explotación de 73 yacimientos.

Alemania enviaría a su *Legión Cóndor*, con 6.000 militares, tanquistas y aviadores.

Italia enviaría a sus 40.000 soldados del *Corpo di Truppe Volontarie* (CTV).

Portugal, con un régimen de dictadura, apoyaría a los rebeldes proporcionándoles millares de combatientes (*los Viriatos*).

Irlanda enviaría a la llamada *Legión de San Patricio*.

Solo Estados Unidos y Gran Bretaña se declararían efectivamente neutrales; sin embargo, el negocio de la guerra es siempre apetitoso y rentable; numerosas personalidades, compañías y banqueros prestarían ayuda a los sublevados; la desgracia del devastado suele hacer inmensamente ricos a los más desalmados.

Era un país que sufría, que sudaba sangre y lágrimas bajo la atenta mirada internacional, que en ningún momento tuvo urgencia alguna por disipar la niebla densa que nos envolvía a todos.

*Los impulsos ciegos que han desencadenado sobre España tantos horrores, han sido el odio y el miedo. Odio destilado, lentamente, durante años en el corazón de los desposeídos. Odio de los soberbios, poco dispuestos a soportar la insolencia de los humildes. Odio a las ideologías contrapuestas, especie de odio teológico, con que pretenden justificarse la intolerancia y el fanatismo. Una parte del país odiaba a la otra y la temía*, dijo Manuel Azaña.

Hubo embajadas y consulados, durante la guerra civil, que abrieron sus puertas a los refugiados de forma excepcional en la historia diplomática, y gracias a ellos salvaron la vida multitud de personas. La rueda de la muerte seguía su curso inexorablemente…

¡Avanzar, avanzar, sin perdón, sin condiciones, sin tregua!

Y mientras tanto, la vida pasaba entre rumores lejanos, ajusticiados y desespero, misas y rosarios, precariedad y hambre.

Una vida carente por completo de interés; sobrevivir, pasar desapercibido, escuchar las noticias cada día más pesimistas, un devenir rutinario en un circundante escenario mortal.

Intenté reanudar mi relación con Fátima; no habíamos vuelto a vernos desde el inicio de la guerra; echaba de menos tener contacto con los míos, saber de los primos, ver a mi sobrino Fernando, que crecía cada día y para mí era un desconocido. Sabinas seguía en guerra, Francis y madre estaban lejos, en Tenerife, Gonzalo en paradero desconocido. Solo la tenía a ella; así que, venciendo el tedio del abismo que habíamos formado un día, me presenté en su casa con un bizcocho y una botella de agua de limón, un lujo para ellos que a mí apenas me costó conseguir. Era afortunada; lo sé, vivía en un clima de abundancia, no ya solo por la familia donde me había tocado vivir, sino porque Zaragoza, la capital, no había tenido que sufrir en demasía los rigores propios de la guerra y los mercados habían estado abastecidos en todo momento. Si tenías dinero, lo tenías todo a tu alcance.

En la retaguardia no sentíamos grandes estrecheces; cualquier cosa para olvidar que, a pocos kilómetros de donde estábamos, una guerra se libraba y en ella morían los nuestros, los suyos, los hermanos de una misma patria incomprendida, ciegos de ira, sordos de palabras.

Como si nada hubiese pasado, Fátima me abrió la puerta y me abrazó en silencio.

Un torrente de lágrimas rodaba por nuestras mejillas, un concierto de campanas sonaba al vuelo a lo lejos; la eterna desazón que me embargaba y me iba consumiendo poco a poco desde hacía meses se fue disipando.

Allí encontraría el refugio ocasional de mis frustraciones, renacería mi deseo de vivir, de superar el miedo a la soledad y de mantener a raya el fantasma de las ausencias.

Su casa olía a tomillo y a café recién hecho; en realidad, eran solo unos posos que quedaban al fondo de una cazuelita en la cocina y que estaban negros de tanto utilizarlos, pero el aroma continuaba siendo agradable y acogedor; era como estar con madre de nuevo, en Sabinas.

Adolfo me cedió, pesadamente, su asiento, contento de verme, emocionado del reencuentro silencioso; nos sentamos alrededor del agua de limón y comimos el bizcocho que había preparado. Mi sobrino se sentó a mi lado, tímido al principio; para él era una desconocida, pero enseguida cogió confianza e incluso llegó a abrazarme antes de mi marcha.

Nos pusimos al día; hablamos de madre, de Francis, del bebé que había nacido, Piedad, su nueva vida en Tenerife; allí eran felices, la escasez no se percibía, parecía otro mundo, otra España; al menos, eso era lo que contaban por carta. Hablamos de Gonzalo, de la ansiedad que nos provocaba su desaparición; le conté los últimos días vividos en Sabinas, el inicio de la guerra, el miedo de las calles; y hablamos, cómo no, de Agustín. Solo nombrarle me producía un dolor indescriptible y los ojos se me humedecían; un nudo me apresaba la garganta. Pensar de él era retomar mi realidad áspera y solitaria, mi abandono, la falta de noticias, la incertidumbre por saber si estaba vivo o muerto, un desvelo… una obsesión.

Observaba a mi hermana mientras la tarde transcurría perezosa y sentía cuán grande puede ser lo incomprensible del mundo; en su absoluta pobreza, esa familia parecía unida y feliz.

Debajo de su vestido se intuía una redondez mal disimulada. Fátima sería madre de nuevo para final de año, del año 1938.

El destino va tejiendo con hilos entrelazados el paisaje de tu vida, las hebras se van deslizando formando dibujos de colores, un gran mosaico donde todo se entremezcla, los sueños, la memoria, la pasión, el amor, el odio, los miedos, la vida misma que te regala un instante de gozo y la misma que te lo quita y te deja desamparada, el universo ilusorio y la pesadilla más horrenda.

*Yo quisiera despertar en el olvido, despertar en el olvido…*

Pero la vida seguía, la guerra seguía y yo no podía olvidar; me sentía como una niña desvalida.

Necesitaba ocupar mi pensamiento en algo que no fuese el abandono del alma.

Así que comencé a llenar el tiempo haciendo visitas a mi hermana; charlaba con Adolfo animadas conversaciones; descubrí que era un hombre locuaz bajo su aspecto gris y desganado. De vez en cuando, me llevaba a pasear a mi sobrino e íbamos hasta la tienda de juguetes de don Manuel, donde Pura le obsequiaba con algún cochecito o tren de madera en tamaño miniatura.

Pura había comenzado a festejar con un muchacho de su propio pueblo, Sádaba. Jaime y ella hacían planes cuando se veían, planes de futuro, ¡en plena guerra! Ilusiones vanas en un mundo desquiciado, pero ellos vivían en otra dimensión, la que te hace pensar que todo es posible, la que yo había vivido con Agustín. Sus ojos le brillaban y estaba más bonita que nunca; había comenzado a coser camisas y pijamas por encargo para ganarse unas pesetas extra. Su dote y el ajuar, que ya llevaba meses preparando, ocupaban toda su mente y no hablaba de otra cosa. A mí me resultaba demasiado doloroso escucharla; ella apenas se daba cuenta pero con cada comentario yo me hundía en mí misma, caía en la sima oscura del recuerdo e intentaba abrirme paso entre unas manos que me agarraban el talle al ritmo de la música de una orquesta, ¿qué canción sonaba aquel día?, ¡No puedo recordarlo, Clara, no puedo! Sus besos se iban abriendo camino, humedades compartidas, sensaciones prohibidas, deseos turbulentos, otra dimensión; el romero y la lavanda salían a mi encuentro, ¡no quiero soñar, Clara, no puedo, no me dejes! La ermita, el tiempo se ha detenido; estoy en el umbral, mi vida al revés, el firmamento tiembla, sus ojos soñadores me recorren y un escalofrío me tortura; he perdido su rastro, lo busco, ¡no está!, ¡no puedo respirar!, ¡no puedo olvidar, no quiero! Escucho el canto del mochuelo. Agustín, ¿estabas ahí? ¿Dónde estás? Su olor permanece todavía en mi piel pero comienza a desdibujarse el contorno de su cara, de su cuerpo; lo arrastro conmigo en mis sueños, lo llamo incesantemente hasta quedarme sin voz; estoy presa en un carro que se me lleva sin remedio y me salva la vida mientras canta el mochuelo. ¡Agustín, estoy aquí, no he muerto, vuelve!... Me despierto sumida en la oscuridad. Un frío abismal me atraviesa, el alba sangra, quisiera desandar el sendero, cambiar nuestra historia, recomponer mi corazón maltrecho, quitarme el frío helado que me envuelve, darte la mano y sentarnos frente al mar como siempre habíamos soñado; tu mirada me habla, tus ojos se me clavan en el alma. *¡Volveré!, ¡espérame!* Pero tu ausencia me duele, cada día; todavía hoy, Clara, me duele.

—Magui, ¿Agustín murió? —pregunté dudando si debía adelantarme a la historia.

Magui estaba en otro mundo, en trance; ni siquiera escuchó mi pregunta, o si la escuchó, no me respondió; navegaba en sus recuerdos y parecía como si estuviese muy lejos. Por fin, continuó su relato…

—En una de las visitas, Pura me contó que había oído que don Justo y Encarnación se habían casado. ¡Va, pensé yo, chismorreos de la gente en tiempos de guerra! Pero resultó ser cierto. Cuando fui a visitarle, me encontré con una Encarnación que nada tenía que ver con la muchacha triste y soñadora de un tiempo; en su lugar se había instalado la señora de la casa, representando muy bien un papel de sobras aprendido.

Don Justo quería protegerla de la policía, de las habladurías, de la pobreza, de la oscuridad; la amaba de veras. No fue un capricho pasajero en su vida como yo en un principio pensé. Encarnación nunca logró adaptarse al mundo de don Justo. Tampoco en los círculos sociales donde antes él se movía con soltura la aceptaron. Criticada y degradada, poco a poco se fue aislando del mundo y creando su propio existir, donde ser padres se convirtió en una obsesión para ambos. Ella quería ser madre y él recuperar el sentido de la familia perdido en una noche de verano. Lo intentaron con ahínco pero por desgracia, no pudo ser, y Encarnación fue consumiéndose lentamente en una tristeza que nada ni nadie pudieron levantar.

Don Justo se volcaría en el trabajo y en hacer crecer sus finanzas; y Encarnación, siempre melancólica, disfrutaría de una vida regalada e insípida.

# CAPÍTULO 19
## «Reloj sin horas.
## ¿Por qué agonizas, Esperanza?»

La falta de un proyecto definido y de ilusiones empobrece el espíritu, Clara. Así que doña Elvira, cansada de tener miedo, de protegerse de todo, harta sobre todo de tener cuidado con su precaria salud, quiso volver a sus quehaceres en ayuda de los más necesitados; me impliqué de nuevo con ella; la situación era angustiosa, en el hospital había enfermas que venían de Torrero, la cárcel; su aspecto era terrible. Recordaba a Sara en cada rostro, en cada cabeza rapada; sus ojos hundidos agradecían pesadamente una muestra de afecto, unas palabras de consuelo, una comida decente, una sábana limpia, una mano compañera, el silencioso paso de las enfermeras en el pasillo, un simple vaso de agua limpia en la mesilla, un colchón cómodo donde reposar sus desgastados cuerpos, la luz brillante del sol entrando por las ventanas, el olor intenso del alcohol que impregnaba cada rincón del hospital, olor a higiene, a vida.

Las historias de las presas empezaron a interesarme; me sentaba con ellas y hablábamos, pese a los vanos esfuerzos de las enfermeras en aislarlas del contacto con las voluntarias.

Fue así, en una de aquellas visitas con doña Elvira al hospital provincial, cuando coincidiría con una vecina del pueblo de Sabinas. Yo no la reconocí enseguida; fue ella quien pronunció mi

nombre en un murmullo: *Magui, ¿qué haces aquí?, ¡estás viva!*
Entonces, la miré y por primera vez la vi. Bajo aquel esqueleto calvo lleno de ronchas rojas, estaba la novia de Gonzalo; creo que nunca llegaron a ser nada serio o al menos, nuestro hermano no la presentó a madre como es debido, pero se querían mucho y yo lo sabía. Militaban en el mismo partido y compartían las mismas ideas revolucionarias; eso les unió… También les separó.

Se llamaba Inés.

De ella no quedaba ya rastro; su belleza se había marchitado, evaporado; entre unos pómulos prominentes y huesudos destacaban sus ojos, ¡aun eran los suyos!, grandes, azules, intensos, aunque el brillo había quedado velado entre capas de tristeza y sufrimiento.

La enfermera me avisó de que no debía tocarla por riesgo de contagio, ya que estaba desahuciada.

Me senté a su lado…

—El tiempo se ha detenido implacable en esta hora final, Magui, ya no me queda tiempo; lo sé, tampoco se molestan en ocultármelo las enfermeras; para ellas no somos nada, no valemos nada, ¡rojas, republicanas, basura, escoria! El desprecio con el que me escupen que estoy desahuciada me escuece más que mis propias heridas, ésas que se agitan en torno a mi memoria, a lo que he sido; me duele el sueño, casi siempre intranquilo y celoso de mis recuerdos, me duele la música que ya no podré escuchar más, me duele el cuerpo entero y sobre todo me duele mi dignidad, Magui, mi dignidad. Desearía que esta lenta agonía que se me ha instalado pasase rápido. A veces pienso que hubiese preferido ser fusilada; al menos no tendría que sufrir el desprecio continuo; día tras día se te va la vida entre lamentos que ya no te molestas en pronunciar en voz alta, a nadie le interesa tu dolor, tu malestar, luchas contra un enemigo invisible, tus ideas te han llevado a este deterioro, un puñado de ideas, ¡qué ironía! Cuando caes en la desolación, en el miedo, dejas de reconocer tu propia letra, tus labios, ni siquiera tu voz es la tuya y las lágrimas abrasan tu cara por la impotencia, ¡por un puñado de ideas!, ¡malditas todas ellas!

Un encuentro inesperado apagaría por fin el velo del misterio de la falta de noticias. Inés me habló, y entre su memoria fragmentada y enferma, reconstruyó los días olvidados en la negrura de mi inconsciencia, los días en que desaparecí de Sabinas y acabé en casa de doña Elvira sumida en profundos sueños febriles.

Sí, así fue como me enteré de que Gonzalo había huido a Francia, de que ya no teníamos casa ni tierras, de que sus propios compañeros le habían dado la espalda; las deudas contraídas como gerente de la *Sociedad de Labradores* para fiar abonos a los vecinos se habían vuelto contra él, nos lo habían quitado todo. El mundo en Sabinas se había vuelto loco y ella no había podido seguirle; su madre se lo había impedido.

También me contó que uno de mis primos y toda su familia habían tenido que huir también, con lo puesto, después de que los nacionales entrasen en el pueblo durante un día. Muchos vecinos, atemorizados por los enfrentamientos, habían escapado a la vega y habían permanecido ocultos entre los cultivos, esperando; pero cuando la refriega pasó y los republicanos volvieron a ganar el terreno, emitieron un bando:

*Todos aquellos vecinos de Sabinas que no hubieran apoyado la lucha contra el enemigo y hubiesen temporalmente huido, serían considerados desertores y la pena para ellos sería la cárcel.*

El chiquillo del Andrés fue a avisar corriendo a todos los vecinos que estaban en la vega para que no volviesen. El miedo de la gente allí congregada se transformó en rabia, impotencia, desolación y pena, mucha pena, por tener que partir hacia lo desconocido, en tiempos de guerra, con la familia a cuestas; nuevas cicatrices que sumar al devenir del camino.

Rosalía de Castro escribiría un poema sobre los desheredados de la patria, de la tierra, del corazón…

*En la última noche,*
*las noches de las tristes despedidas…*
*¡Partid, y que Dios os guíe!… pobres desheredados para quienes no*
*hay sitio en la hostigada patria; partid llenos de aliento en pos de*
*otro horizonte, pero… Volved más tarde al viejo hogar que os llama,*
*volved, que os aseguro*
*que al pie de cada arroyo y cada fuente*
*de linfa transparente,*
*donde se reflejó vuestro semblante, y en cada viejo muro*
*que os prestó sombra cuando de niños erais*
*y jugabais inquietos,*
*y que escuchó más tarde los secretos del que ya adolescente*
*o mozo enamorado,*
*en el soto, en el monte y en el prado, donde quiera que un día*
*os guió el pie ligero…*
*yo os digo y os juro*
*que hay genios misteriosos*
*que os llaman tan sentidos y amorosos y*
*con tan hondo y dolorido acento,*
*que hacen más triste el suspirar del viento,*
*cuando en las noches del invierno duro*
*de vuestro hogar que entristeció el ausente,*
*discurren por los ámbitos medrosos y*
*en las eras sollozan silenciosos,*
*y van del monte al río*
*llenos de luto y siempre murmurando:*
*¡Partieron!… ¿Hasta cuándo?*
*¡Qué soledad!*
*¿No volverán?*

Inés hablaba con dificultad y yo la escuchaba desconsolada...

—¿Sabes? —me dijo—, en Sabinas todos pensábamos que habías muerto. José, el hijo del carpintero, no debía estar lejos de donde tú te encontrabas aquel día; estaba escondido entre las matas cuando oyó cómo dos milicianos decían: *¡Mira!, ¿no es ésa la hermana de Gonzalo?... ¿Está muerta?... ¡Creo que sí!... ¡Vamos a llevarla hasta el pueblo* Te recogieron con el cuerpo yacente y aparentemente sin vida cerca de la ermita y te subieron en un carro. Tu hermano Gonzalo nos hizo creer a todos que habías muerto; ahora que me doy cuenta, fue listo: ni siquiera a mí me dijo nada; te estaba protegiendo. Supongo que a mí también; en tiempos de guerra, lo mejor es no saber demasiado. Magui, Gonzalo te salvó la vida —prosiguió—. De mí tampoco se despidió; simplemente, desapareció una noche... Sé que su mundo se vino abajo cuando lo acusaron de desfalco en la *Sociedad de Labradores* y nadie dio la cara por él. La sentencia emitida por sus propios compañeros, amigos, militantes, lo sumió en un estado de decepción que no pudo superar. ¿Por qué luchar?, ¿acaso merecía la pena? Repetía incesantemente que madre no se lo perdonaría, que había deshonrado a su padre; dejó de confiar en su gente... y se marchó.

Inés lloraba y yo la cogí de la mano instintivamente para consolarla.

Un grito a mi espalda me sobresaltó:

—¡Nada de contacto!, es una presa, y además, con una enfermedad contagiosa; si quieres seguir viniendo y que no haga un informe negativo de ti al comité, más te vale respetar las normas —aseveró una enfermera de rostro serio y amargado.

»Y continuó: ¡Ha llegado la hora de que te marches, las visitas han terminado!

Me levanté molesta, ¡necesitaba resolver tantas dudas…! Y esa enfermera metomentodo no me lo permitía. Nos despedimos y prometí volver, ¡aún tenía que preguntarle muchas cosas a Inés!

Pero de nuevo, el destino tenía reservado otros planes para mí y tardaría semanas en poder volver al hospital. Cuando lo hice, Inés ya había fallecido.

La muerte me rodeaba, me atrapaba, me aniquilaba.

Entre sus pertenencias, que nadie había reclamado todavía, había varias cartas, ropas raídas, una cartera con su documentación y algunas fotos (entre ellas, una de Gonzalo y ella cogidos de la mano) unos zapatos de tacón y un prendedor; era una mariposa irisada.

Recordaba bien cuando Gonzalo se la había comprado. Sin pensarlo, me la prendí entre mis rizos acariciando suavemente sus alas y con el pensamiento, volví a otra vez a Sabinas, a mi casa. El aroma del café y las confituras me envolvía; estaba madre, me sonreía desde los fogones y Gonzalo reía y sujetaba un paquetito entre sus manos. *¡Es para Inés!*, decía contento, y se iba silbando, y yo me volvía y madre ya no estaba; la buscaba, la llamaba, *¿madre, dónde se ha metido?* De pronto, alguien me sacudió del brazo:

—¡Señorita, señorita, ¿se encuentra bien? —la voz chillona de una enfermera me sacó de mi ensoñación tan abruptamente que me dolió, ¡hacía tanto tiempo que no veía tan nítidamente el rostro de los míos…!

—¡Sí, sí estoy bien, no se preocupe! —le dije algo molesta a aquella enfermera; me di cuenta de que era muy joven, casi una niña. Me preguntó:

—¿Es usted familiar de Inés?

Y yo, al verla tan inexperta, tan jovencita, mentí. Sí, mentí, aun sabiendo que cometía una imprudencia, aun sabiendo que Inés venía de Torrero, de la cárcel, aun sabiendo que estaba fichada y podían investigarme, aun así mentí, por la mariposa, por la foto de Gonzalo, por las cartas que un día escribió y yo tenía el deber de enviar, porque pudo ser mi cuñada, porque yo también era una náufraga sin recuerdos ni noticias de los míos, porque no había vuelto a despedirme. Por eso, recibí sus últimas voluntades como un tesoro y las hice mías.

Y llevé aquel prendedor en mi cabello durante mucho tiempo, hasta que un día sus frágiles alas se quebraron, y entonces, lo guardé, envuelto en una caja, entre algodones, porque ella fue la única que dio algo de luz a mis tinieblas; me dio lo más preciado en ese momento: ¡noticias!

Entre sus cartas, había una dirigida a mí. Ella sabía que volvería; me esperaba cada día mirando a la puerta y cuando el último suspiro la alcanzó, pronunció mi nombre, ¡Magui!; al menos, eso me dijo su compañera de cuarto.

En la carta, Inés me hablaba de Agustín, de cómo habían sido quemadas sus tierras y su casa, de la muerte del padre; me contaba que alguien lo había visto escondido por la Ermita Blanca de Monte Alto justo el día en el que tú desapareciste; lloraba mientras cantaba una especie de melodía que parecía el canto lúgubre del mochuelo; todos creyeron que se había vuelto loco. Había estado preguntando por ti a todo aquel que veía por la vega, agazapado, y nadie volvió a verlo después. Partió convencido de tu muerte, porque en Sabinas todos creímos que tú habías sido una víctima, una más, una de tantas.

Cuando finalicé su carta, lloré; lloré mucho, sin prisas.

Mis lágrimas resbalaban por mis mejillas y se detenían en la comisura de mis labios; las lamía sin darme cuenta, entreteniéndome en su sabor salado; pensaba en el mar, ese mar que íbamos a ver juntos cogidos de la mano, y pensaba en el sabor del agua, ¿sería el mismo que el de mi amargura?

Noche y día había estado esperando noticias suyas, buscándolo por la *Cruz Roja*, pero estaba claro que Agustín no iba a volver, que yo era ya una parte de su pasado, de su pasado derrotado de Sabinas; que si estaba vivo, querría olvidar, ¿para qué aferrarse al mundo de los muertos?, ¿para qué retornar a buscar fantasmas desaparecidos en la noche?

Lloré hasta quedarme yerma, hasta dormirme de agotamiento, como una niña desvalida. En solo unas semanas, había perdido a doña Elvira, había perdido la esperanza de que Agustín volviese; en mi futuro inexistente solo veía fatiga y soledad, un tiempo detenido, en la vega, en un beso, en una despedida.

*El caballo herido que galopa en los amaneceres*
*ha gritado tu nombre.*
*¿No lo has oído?*
*Ha sido un grito agudo, intenso, como salido de un dolor*
*inconsolable.*
*¿No lo has oído?*
*Como el grito de la madre ante el hijo moribundo.*
*Después ha comenzado a llover ceniza.*
*Miras al cielo y no aciertas a explicarte el incendio, qué incendio de*
*abrazos interrumpidos.*
*Has recordado que hay una estrella que arde en cada corazón*
*deshabitado. Has recordado la luz vieja de las ciudades*
*abandonadas y el olor amarillo de las flores pútridas.*
*Llueve ceniza sobre las mujeres parturientas y sobre los ancianos*
*enloquecidos, ceniza sobre los rostros de quienes han llorado el final*
*de la música y la muerte del otoño.*

*La textura metálica del dolor,*
Alberto Cubero


—Pero Magui —la interrumpí—, ¿por qué no volviste al hospital a ver a Inés?, y ¿cuándo ha muerto doña Elvira? —pregunté perdida por primera vez en la historia…

—¡Ay, Clara! Todo sucedió tan rápido... Volvamos sobre nuestros pasos. Bien; veamos... habíamos estado yendo al hospital, ¿recuerdas?, me había encontrado aquel preciso día con Inés, ¿te sitúas?... Cuando terminó la visita me encontré en la antesala del hospital con doña Elvira. La noté muy pálida; le temblaba la voz, tenía las manos muy frías, el cuello le dolía, estaba rígido y en la piel, unos círculos pequeños rosados se iban multiplicando por los brazos; me preocupé enormemente y volvimos rápidamente a casa. La metí en la cama.

Llamé al médico y a don Manuel.

Al principio, creí que se trataba de algo que le había afectado; las historias que nos narraban algunas enfermas eran estremecedoras y ella, que siempre se había volcado en los más necesitados, las escuchaba pacientemente y, desoyendo los consejos, les cogía de las manos, se sentaba cerca, les daba de beber, les contaba relatos, les hablaba del curso de la guerra, les leía poemas. Doña Elvira no era aprensiva y se dejaba llevar; quizá llegó a pensar que era un ser inmortal, un ángel caído, venido para ayudar al prójimo. Buscaba un sentido a su vida; su disposición, tan próxima, acabó con ella. Mientras el médico llegaba, hablamos; le conté mi encuentro con Inés; se emocionaba con cada palabra: *¡Tienes que volver!*, decía, *¡seguro que ella sabe qué fue de Agustín!*, insistía una y otra vez, *¡tienes que volver, Magui!*

Don Manuel acababa de entrar en casa cuando el médico llamó al timbre. Después de examinarla detenidamente, hablaron detrás de la puerta; yo escuchaba.

—Su mujer tiene meningitis, pero me temo, don Manuel, que no va a ser fácil curarla; su organismo está muy debilitado. Es probable que lo haya cogido por contagio; yo le recomendaría que la ingresara en el hospital y así podríamos hacerle más pruebas y comprobar si el diagnóstico es correcto; la meningitis progresa con mucha rapidez. Es poco frecuente, pero potencialmente letal, y en el mejor de los casos, le dejará severas consecuencias que podríamos subsanar con un correcto tratamiento; también debo decirle que, aunque cualquier persona puede contraerla, es una enfermedad común en personas inmunodeprimidas, como es el caso de su mujer —concluyó el doctor.

—Hablaré con ella, doctor; pero perdone que insista, ha hablado de lesiones graves, ¿a cuáles se refiere? —preguntó don Manuel visiblemente preocupado.

—Podría afectar al cerebro, ocasionándole inconsciencia o una lesión interna, además de producir consecuencias serias de larga duración, como sordera, epilepsias o déficit cognitivo… Su mujer parece presentar un cuadro bastante claro, ya que los síntomas más frecuentes son dolor de cabeza, rigidez de la nuca y fiebre; el caso de las manchas en la piel podría deberse a una variante particular de meningitis. En los próximos días podría desarrollar cierta intolerancia a la luz o a los sonidos, trastornos de la consciencia, irritabilidad y somnolencia.

—Esos trastornos que dice, doctor, me temo que lleva semanas sufriéndolos; no los asociábamos a nada serio, pero ya veo que me equivocaba. Bien; le avisaré, doctor, cuando hayamos decidido qué hacer, ¡muchas gracias! —dijo don Manuel.

—Volveré a pasar mañana, pero si me dice que lleva semanas sintiéndose aquejada de diversas dolencias, puede que su estado sea mucho más avanzado de lo que en inicio pensaba, dijo el doctor despidiéndose… y sobre todo, sigan al pie de la letra mis instrucciones; es algo muy serio y no le engaño si le digo que podría morir.

Me impactaron las palabras que escuché y, silenciosamente, me deslicé por el pasillo hasta la habitación de doña Elvira; estaba muy caliente, ardían sus mejillas, el pecho era una gran bola de fuego, el cuerpo entero estaba cubierto de ronchas rojas. Le cambié los paños húmedos por otros más frescos, los rocié

218

con agua de rosas, pasé mi mano por sus cabellos, ahora alborotados y sudorosos; me sentí acongojada, había hablado el doctor de muerte. ¿Y si doña Elvira moría? Ella era como una madre para mí… Decidí preparar agua de limón; se lo preparé muy dulce y con un toque de canela, como a ella le gustaba. Mientras me dirigía a la puerta, ésta se abrió. Un don Manuel cabizbajo y abatido entró y se sentó a su vera.

Les dejé a solas y me retiré con la excusa del agua de limón, pero me quedé escuchando cerca; quería saber si don Manuel era capaz de decirle la verdad, la gravedad de la enfermedad a la que se enfrentaba; ¡cuánta bondad podía albergar el corazón de ese hombre! En ningún momento le recriminó por haber estado haciendo de voluntaria en hospitales con personas moribundas y con riesgo de contagio; en ningún momento le fatigó con su pena. Tampoco fue sincero; no le habló de la proximidad de la muerte, ni le transmitió ningún miedo; tímidamente, intentó convencerla de acudir al hospital a hacerse pruebas, aunque ya sabía de antemano cuál sería su respuesta.

—Magui me cuidará mejor, y yo prefiero estar en casa; no te preocupes, se pasará, solo es un resfriado.

No lo fue. En los largos días que cuidé de ella, cada día empeoraba un poco más; tuvimos tiempo de hablar, de contarnos, de hacernos confidencias; los testimonios de las enfermas del hospital la habían dejado confusa y entristecida; sobre todo le afectó lo que ocurría con los niños en la cárcel, ¡ella que hubiese dado lo que fuese por ser madre!

Jamás hubiese podido imaginar que esos niños entregados en adopción a algunas de las familias que ella conocía bien, eran seres inocentes arrancados del seno materno con engaños. Se les decía a las madres presas que daban a luz que sus hijos habían muerto, pero la realidad era que esos niños estaban vivos; se les cambiaba la identidad y eran dados en adopción a familias afines al régimen, católicas. Había madres que morían fusiladas y tenían hijos a su cargo dentro de la cárcel; la mayoría de ellos eran internados en hospicios y colegios. Otros muchos, en cambio, morían allí mismo junto a sus madres, privados de libertad, faltos de alimento e higiene, reos heredados, culpables, inocentes.

El único delito, tener madre y estar en el bando equivocado.

En su bolso llevaba varias cartas que le habían confiado y me hizo coger para enviarlas; las leímos sobrecogidas; eran distintas despedidas para sus seres queridos: madres, hijos, esposos... ¡cartas prohibidas!

Un día, se levantó animada; parecía que estaba mejor e incluso don Manuel se fue a trabajar contento. Yo me preparé para ir a ver a Inés, dejándola al cuidado de la sirvienta; pero de pronto, no sé cómo, porque todo fue tan rápido que apenas tengo un recuerdo claro, se vino abajo; una gran confusión se adueñó de ella, de mí, de toda la casa; su estado mental degeneró hasta caer en la inconsciencia; no me reconocía, no se reconocía, entró en estado de *shock*.

Los médicos le insistieron a don Manuel que tenía que hospitalizarla, que su estado era muy grave, que quizá con cuidados especiales, solo quizá, podría sanarse; pero don Manuel no quiso saber nada más; su mujer se moría y quería tenerla junto a él, en su hogar, en su lecho. Y así se consumió poco a poco ante mis ojos, entre mis cuidados y la atención constante de su marido, que no se separó de ella en ningún momento; una definitiva agonía hacia la muerte.

La aflicción más profunda nos invadió cuando murió. No estábamos preparados para la ceremonia del adiós; un muro de tristeza se levantó entre nosotros como nunca antes lo habíamos vivido; apenas cruzábamos palabra cuando nos encontrábamos por el pasillo.

Decía Federico Luppi: *Vivir evitando el descenso por la cara oscura de la luna.*

Fui ocupando silenciosamente el puesto que doña Elvira me dejó. Me encargaba de todo; recordaba sus palabras mientras todavía le quedaba un soplo de vida:

*Cuida a Manuel, Magui, sé mis ojos, mis manos; guíale, se sentirá tan perdido sin mí... ¡prométemelo, Magui, prométemelo!*

Nadie te enseña a retirarte a tiempo, o quizá uno es tan ingenuo que busca excusas para enfrentarse a uno mismo. La mía fue una promesa; ahora no podía dejar solo a don Manuel; me necesitaba, así que pospuse mi segunda oportunidad para encontrar a Agustín y decirle que estaba viva y me aferré a mi vida acomodada, lejos del horror de la guerra, donde nada me faltaba; lejos del hambre y la miseria, donde estaba segura; lejos de las bombas y los disparos, donde el desierto era mi compañero; lejos del amor apasionado y de las manos calientes recorriendo mi cuerpo, donde soñar con la ilusión del reencuentro era mi único aliento; lejos de imaginar que algún día sería demasiado tarde; no habría una tercera oportunidad para mí, para nosotros.

Dicen que las puertas del paraíso solo se abren alguna vez, y yo cerré todas de golpe, en seco.

Me doy cuenta de que cometí muchos errores, que no arriesgué lo suficiente; quizá me dejé llevar por las circunstancias; quizá tuve miedo.

Llevo años negando su ausencia y mintiéndome; el corazón me duele; a veces me duele tanto que no puedo respirar y cuando cierro los ojos veo su rostro, todavía joven.

No ha habido otro amor en mi vida.

A veces me gustaría desandar el sendero que un día comenzamos a escribir y volver a empezar, con él de la mano, e ir al mar, ¡al mar salado!

Pero somos unos ancianos, ya no nos queda tiempo.

Cuidé de don Manuel hasta el día en que murió. Sobrevivió casi veinticinco años a su mujer; jamás me separé de él, fui su leal sombra, me convertí en todo lo que tenía, ama de llaves, criada, enfermera y sobre todo, hija paciente. Lo único que no ocupé fue su cama; él amó a su querida Elvira hasta el final. Todas las noches hacíamos un ritual de despedida y rezábamos por ella.

En el fondo, si te soy sincera, Clara, siempre albergué la esperanza de que se casara conmigo, como don Justo hizo con Encarnación, ¡aunque ya sé que en su caso lo hicieron por amor! Pero entre nosotros, también existió amor, aunque no de pareja, es cierto; el nuestro fue un amor silencioso, incondicional, de necesidad y de protección, de padre e hija, de apoyo mutuo; yo se lo di todo, mi juventud, mis mejores años, mi cariño, mi renuncia al amor y por eso no entendí que, en todo ese tiempo, no me desposase. Puede que fuese loable su comportamiento y fiel a doña Elvira hasta su último suspiro, pero su romanticismo en el mundo de los vivos me dejó en una situación muy desvalida. Legalmente, no podía dejármelo todo, así que se conformó con la parte que le permitieron darme y el resto se lo llevaron familiares lejanos con los que apenas había tenido algún contacto en su vida.

Compré hasta los muebles de su casa que no podía soportar dejar atrás; sentía tal desarraigo cuando tuve que marcharme de mi casa de Independencia… sentí tanta rabia e impotencia… Pero lo que más sentí, lo que me invadió toda entera, fue el odio, un odio irracional y enfermizo; odié a aquellos advenedizos que ocuparían nuestro espacio y no se pararían a pensar en las personas que allí habíamos vivido, amado, llorado, sentido; odié a don Manuel, por no haber pensado en mí, en Piedad, en todo lo que yo había dejado por acompañarle en su soledad. Le odié, sí, le odié, y me odié a mí misma por no haber sido capaz de romper antes el lazo que nos unía y haber permitido que de nuevo alguien volviera a herirme profundamente. Cuando, más adelante, pasaba por mi casa de Independencia, giraba la cara, o cruzaba la calle; nunca quise volver a hablar de ellos, los borré de mi mente, de mi corazón, que poco a poco se fue haciendo de piedra, dura y resistente.

Hasta este verano, no creí que sería capaz de contarle a nadie mi historia como lo estoy haciendo contigo. Es mejor que escribir un diario, Clara, mucho más liberador; sé que no entiendes ahora mismo muchas de las cosas que te cuento, pero todas ellas se quedarán grabadas en tu mente, y cuando menos te lo esperes, algún día, saldrán a la luz.

—¿Tú crees que lo recordaré, Magui? —pregunté.

—Quizá no todo, pero las lagunas se suelen llenar con agua de lluvia recién caída, cada nueva temporada; en eso consiste la locura de escribir, en ocupar los vacíos con letras que desborden tu ser, tu alma, tu imaginación.

Perdona, Clara, he vuelto a perder el hilo de la historia y me he ido totalmente, ¡esta cabeza mía!...

Volvamos a 1938. Era casi Navidad, la guerra estaba a punto de terminar; solo quedaban tres meses, los más difíciles y trágicos de asimilar.

Y en este escenario de pena, nació mi sobrina Isabel, la segunda hija de Fátima. Una niña deliciosa, de cabellos rizados, como los míos, un tesoro caído del cielo que nos devolvió la ilusión e iluminó nuestras sonrisas.

Descubrí que el trabajo era la mejor terapia para el olvido, un antídoto del malestar; anestesiaba mis nervios y el vértigo que sentía cuando mi imaginación se disparaba.

El pacto conmigo misma fue el olvido, el olvido de las sensaciones más íntimas y perdidas, del amor.

Solo buscaba una supervivencia equilibrada. Alguien escribió una vez: *La Historia con mayúsculas es responsable de nuestra pequeña historia personal.* Y es cierto, la guerra cambió el curso de mi vida.

Me dediqué a mimar a mis dos sobrinos y a atender cuidadosamente a don Manuel; su abatimiento era tan grande que no salía de casa; en ocasiones le llevaba a ver a los niños de Fátima para que sus risas cándidas le contagiasen el alma y las ganas de vivir, pero él los miraba ensimismado, sin estar allí realmente y les sonreía sin verles. Hablaba a las sombras, a las paredes, su diálogo no cesaba, ¿veía él algo que yo no podía ver?, o ¿era solo la enajenación que acompañaba a la muerte y a la soledad?

Recordé cómo madre, tras la muerte de padre, también había hablado sola y había mantenido encendidas conversaciones con la nada durante meses, ¿podría ser que la angustia te mostrase un mundo imaginario, lleno de fantasmas y alucinaciones? ¿Un camino para hablar con el más allá?

Mientras nosotros nos ahogábamos en recuerdos que flotaban en una nebulosa gris y suspirábamos doloridos en cada esquina, la guerra avanzaba agonizante; pueblos cercanos, conquistas y triunfos diarios, las esperanzas republicanas en quiebra, odios heredados, desencuentros.

Llegó el punto de inflexión, el comienzo de la decisiva derrota, la "Batalla del Ebro".

El 23 de diciembre de 1938, a tan solo dos días del de Navidad, tan solo diez días después del nacimiento de mi sobrina Isabel, los franquistas lanzaron la ofensiva final contra Cataluña.

El camino hasta Barcelona estaba totalmente despejado para los nacionales y no tardaron en iniciar su ofensiva para tomar la ciudad. Barcelona se convirtió en un caos y fueron muchos los que decidieron abandonar la ciudad.

Millares de combatientes republicanos y de familias enteras que habían defendido públicamente al gobierno legal, tuvieron que abandonar España de forma precipitada, dejando atrás todas sus pertenencias y propiedades.

La frontera de Cataluña con Francia era un río caudaloso de personas en dirección al exilio... Muchos jamás regresaron.

Decenas de miles de españoles se concentraron en el sur de Francia, pero Francia no previó la gran cantidad de españoles que cruzarían la frontera, no destinó suficientes medios; los exiliados se hacinaban en condiciones de vida penosas.

Culturalmente, España quedaría desierta. Prácticamente, la totalidad de los intelectuales de la generación del 27 y los más notables científicos y artistas, murieron o marcharon al exilio. Antonio Machado moriría en Colliure, un pueblecito francés del pirineo oriental, el 22 de febrero de 1939, convirtiéndose en todo un símbolo para un pueblo, el suyo, el español, en éxodo.

*Muero casi desnudo, como los hijos del mar.*

El 26 de enero, las tropas de Franco tomaron Barcelona. El 5 de febrero, la ciudad de Gerona.

El 28 de marzo, cayó la ciudad de Madrid ya sin resistencia alguna. En los días posteriores, caerían las últimas capitales de provincia que mantenía en poder la fuerza republicana: el 29 de marzo fueron Ciudad Real, Jaén, Cuenca, Albacete y Almería.

El 30 de marzo, Alicante y Valencia.

Allí, en Alicante, miles de combatientes, intelectuales, militantes de diversos partidos de izquierdas, comunistas y sindicatos, se agolpaban en el puerto; unas 15.000 personas llegaron a amontonarse en los muelles con una sola esperanza: salvar la vida.

Una masa desesperada, familias enteras, esperaban ser trasladadas en los barcos ingleses y franceses para escapar de la represión franquista; una oportunidad de embarque, un destino, la libertad.

A pesar del miedo a ser detenidos y la congoja de la despedida, el silencio en el muelle era abrumador; solo el sonido de los motores rompía la magia desoladora del momento.

La realidad fue que el 28 de marzo de 1939 solo había dos barcos atracados en el puerto de Alicante: el *Stanbrook* y el *Marítime*. El resto de barcos no llegaron nunca.

Los tres últimos días expresaron todo el horror y el caos del final, de una guerra al límite de sus fuerzas.

Tan solo uno de aquellos deseados barcos, el viejo carbonero inglés *Stanbrook*, comandado por el capitán Dickson, consiguió superar las batidas de alemanes e italianos el 28 de marzo de 1939 para rescatar a algunos españoles y llevarlos al puerto de Orán.

El *Stanbrook* fue una referencia mítica del exilio español porque en él embarcaron todos aquellos a los que el barco pudo admitir, más allá incluso de lo razonable.

Sin embargo, en el *Marítime*, que zarpó después, pasada la medianoche del 28 de marzo, solo embarcaron 32 personalidades republicanas de la zona, dejando en los muelles del puerto a una multitud desesperada, atrapados en un camino sin salida.

La ayuda internacional no pudo hacer nada, aunque miembros de la Comisión Internacional y los cónsules de Argentina y Cuba hicieron todo lo posible por crear una zona internacional en el puerto, una zona de protección.

Tras la ocupación militar de Alicante por el cuerpo expedicionario italiano, los refugiados serían hechos prisioneros, comenzando un terrible calvario de campos de concentración y cárceles.

Todo esto ocurría en el atardecer del 31 de marzo de 1939.

Las últimas ciudades en caer serían Murcia y Cartagena, el 31 de marzo.

La Guerra Civil nubló hasta silenciar por completo el esfuerzo continuo de acciones humanitarias, hombres de paz que, en medio de tanto odio, en medio de las bombas y los combates, intentaron ayudar; hombres obsesionados por la paz, pero cuyas voces predicaban en el desierto, ante un apabullante: *Ni perdón, ni olvido*… Franco declararía al periodista Jay Allen que no había posibilidad de tregua ni de compromiso, y rechazó cualquier proposición de paz. Solo se contemplaba la victoria aplastante y la total derrota del enemigo, su enemigo: los rojos, sus hermanos, compatriotas, todos hijos de la misma patria, nacidos en el mismo suelo y bajo el mismo cielo.

El 1 de abril de 1939, Franco redactaba de su puño y letra el parte de guerra comunicando la victoria:

*En el día de hoy, cautivo y desarmado el Ejército rojo, han alcanzado las tropas nacionales sus últimos objetivos militares…*

*La guerra ha terminado.*

Los vencidos solo recibirían, como ya se había anunciado, humillación, venganza, hacinamientos, epidemias, hambre, penas de muerte, trabajos forzados… el ensañamiento como consigna.

Nunca nadie podrá quitar a los españoles la dolorosa sensación de pérdida. La muerte no debería tener color político; un crimen siempre será un crimen lo cometa quien lo cometa, pero para seguir adelante, hacía falta humildad, compasión y perdón.

Algo que no llegaría.

La proclamación del día se cerraba con un boletín de inserción obligatoria, diciendo:

*¡Españoles, alerta! La paz no es un reposo cómodo y cobarde frente a la Historia. La sangre de los que cayeron por la Patria no consiente el olvido, la esterilidad ni la traición (…) El amor y la espada mantendrán con la unidad de mando victoriosa la eterna unidad de España, alerta contra todo enemigo…*

El ensañamiento, sí, contra todo enemigo, ¿pero quiénes eran sus hostiles adversarios? ¿Acaso no eran sombras fantasmales que se arrastraban buscando migajas de pan para llevarse a la boca, desposeídos de la tierra y de la patria en una España muerta y enferma?

El exilio, el interior, el de los tuyos, es el peor, Clara; volver a casa y descubrir que no tenían nada, que todo les había sido usurpado, sus propiedades, sus sueños. Señalados con el dedo por la calle, vigilados, acosados. Renacer, era una ilusión; los recuerdos, su único refugio; no quedaba más remedio que claudicar ante la falsedad y la hipocresía, como hizo madre al volver, al encontrarse, como tantos otros exiliados, derrotados en su propio mundo.

Era el fin de la guerra. El balance, casi tres largos años de agonía, cerca de 400.000 muertos y otros tantos exiliados.

Michael Richards narra que la represión fue especialmente dura para la mujer del bando vencido. Rojas y mujeres de rojos eran lo mismo. Se las podía humillar, vejar, violar, confiscar sus bienes; había que vigilarlas, reeducarlas y purificarlas con aceite de ricino, si era necesario, para que arrojaran los demonios de su cuerpo.

Como portadoras de culpa que eran, se les rapaba la cabeza, una imagen cotidiana de los años cuarenta, para que los vencedores señalaran todavía más a la «pelona»; también se les obligaba a barrer las iglesias y las casas de los señoritos.

Mujeres de negro deambulan por las calles, viudas todas ellas, hermanas, hijas, vivos recordatorios de la muerte, de las desapariciones, de los encarcelados. Solas, sin recursos muchas de ellas, sin opciones de salir adelante.

Lamentablemente, los burdeles vivieron de estas sombras negras en la posguerra; buscaban solamente un hueco para poder sobrevivir. Más de 250.000 personas ingresaron en prisiones o en campos de trabajo forzado. La misión de algunos sería reconstruir los destrozos causados durante la guerra; la de otros, esperar su sentencia oficial de muerte mientras morían paulatinamente en condiciones indignas de hambre y suciedad.

La finalización de la Guerra Civil no puso fin a la represión, sino que la acentuó de una manera más eficaz y sistematizada.

La primera depuración la sufrió el sistema judicial. El franquismo tuvo especial cuidado en que los tribunales estuviesen compuestos por elementos afines, principalmente militares. Estos tribunales se encargaron de juzgar a aquellos que, como en un mundo al revés, eran acusados de promover o apoyar la insurrección. Los juicios duraban breves minutos; en ocasiones se juzgaba a grupos de hasta sesenta personas que podían o no ser escuchadas. Muchos maestros y profesores serían ejecutados, y durante el proceso de depuración, resultaron sancionados en torno a dieciséis mil maestros y maestras, alrededor del 25% del cuerpo. Casi el 10% fueron expulsados del ejercicio de la profesión.

En el terreno económico, las consecuencias fueron desastrosas para el país: la pérdida de reservas, la disminución de la población activa; la destrucción de infraestructuras viarias y viviendas, provocó una disminución de la producción y la caída del nivel de renta.

La mayoría de la población española hubo de sufrir, a lo largo de las décadas de 1940 y 1950, los efectos del racionamiento y la privación de bienes de consumo. Las consecuencias políticas fueron el final de la más importante experiencia modernizadora y democratizadora que había tenido la España contemporánea y el inicio de un larguísimo período de represión y de falta de libertad política.

En el ámbito internacional, España iniciaría un periodo de aislamiento político que duraría alrededor de veinte años.

Desde el exilio, muchos eran los cantos que se entonaban:

*Mía es la voz antigua de la tierra.*
*Tú te quedas con todo y me dejas desnudo y errante por el mundo...*
*Mas yo te dejo mudo... ¡mudo!*

*Y ¿cómo vas a recoger el trigo y a alimentar el fuego*
*si yo me llevo la canción?*

León Felipe

Los intelectuales se llevaron su canción, pero cantaban alto y claro desde muy lejos; su sonido llegaba amortiguado, pero llegaba. George Santayana (Madrid, 16 de diciembre de 1863 - Roma, 26 de septiembre de 1952), filósofo, ensayista, poeta y novelista hispano-estadounidense, pronunció una frase que le haría célebre:

*Aquéllos que no recuerdan el pasado están condenados a repetirlo.*

Por eso, Clara, hay que conocer la Historia.

Pero de todo esto nos enteramos mucho después.

En nuestro pequeño mundo acomodado, ninguna de estas noticias llegaban con nitidez; "se decía", "se contaba", "que alguien había estado, que habían visto", pero todo eran informaciones desleídas, de poca credibilidad; el régimen se ocupaba de mantener el silencio y ocultar la realidad.

Ajenos a todo el dolor que se vivía en los campos de concentración o en los de internamiento en Francia, en las cárceles, en las calles, ajenos al dolor de las familias rotas y sin posesiones, ajenos a todo lo que no fuese nuestro mundo, mi mundo, mis sobrinos, mi hermana, don Manuel, la espera de noticias, para nosotros la guerra había terminado, y esto era motivo de regocijo; significaba volver por fin a la normalidad, si es que ésta existía en alguna parte.

Pero las noticias se hicieron esperar demasiado; en ocasiones llegué a pensar que toda mi familia estaba muerta, arrollados por el mismo tren destructivo de la guerra. Cuatro largos años de ruidos constantes, aviones que sobrevolaban la ciudad, voces que clamaban el fin de la guerra, programas de radio clandestinos y oficiales que nos iban contando y desmenuzando el panorama nacional, dieron lugar a un silencio sepulcral, una época oscura, llena de tabús, contradicciones, víctimas olvidadas, tiros en la nuca y desaparecidos. La represión franquista ofrecía un silencio oficial y el recuerdo de sus víctimas republicanas se diluía entre el miedo y la vergüenza, un recuerdo traumático.

El drama de la posguerra.

Más de un año tardarían en llegar las primeras informaciones y lo hicieron en forma de carta: ¡Francis!, volvían a la península, ¡a Valencia!

A Matías le destinaban forzoso.

¡Pobre Francis!, no sabía dónde se metía; tampoco nosotros lo sabíamos. ¡Si hubiera imaginado o incluso sospechado el futuro que le envolvería a partir de entonces, jamás habría movido a su familia!

Tenerife había sido como un oasis, aislado de todo sufrimiento, de cualquier signo de guerra, donde habían recuperado las ganas de vivir, de soñar, de conocerse…

Y Valencia fue la antítesis: la muerte, el hambre y la penuria.

Reanudé mis cartas con Francis. En ellas volcaba mis sentimientos y hacía participe a mi hermana de cómo me sentía; silenciaba la verdad sobre Sabinas, sobre Gonzalo, por prudencia, por amor; sabía que madre leía las cartas y no quería herirla antes de tiempo; aún albergaba la esperanza de que el nuevo régimen nos devolviese todo lo que nos habían quitado.

Las letras fueron un refugio para mi alma, fue como haber recuperado un pedacito de mi vida, a mi madre, a Fátima, a los niños y a Francis, ¡mi querida Francis!... Habían llegado a mí las palabras como el agua a un arroyo seco, sediento después de tanto tiempo inerte, pero la espera hasta volver a verlos fue larga, casi un año después.

Madre volvió a Sabinas. Un día, recién estrenado el otoño de 1941, después de dejar bien instalados a Francis y a los niños en una pequeña casa cerca de la Plaza de la Reina en pleno corazón de Valencia.

Habían pasado cinco largos años.

Antes de emprender el viaje hacia Sabinas hizo un alto en el camino para vernos a Fátima y a mí en Zaragoza; era un día tormentoso y frío, el cierzo soplaba con fuerza, aunque todavía estuviésemos en septiembre, como anunciando la llegada de un nuevo otoño. Madre traía un semblante serio y angustiado a pesar de la alegría que sentía de volver a verme y de poder estar también con Fátima y los niños.

Le alojé en casa a petición de don Manuel, que le ofreció amablemente que fuera nuestro huésped durante unos días.

Sentí un nudo en el estómago cuando, sentadas en la cocina delante de un café cargado y caliente, cogiéndonos de las manos, comenzamos a hablar; yo la observaba, confusa. Había envejecido tanto, que apenas la reconocía; su pelo se había vuelto casi blanco y su delgadez resaltaba sus pómulos haciéndola parecer más afilada; su olor, sin embargo, era el mismo, el de siempre, ¡el de madre!

Aquellos años interminables no habían borrado su rastro, su perfume a canela, a limón, a lavanda, a todo aquello que devolvía a mi alma adormecida el doloroso recuerdo de Sabinas.

No había tenido el coraje de decirle la verdad sobre la casa y las tierras, sobre la huida de Gonzalo, sobre la muerte de Inés, la desaparición de Agustín. Entre nosotras había una brecha de silencios bienintencionados que nos habían protegido del dolor desde hacía tiempo; pero aquel día, cuando llegó por sorpresa a Zaragoza y vino a buscarme a la casa de Independencia, la hospedé y la tuve que afrontar, delante de mí, en la cocina, supe que la herida que le produciría sería profunda, como nunca, porque no hay nada más doloroso que perder un hijo y no saber qué ha sido de él; no hay nada más terrible que perder todo lo que tienes: tus afectos, tus recuerdos, aniquilados, borrados como las hojas de otoño en una tormenta de fuerte ventisca.

La primera en hablar fue madre. El espectáculo de destrucción que habían vivido durante su estancia en Valencia la había consternado y conmocionado al mismo tiempo; había partido con pena, dejando a los niños y a Francis en un estado casi de shock, con la incertidumbre de enfrentarse a un mundo destruido, lleno de miseria, donde las colas para comprar alimentos eran largas y fatigosas, donde tenían cartillas de racionamiento, donde la economía no les alcanzaba para casi nada, donde Matías volvía a revivir el horror del que un día había intentado escapar y volvía a casa destrozado y lloroso. Protegida por la profesión de Matías, Francis había empezado a liar cigarrillos de forma clandestina y los vendía en el mercado negro o de estraperlo, como se llamaba entonces, para poder subsistir y comprar a su vez algún alimento extra o intercambiarlo por favores, como por ejemplo un médico, una cartilla para escribir o leer para sus hijos, un trozo de queso, un juguete; cualquier cosa se podía comprar o intercambiar a un precio muy superior al real, pero era lo único que se podía hacer si querían una existencia más llevadera.

La entrega limitada de productos duró hasta mayo de 1952. Al principio, las cartillas eran familiares, pero se pasó a las individuales por el fraude.

La picaresca se adueñó del día a día ante la incapacidad del régimen para alimentar al pueblo. La necesidad dio lugar al doble fondo; cualquier sitio era bueno para esconder un producto: el hueco de la cubierta de una rueda de repuesto, entre las piernas de las mujeres al cobijo de las faldas, durmiendo entre las ropas de un bebé inexistente, en los instrumentos de una banda de música, balanceándose sujeto por ganchos de las ventanillas de los trenes…

—He vivido ayudando a Francis durante todos estos años, pero el techo de la convivencia se ha desgastado; no apruebo lo que hace, el mercado de estraperlo es peligroso e indecente. Sé que ella no lo hace, como otros para enriquecerse, pero no me gusta que jueguen con las necesidades de los demás y menos después de haber vivido esta horrible guerra de hermanos. Estoy cansada, Magui; quiero volver a mi casa, estar tranquila, recuperar mi vida, descansar de nuestra presencia mutua y sentir que los últimos años son míos, solo míos.

El vértigo se me apoderó en la boca del estómago.

Había llegado mi turno. Tomé un sorbo de café, que ya estaba templado, y con cierta aprensión apreté fuerte la mano de madre. Comencé a hablar; al principio me miraba sin querer entender, pero cuando se dio cuenta de lo que realmente le estaba narrando, sus ojos se inundaron, comenzó a frotarse con vigor los ojos, hasta dejarlos rojos, como si restregando los dedos contra la cara pudiese borrar todo aquello, todo el dolor, el malestar, el vacío, la angustiosa sensación de pérdida, de ausencia, de desánimo, la pesadez de los días y el sinsentido de lo que estaba ocurriendo.

—¡Pobre Magui! ¡Pobre Gonzalo! ¡Y mi Fátima! ¡Dios mío! ¡Cómo he podido estar tan lejos de todos vosotros, tan ajena a vuestro amargo existir! ¡No puedo creer que ya no tenga casa, ni tierras! ¿Adónde voy a ir ahora, en mi vejez, adónde?

Nos abrazamos y la acompañé a su cama; lloraba sin cesar, como una niña, sin ruido; la lluvia amarga y copiosa de una noche de verano.

—Madre, duérmase; mañana tenemos mucho que hacer, ¡tenemos que luchar por lo que es nuestro! Y debe estar entera, porque le aseguro que va a ser muy duro.

Cerré la puerta suavemente tras de mí. La tristeza de madre produjo en mí, paradójicamente, cierta calma, como si compartir la desdicha que llevaba tanto tiempo encerrada en mi corazón me hubiese liberado. Hacía tiempo que estaba seca; mis últimas lágrimas habían muerto con Inés y doña Elvira; tenía el alma adormecida, sonámbula, anestesiada.

A la mañana siguiente, como sacudiéndose los años de encima, madre se levantó con una sonrisa; apenas quedaban en ella restos de melancolía nocturna, de miedo, como si nada hubiese visto, pasado o llorado. Echó a andar como si tal cosa y emprendimos juntas la difícil tarea de intentar recuperar nuestras posesiones.

Teníamos el aval de don Manuel, que muy gentilmente nos acompañó en todo momento para protegernos; el aval de Matías, un hombre dedicado a lo que ellos llamaban "la Patria"; pero nada pudimos hacer. En las oficinas del Registro de la Propiedad en Zaragoza topamos con la burocracia, con palabras duras sobre las tendencias políticas de Gonzalo, fichado desde hacía tiempo; no sirvieron las razones, las explicaciones, el trabajo digno y honroso del resto de la familia; éramos sangre de su sangre y el comunismo corría por nuestras venas. Bastante hacían que no nos detenían por colaboracionismo, habían alegado.

Éramos víctimas pasivas de la guerra.

*Fulge el colmillo de la hipocresía. Hiere.*
*Sombrío escuchas, a los que niegan,*
*el deseo y la piedad.*

Alberto Cubero

Hundidas y desanimadas, emprendimos la vuelta a la casa de Independencia. Aún le quedaba a madre un duro trago por vivir: ver a Fátima y las condiciones en las que vivía.

Como una canción de desamor que se consume dolorosa, afrontamos la visita.

Nuestra moral, tan animada y luchadora por la mañana, se había vuelto cenicienta como el día.

Pero los niños tienen la maravillosa virtud de transformar la tristeza en alegría con solo un gorjeo, con solo una canción, un beso furtivo, un abrazo, o una simple caricia.

Fue una tarde deliciosa, feliz, rodeada de los míos. Le había descrito un panorama tan desolador a madre, que la realidad le pareció casi benigna, mejor de lo que esperaba; incluso Adolfo estuvo amable, locuaz y, en un ejercicio de generosidad, al volver a casa nos llevó en su taxi. Durante el trayecto hablamos; madre se empeñaba en volver a Sabinas, comprobar por ella misma la realidad, enfrentarse a quien hiciese falta, preguntar; pero yo recelaba, allí no tenía nada, ¿qué iba a hacer?, ¿dónde iba a vivir?

Sopesamos los pros y los contras y decidí que le acompañaría; al menos, durante los primeros días; después, más adelante, ya solventaríamos qué hacer.

# CAPÍTULO 20
## « ¡Cuánto mar me queda por vivir!»

Don Manuel estuvo de acuerdo en todo momento; solícito como nunca, se ofreció a llevarnos.

La vuelta fue más dura de lo que hubiese nunca imaginado; el pueblo estaba muy deteriorado y varias zonas estaban en ruinas; muchas casas se habían venido abajo, dejando las calles reducidas a un montón de escombros.

Nuestra casa seguía en pie, cerrada; la llave no entraba, habían cambiado la cerradura.

Fuimos a ver a los primos que pensábamos aún quedarían en el pueblo, aunque ya no estábamos seguras de nada, de casa en casa, llamando, esperando, temerosas.

Por fin, después del tercer intento, alguien nos abrió la puerta. En el dintel, Candela, la mujer del hermano pequeño de mi madre, Julián; detrás, entre sus piernas, como escondiéndose de nosotras pero al mismo tiempo queriendo saber, mis primos, Julián y Enrique. La aprensión con la que nos habían abierto la puerta y la alegría al mismo tiempo al vernos delató el estado de ansiedad en el cual todavía vivían.

En el abrazo de madre y Candela se fundieron muchos sentimientos; de pronto, todos los odios, malentendidos, rencillas y frustraciones quedaron reducidos a polvo, el que entraba por la puerta y se colaba por las rendijas; el pasado volvió con toda su intensidad. Candela y ella nunca habían tenido una relación estrecha, pero las desgracias y penurias sufridas, la pérdida de los seres queridos, hacen que al final, al final de todo, el amor por la familia prevalezca.

Parte de la familia vivía ahora en Francia, trabajaban las tierras de un castillo, como decían ellos, un *chateaux*; todos estaban bien pero ninguno quería volver, todavía no. Mientras fuesen tratados como "vencidos" en su propia patria, preferían ser extranjeros en la ajena.

Tímidamente preguntamos por Gonzalo; también por Agustín. Por fin, después de cuatro largos años, alguien nos decía algo sobre el paradero de mi hermano; estaba en los Alpes, trabajando en un hotel.

Aquellas noticias fueron lo mejor de todo… saber que estaba vivo; lejos, pero vivo. ¿Y Agustín?, ¡nadie sabía nada!, ¡qué impotencia! Aquel día empecé a pensar en serio que a mi Agustín le hubiese pasado algo, un muerto más en la cuneta sin identificar, ¿por qué no?, era lo más probable; si no, ¿por qué nadie lo encontraba?, ¿por qué nadie sabía nada de él?, ¿por qué se había desvanecido en el aire? Tenía que aceptarlo y auto convencerme.

¡Agustín había muerto! No era posible que estuviese vivo y no se hubiera puesto en contacto conmigo; para mí, eso era sencillamente impensable.

La alegría de madre contrastaba con mi tristeza. Sabinas significaba para mí la tumba, el fracaso, la incertidumbre, la despedida. Volver a Sabinas fue volver al pasado, un pasado que dolía, un cementerio de partidas; nuestra calle, cerca del arco, el farol, los besos, Agustín, ¿qué canción sonaba aquel día?...

*Quédate, quédate conmigo y tendrás el origen de todos los poemas*, ¿dónde estás?, ¿por qué me empeño en perseguir una quimera?

Los grillos cantan todavía e inundan los jardines en este verano tardío de San Miguel; inventan melodías y yo me pierdo en mis recuerdos... el río, mi río Ebro toca acordes en su camino hacia la muerte, ¡parecen tan lejanos los días de tus labios, de tus poemas, de nuestros paseos y, sin embargo, hace tan solo cuatro años que he perdido el juego de luz que iluminaba nuestros atardeceres, allá en la Ermita, donde cantó el mochuelo; yo lo oí, ¡te oí!, ¿por qué mi pobre cuerpo no aguantó un poco más? Unas horas, un día; habríamos escapado juntos, de la mano; quizá habríamos ido hacia Cataluña y habríamos visto el mar. Ahora no viviría en una casa acomodada, ni con lujos, pero mi vida sería auténtica, llena de amor, colmada de hijos; o quizá estaría muerta, sin tumba, en la cuneta de un camino que no llevaba a ninguna parte más que a la pérdida de nuestras raíces; surge sin descanso un discurso inconexo en mi mente, no logro desconectar, aceptar la realidad; mi cabeza es un enjambre perezoso de pensamientos destinados a multiplicarse, ¿qué estoy persiguiendo?

Cuando uno no deja rastro quiere decir que no quiere que le encuentren. Y si lo localizase, ¿qué hallaría?

Mientras madre y Candela desgranan una retahíla de anécdotas vividas en estos últimos años, yo estoy muy lejos; Sabinas me asfixia, su gente me pesa, salgo a que me dé el aire; no entiendo el afán de madre de volver a la nada. ¿Dónde va a vivir?, ¿de qué? Caminando, llego hasta la iglesia, que ahora está destruida; una víctima más de la barbarie de esta guerra.

Era la iglesia donde Agustín y yo nos íbamos a casar; estaba todo preparado, el 22 de julio de 1936. Quizá si nos hubiésemos casado, ¿él habría vuelto?, maldigo aquel día elegido al azar; ahora sería su viuda si lo hubiésemos hecho unos días antes, tendría un recuerdo más a atesorar en mi memoria... Mis renuncias se apilan como recortes pasados de periódicos, como las columnas que los libros forman en mi habitación, una habitación que no es mía. Ya nunca estudiaré, ni tendré hijos, ni una casa propia, ni un lugar familiar donde mis huesos reposen en la vejez; no tenemos nada, la guerra se lo ha llevado todo y yo nunca me casaré, ¡nunca me casaré!

Mis pasos deambulantes me llevaron hasta el ayuntamiento. Entré sin pensarlo y me dirigí a una señorita que no conocía; le explique mi caso, le conté lo de las tierras, la casa, le pregunté si había alguna forma de recuperar lo que era nuestro; pareció sentir pena por mí, por madre, y me pidió que esperara, que iba a preguntar. Se metió en un despacho y cerró la puerta; cuando salió al cabo de unos veinte minutos, que se me hicieron eternos, me hizo una señal y me acerqué. Allí, sentado en una silla, al fondo del despacho, estaba Vicente. Nos conocíamos bien; no íntimamente, pero él y Agustín habían estudiado juntos en Zaragoza, compañeros de tertulias, juegos, estudios y alguna que otra correría. Se levantó tímidamente y se rascó la cabeza; sonrió como quien ve a un fantasma y no sabe bien cómo afrontarle. De pronto, tuve la sensación incómoda de que allí, en aquel despacho, por fin conocería la verdad, y tuve miedo. Di un paso atrás y mis sienes empezaron a bombardearme, y di otro paso atrás, y me marché escaleras abajo corriendo, ¡no podía o no quería saber!, ¿qué me pasaba? Alcancé la calle y tomé aire, una, dos, tres veces; la cabeza me estallaba; demasiadas emociones me inundaban; intenté calmarme, caminé lentamente alejándome de allí y volví de nuevo sobre mis pasos, en un ir y venir…

*Es dulce recordar. Es dulce, dulce,*
*mirar entre las cosas,*
*los rincones humildes de la vida;*
*las viejas profecías de la infancia como un reloj sin horas.*

Leopoldo Panero

Vicente me observaba, pesaroso, desde la puerta del ayuntamiento. Cuando percibí que estaba allí, me paré en seco; estaba avergonzada de mi actitud; me acerqué y le saludé excusándome.

—Hola, Vicente, perdona mi actitud. El pasado me emociona; pero el presente, mi presente, me atormenta.

—No te preocupes, lo entiendo, demasiados recuerdos, ¿verdad? Ha pasado mucho tiempo, Magui, pero me alegro de que estés viva; todos pensábamos que habías muerto; eso nos hizo creer tu hermano. El registro está continuamente cambiando; hay quienes vuelven; otros a los que se les daba por muertos, aparecen un buen día, como tú; también están los de las cárceles con sentencias por cumplir. Un día desaparecerán en la nada y confío en que alguien nos lo comunique. Hay vecinos que no volverán nunca, ¿para qué?, reharán sus vidas allá donde sus pasos los llevasen en su huida por salvar la vida, —hablaba sin mirarme a los ojos, perdido en un aura de tristeza insoportable—. Te invito a un café, Magui.

Quise decir que no, que no deseaba oír nada de lo que tenía que contarme, pero le seguí mansamente; me senté a su lado y le escuché…

—Agustín está vivo —cerré los ojos y me agarré al borde de la mesa tan fuerte que me dolían los dedos—. Hace cosa de un mes, Agustín se puso en contacto con el ayuntamiento de Sabinas; él no sabía que yo estaba trabajando aquí; nos dio mucha alegría hablar de nuevo, los dos habíamos sobrevivido y aunque la conferencia fue breve, algo nos contamos…

—¿Para qué llamó, Vicente? —me solté de la mesa. Sabía lo que vendría después; lo sabía, siempre había tenido ese presentimiento, esa sensación de que nuestro amor no llegaría a ninguna parte…

—Me pidió los papeles, ¡iba a casarse!

Una arcada me subió desde el estómago; era el café. Me levanté y corriendo, me dirigí al lavabo; devolví con tanto des-

241

garro, con tanto dolor, que hubiera preferido morirme allí mismo, no podía soportar el tormento de mi vientre, ¿o era acaso mi corazón astillado y roto lo que me lastimaba?

Vicente vino a ayudarme; me dio agua en la cara y me abrazó. Repetía incansablemente:

*Ya pasará, tú eres fuerte, pasará.*

Quería deshacerme de su abrazo, de su consuelo, de la lástima que provocaba mi actitud, pero mi cuerpo entero era un manojo de tinieblas temblorosas y no podía más que dejarme llevar. Sujetándome fuerte, me volvió a sentar delante de la mesa donde todavía reposaban los cafés ya fríos, y pidió un vaso de agua.

Poco a poco, me fui calmando.

—¿Preguntó por mí?

—Sí, preguntó; le dije que no me constaba que estuvieses viva, que al pueblo no había vuelto nadie de tu familia. También le dije que debía volver y recuperar sus tierras, que el gobierno estaba devolviendo a los antiguos terratenientes todas sus posesiones; pero declinó. Dijo que jamás retornaría a España; su juventud estaba muerta y sus sueños truncados. Francia era la respuesta de una nueva vida, ¡empezar de cero! Se despidió pidiéndome un favor:

»*Véndeme las tierras y hazme llegar el dinero, Vicente.*

—Entonces tienes su dirección, Vicente —pregunté con un débil hálito de voz.

—Sí, Magui, la tengo.

Me pasó un trozo de papel y yo lo leí; era una dirección francesa, no entendía lo que ponía pero lo llevé a mis labios y lo besé, como si ese pequeño papel fuese a traérmelo de vuelta, como si algo tan insignificante fuese a devolverme la felicidad robada.

¡Qué iluso puede llegar a ser el ser humano!

Una dirección no cambia el destino, no cambia nada.

Pero en aquel momento, tenía algo a lo que aferrarme, algún sitio por dónde empezar, un lugar al que acudir; pero, ¿a qué?, ¿a implorarle acaso que no se casara?, ¿a decirle que estaba viva?

Mil preguntas se agolpaban en mi mente, mil posibles respuestas, acertadas, erróneas, indecisas... Me levanté tambaleante. Necesitaba hablar con madre; ella me aconsejaría lo mejor.

—Respecto a nuestras tierras y la casa, ¿puedes hacer algo? Madre no tiene nada, ni siquiera un lecho donde dormir esta noche —le dije.

—Veré lo que puedo hacer, Magui, pero no creo que sea posible devolveros nada; no estáis en la misma situación que Agustín. La casa y las tierras se os embargaron por deudas de impagos que había contraído tu hermano al fiarles los abonos a los campesinos de la zona. El embargo fue como una forma de resarcirse por los impagos continuos.

—Ya veo, pero las faltas y los errores de un hijo no deberían afectar al patrimonio de una mujer que nada ha tenido que ver con delitos, ideas comunistas, revueltas, sindicatos... Madre es ya casi una anciana y su único delito ha sido dar a luz a unos hijos que solo la hemos hecho sufrir.

—Ven mañana, Magui. Veré si, al menos, las tierras os las podemos dejar para cultivar —dijo a modo de despedida.

—Gracias, Vicente, eres un buen hombre —dije marchándome. Antes de retirarme, apoyé una mano en su hombro delicadamente y lo apreté, un leve contacto de afecto y agradecimiento por sus noticias, por su preocupación sincera, por su ayuda, por todo. Antes de desaparecer, me volví y le dije—: ¿Tú irías?

—Creo que es mejor dejar que los espíritus se alimenten del pasado, ¡mira hacia delante, Magui!, ¡siempre hacia delante! Puede que te encuentres una sorpresa y ya no sea el muchacho que recuerdas, ¿quién podría ser el mismo después de todo lo que ha pasado?

Sonreí. Quizá tenía razón. Aferrarse a un recuerdo era una quimera; ni él sería el mismo ni yo tampoco.

Llegué a casa de Julián y Candela cuando todavía estaban calentando la cena. Nos habían preparado una habitación para descansar; habían corrido la voz de que Clara había vuelto y los vecinos habían ido pasando por la casa toda la tarde como en una romería; madre estaba contenta. Juana, una de sus queridas vecinas y amiga, le había ofrecido una casa en el pueblo; pertenecía a su hijo Andrés, pero había huido a Francia con toda la familia y no habían vuelto a tener noticias de ellos. Fue así como madre comenzaría una nueva vida en el pueblo. Su nueva casa estaba cerca de la que antes teníamos y en la fachada había una hornacina con un santo; madre decía que ese santo la protegía desde que había llegado; era sencilla pero confortable.

Andrés nunca volvió; tampoco nadie de su familia; con el paso de los años, se les dio por desaparecidos. Quizá muriesen en uno de los campos de internamiento franceses o quizá nunca llegaron a Francia; un bombardeo, el hambre, el olvido… El caso es que Juana les enterró en su corazón, no volvió a hablar de ellos y jamás le pidió a madre nada a cambio; recuperar a una buena amiga ya era suficiente. Madre ocupó la casa y la hizo suya con calma.

Ventilamos, limpiamos todo, pusimos ropa de cama nueva, y en tan solo una semana, su aroma se deslizó por todas las estancias…

*Regreso al hogar, Magui,*
*al prodigioso escenario en el que el viento continúa jugando en las*
*arboledas, terco, arañando las ventanas.*
*Donde las lavanderas y mirlos tejieron mi infancia.*
*Regreso al hogar,*

*y la verja del cementerio me despierta sonrisas y gestos.*
*Los seres queridos que fueron,*
*que viven aún por la consciencia del tiempo que pasa,*
*de los lugares yermos,*
*de las fuentes resecas,*
*de las eras con abedules cortados,*
*ahora durmiendo,*
*con su savia invadiéndome,*
*llenándome de otoños en los que me emborrachaba con el*
*aroma de la tierra mojada,*
*Con la visión, en tantas ocasiones, de aquellas noches plenas de luz,*
*cuajadas de estrellas.*
*Regreso al hogar, Magui,*
*y recostado en el baúl de los libros y de las maderas del pan,*
*cierro los ojos y sueño,*
*necesariamente sueño con tantas presencias.*
*Todo lo que fue y lo que vendrá.*
*El don preciado de la infancia".*

Juan Manuel Gutiérrez.

Después de la guerra, surgió una camaradería crecida en la anémica España de posguerra. ¿Quién no había perdido a un ser querido? ¿Quién no había pasado hambre? Se volcaron en ayudar al prójimo; madre fue testigo de ello.

Madre vivió de la caridad y de la bondad de la gente de Sabinas. Vicente consiguió que le devolviesen a madre no todas las tierras, pero sí una parte con la que pudieron cultivar; la zona más fértil, y así pudieron seguir adelante. Su hermano Julián se ocupó de ello durante muchos años, ayudado siempre por sus dos hijos.

Sabinas era el hogar de madre, pero no el mío, ¡ya no!

Le di muchas vueltas al pedacito de papel que Vicente me había dado; lo guardé en mi pecho para protegerlo hasta decidir qué hacía con mi vida. Madre me observaba; mi inquietud me devoraba las entrañas; madre opinaba que debía olvidar. Pero, ¿cómo? ¡Cómo borrar la huella perenne que te deja el amor!

Amanecimos temprano aquel día; lo recuerdo bien porque me volvía a Zaragoza. No soportaba estar en Sabinas y don Manuel me necesitaba. Mientras cerraba las maletas y terminaba de prepararme para el viaje de vuelta, alguien llamó a la puerta; esta vez no era un mozo quien traía un telegrama; era Candela, que venía sin resuello a avisarnos. Hablaba atropelladamente, no entendíamos nada, la dejamos pasar, decía algo de Francis pero…

¿Qué?, ¿qué? Me pasó el papel, un telegrama que por equivocación había acabado en sus manos; lo leí con avidez; se trataba de Ricardo, el niño de Francis, y… ¡estaba muerto!

—¡No, imposible! —me oí decir levantando la voz con un tono histérico. Lo volví a leer; quizá me había equivocado—. ¡Dios mío!, ¡Ricardo ha muerto!

Creí morir yo también; madre se desmayó y cayó al suelo como un saco de arena, fulminada. Su niño, su Ricardito; primero había sido la huida de Gonzalo y ahora...

—¿Por qué te llevas tantas vidas?, ¿por qué nos siegas la esperanza? —grité a la nada con todas mis fuerzas.

Ahora mi hermana me necesitaba. Debía estar junto a ella. Madre no podía ni moverse; así que, en vez de irme a Zaragoza, emprendí un largo camino hacia tierras valencianas.

El viaje se me hizo eterno en aquel tren desvencijado. Paseaba la mirada entre la gente y todos me parecían ¡tan pobres! Mujeres de negro, hombres del campo, bultos sucios a su alrededor; era como una pesadilla el hedor penetrante del vagón; al principio no me di cuenta pero la única que estaba fuera de lugar en aquel tren, sin duda, era yo.

Viviendo entre algodones, nunca había sido del todo consciente de la realidad. España se había vuelto un país miserable y yo ni siquiera me había dado cuenta del cambio. Ese trayecto de ida y vuelta cambiaría mi perspectiva del mundo, la perspectiva de mi mundo. Por mucho que te lo cuenten, que te lo digan, que sientas en el alma lo que les pasa a otros, hasta que no lo ves con tus propios ojos y percibes toda la tristeza y la destrucción que te rodea, hasta que no lo vives, no llega a afectarte del todo.

Allí, en Valencia, una madre destrozada, Francis, me recibía sin ganas. Me asió de la mano y me condujo hasta su casa. El silencio entre nosotras solo era interrumpido por sollozos y suspiros. Yo quería saber, preguntar, pero esperé paciente; debía ser ella, mi hermana, quien tuviese el deseo de liberar su desazón y compartirla conmigo. Cuando entramos, todo estaba oscuro; contrastaba con la luminosidad de la ciudad; Valencia tenía una luz especial, como más brillante, y de eso me di cuenta enseguida nada más bajar del tren. Me costaba incluso abrir los ojos. Agradecí por ello la falta de luz de la casa; la vivienda era pequeña y no tenía pasillo, olía a tabaco ya desde el umbral. Me extrañó, pues no recordaba que ni mi hermana Francis ni Matías fumasen, pero las palabras de madre me dieron enseguida la respuesta a mi sorpresa: el estraperlo, Francis liaba cigarrillos y los vendía en el mercado negro. De pronto, al fondo del comedor, vislumbré dos siluetas que se dibujaban entre los asientos; eran mis sobrinas. Esperaban a su madre con la tristeza pintada en sus rostros. Rosario no era la misma; tenía, según mis cálculos, ya casi doce años, como los que tú tienes ahora, Clara. A veces la recuerdo en sueños; sois tan distintas… ella era una niña mujer, frágil, delicada, y muy, muy delgada; tenía el semblante serio y me observaba sin hablar, inquisidora, ¡qué pensaría aquella preciosa criatura!... ¡Qué le pasaría por la mente!... Era tan joven y ya había sido testigo del horror de una guerra, del cambio repetidas veces de domicilio, ¿percibiría el hambre como una punzada en el estómago o acaso su cuerpo no era capaz de asimilar alimento? Y las preocupaciones que rodeaban a sus padres, ¿se percataría de ellas? ¿Qué habría sentido al ver morir a propio hermano pequeño?

Francis me indicó que me sentara; me ofreció agua de limón.

Le faltaba el toque de canela y no estaba demasiado dulce; tuve que recordar dónde estaba, el racionamiento, el estraperlo, la falta de azúcar, un lujo al que yo estaba acostumbrada pero que no todos tenían; aun con todo, lo agradecí como un manjar después del largo y tedioso viaje desde Zaragoza.

Francis pareció leerme el pensamiento.

—Lo siento, Magui, aquí en Valencia no faltan limones pero escasea todo lo demás, ¡el azúcar cuesta demasiado caro!

—¡Qué dices!, está delicioso —mentí—; además, ¡lo necesitaba! He salido tan rápido, que apenas he tenido tiempo de preparar nada para el viaje. En el tren, la gente compartía la comida —proseguí—. Jamás había visto algo así; al inicio no me he sentido cómoda, pero al final del trayecto éramos casi todos como una gran familia.

Piedad se acercó interesada y se sentó en mis rodillas. El clima era pegajoso y húmedo para estar a finales del mes de septiembre; tenía el vestido completamente empapado, pero sentir aquella criaturita tan cercana a mí me hizo llorar.

—¡No sabéis cómo os he echado de menos! —dije hundiendo mi nariz en su pelo. Olía todavía a bebé; el olor de los niños pequeños es como el del pan recién hecho, ¡maravilloso!

—¿Sabes? —dijo la pequeña Piedad—, mi hermanito se ha ido al cielo. Allí, dice mamá que Ricardo estará mucho mejor porque hay mucha más comida.

Piedad hablaba entrecortada; todavía la fluidez de su lenguaje no era perfecta, pero se la entendía bien, y la ocurrencia de Francis me hizo sonreír y seguir la broma; la miré con dulzura.

—¿Qué crees que estará comiendo ahora? —pregunté, divertida.

—Algodón de azúcar; eso era lo que más le gustaba. Además, en el cielo hay muchas nubes que son como de algodón; a lo mejor son de caramelo, ¿tú que piensas, tía Magui? —dijo, interesada en la respuesta.

—¡Puede ser, tesoro, puede ser! —le di un beso en la frente y ella se deslizó por entre mis piernas, conforme con la respuesta, y se fue a jugar al comedor con una especie de muñequita de trapo con un solo ojo y un vestidito gastado de color rosa.

En cuanto las niñas desaparecieron de nuestra vista, me acerqué a Francis y le pregunté:

—¿Qué ocurrió?

—¡Se tragó una moneda!, ¡no podía respirar! Lo llevamos corriendo al hospital y nos dijeron que ya había pasado lo peor, que no nos preocupáramos, que la moneda seguiría su curso hasta el final, pero no fue cierto; en algún sitio paró, ¡paró!, y ¡se ahogó!, ¿te das cuenta?... ¡Se ahogó! Estaba en mis brazos mientras intentaba en vano ayudarle, darle aire con mi propio aire, moverle, pero todo fue inútil; sus ojos se fueron cerrando al ritmo de su débil respiración. ¡Todo fue inútil! —repetía sin parar— Y ahora, ¿cómo una madre se sobrepone a tanto dolor?, ¿cómo se sigue viviendo cada día teniendo que atender todavía a dos criaturas?

Se me partía el corazón de solo oírla...

*Y tú que has acunado su cadáver entre los brazos, has acariciado las alas flácidas, has contemplado los ojos ya fugados para siempre.*

*El cielo se estremece, se estremecen las raíces del sauce y el corazón noble de los que hablan con las sombras. No amanece. No amanece aún.*

*Pero una luz persiste en la búsqueda, en abrir camino, en ser camino, en reinventar sin descanso las desinencias de los anhelos. ¿La ves?*

*¿Eres quien camina sobre la trémula cuerda de la esperanza?*

Alberto Cubero

—Esperanza, ¿cuál? Ricardito, mi niño, se ha ido y yo no puedo ni pensar, ni respirar; a veces me pruebo por la noche y me dejo morir unos instantes y sufro lo que él padeció sin poder respirar y me ahogo voluntariamente para estar más cerca de él, ¿te das cuenta?, ¡no volveré a verle, ni a escucharle! Veo consumida a esta hija mayor que apenas come, que se alimenta de tristeza, y mi pequeña, ajena a tanto sufrimiento, quiere jugar, ¡jugar! ¿Cómo le dice una madre a una niña de apenas tres años que no tiene ganas ni de levantarse por la mañanas para vivir?

—¿Dónde lo enterrásteis? —pregunté.

—En una fosa común; ni siquiera teníamos dinero para darle un entierro digno —dijo—. Sobrevivir sin extras ya es bastante; el cura de la iglesia de aquí abajo ofició una misa en su honor. La religión me hastía, Magui, pero trato de ser condescendiente; el consuelo no se encuentra en la oración, no se encuentra en ninguna parte. Y por otro lado, está Rosario. Hace tiempo que esta hija mía está enferma, lo sé, tiene que verla un médico, la oigo toser continuamente y no quiero ni pensar que... —no lo dijo en voz alta, pero la palabra "muerte" quedó suspendida en el aire.

—¿Me llevarás hasta la fosa?, quisiera dejarle unas flores allá donde reposa; hubiese querido llegar antes, Francis, estar contigo, a tu lado, en este duro trago, pero no me fue posible, créeme. ¡Todo es tan lento! Todo, menos la muerte —proseguí—.

250

Quisiera ayudarte; yo pagaré el médico de Rosario; hay que hacerlo cuanto antes; si se enferma, podría contagiar a la pequeña Piedad y entonces el problema sería doble.

Nos abrazamos en silencio, y como si estuviésemos haciendo un ritual familiar las cuatro, Francis, Rosario, Piedad y yo salimos de casa y fuimos al cementerio; cada una llevaba algo especial que quería dejar allí, como ofrenda, a Ricardo, en aquel lugar donde tantos niños morían y a todos juntos enterraban, un espacio común de malogrados momentos, de infortunio, de necesidad, todos en el mismo sitio, quizá para hacerse compañía, quizá para jugar o reír; cualquier cosa era posible entre las tapias del cementerio. Pequeñas vidas truncadas.

Piedad llevaba su muñeca de trapo de un solo ojo, su bien más preciado; Francis había cogido una pelota, la preferida de Ricardo, con la que jugaba en la calle con los vecinos; la mayor, Rosario, había escrito un poema que no nos dejó leer y enterró en el lugar indicado nada más llegar; y yo llevaba flores de muchos colores, todas las que eligió mi Piedad.

*Hay un tiempo detenido en esta hora final, el tiempo de la desgracia, el final de la infancia.*

Cuando regresamos a casa, nos encontramos con Matías esperando en la calle; fumaba silenciosamente largas bocanadas de humo apoyado contra una pared; me saludó pobremente, sin ganas, pero intuí una cierta emoción mal disimulada bajo su mirada, un brillo velado; ya no era el muchacho que se casó con mi hermana ni el hombre que después se la llevaría un día de verano de 1935 con toda la familia, mi familia. No quedaba nada de él, ni rastro; sus ojos se habían vuelto fríos, su cuerpo había cambiado, ensanchado, estaba un poco calvo y las entradas de su pelo le conferían un aspecto envejecido y cansado.

Llevaba puesto el uniforme pero eso no frenó a sus hijas, que se abalanzaron sobre él cubriéndole de besos; le querían, se percibía, y él sonreía encantado con la pequeña Piedad en brazos y rodeando con el brazo la cintura de Rosario; sin embargo, el saludo a Francis fue helado, una simple inclinación de cabeza, un rehuir su mirada, unas escasas palabras:

—No tenía llaves; llevo un rato esperando —dijo torpemente—, y tiró lejos el cigarrillo.

Entonces, se dirigió a mí; su tono cambió; se acercó y me dio dos besos diciendo:

—¡Hola, Magui! ¡Cuánto tiempo sin verte! Estás preciosa. ¡Cómo se nota que a ti la vida no te ha castigado! —lo dijo sin acritud, como un piropo, pero en aquellas circunstancias, sonó completamente desafortunado, ¿qué sabía Matías de mi vida, de mis sentimientos, de mi felicidad?

Un simple "gracias" salió de mi boca, acompañado de una leve sonrisa forzada y complaciente.

Trascurrió el resto del día en aparente tranquilidad. Matías se sentó cerca de mí y habló; necesitaba desahogarse y ya no tenía quien le escuchase. Francis había dejado de atenderle desde hacía tiempo; sencillamente miraba hacia otro lado.

—No la culpo, Magui, el sufrimiento de la familia es suficiente penitencia para ella, no quiere saber nada de los demás, le acongojan las desgracias ajenas, la sinrazón, no quiere…

También Matías prefería callar, porque hay cosas que es mejor no contar, ni siquiera pensar en ellas; solo producen malestar y zozobra, como una corriente helada que entra en casa y antes de que se desvanezca, tienes la certeza de que te ha penetrado en los huesos, en todo el cuerpo, dando paso a una desagradable sensación.

Él también estaba sufriendo, y no solo por su hijo muerto y su familia desarraigada, sino cada día en el trabajo. Uno pierde la noción del tiempo; llevaban demasiado tiempo padeciendo carestías, conviviendo con la violencia gratuita; una ciudad que se levantaba perezosa cada día para poder respirar un poco de aliento; el ¡ay!

continuo de los vencidos, que se extendía por otras ciudades de España todavía convalecientes, por las colinas, como un manto de lamentos; la falta de escrúpulos, el odio, el hambre, el horror de lo cotidiano, la propaganda desmoralizadora que es otra forma sutil de tortura, la crueldad que sobrepasa la barrera de lo aceptable; la derrota se paga y la indefensión del vencido es absoluta, se apoya en la prepotencia de quien ostenta las armas, de quien impone su ley y la voluntad...

Vidas sesgadas, inocentes, culpables, ¿qué más da?, ¿acaso somos dioses que nos permitimos juzgar la conducta de los demás?

—Tienes razón, Magui, no soy el mismo. He leído en tus ojos lo que pensabas cuando nos hemos visto, ¿puede alguien volver a ser o a imaginar tan solo ser el que era, después de todo lo vivido?... Los años me han robado la juventud y la inocencia; el amor desinteresado al prójimo me parece una utopía; esta maldita guerra me ha robado la fe, la vida se me escapa y yo no puedo hacer nada, me hundo en el fango cada día un poco más. Puse de nombre Piedad a mi hija, ¡por el amor de Dios!, ¿te das cuenta? ¡Piedad! Pero yo no la encuentro por ninguna parte; es como vivir esperando una falsa ilusión.

La conversación con Matías me dejo apenada y un regusto de amargura en la boca del estómago. Entendía que Francis se mantuviese al margen de su diálogo destructivo, ¿para qué ahondar más en la pena? Vivíamos en un mundo desquiciado, histérico de rencores, pero donde no quedaba más remedio que seguir respirando, viviendo un poco más, en definitiva.

Al día siguiente llevamos a Rosario al médico; le hicieron algunas pruebas y después de observarla detenidamente, el doctor nos dio su sentencia final:

—Esta niña tiene tuberculosis —afirmó. Le miramos interrogantes. Continuó—: La tuberculosis es una enfermedad que afecta por lo general a los pulmones, aunque puede comprometer otras partes del cuerpo, como el cerebro, los riñones o la columna vertebral. Si no se trata adecuadamente, puede causar la muerte. Su hija parece que muestra todos los síntomas. Los que padecen esta enfermedad, a menudo se sienten débiles o enfermos, pierden peso, tienen fiebre y sudoración nocturna, tosen, tienen dolor en el pecho y puede haber incluso sangre en su tos, aunque creo que todavía no es el caso.

—Pero, ¿cómo ha podido cogerla, doctor? —preguntó Francis con un hilo de voz.

—Muy sencillo: los gérmenes se propagan de una persona a otra a través del aire, se liberan tosiendo, estornudando, riendo o incluso cantando, a través del esputo… Déjeme decirle, señora, que el contagio no se produce por compartir cubiertos, tazas, ni por contacto con la saliva cuando se besa a alguien; en ese aspecto puede estar tranquila.

—¿Tranquila?, ¿cómo puedo estar tranquila si tengo una niña de tres años que adora a su hermana mayor, duerme con ella y tienen todo el contacto del mundo, desde las canciones hasta el último beso de buenas noches? —dijo Francis en un dolor.

—Para la curación hará falta un tratamiento preventivo; será largo, puede durar incluso meses. No estamos en los mejores momentos sanitarios; faltan medicamentos y alimentos adecuados para que lleve una dieta rica y saludable. Será una larga batalla, no se lo voy a negar, y puede que el resultado sea terrible; no hay garantías de curación, pues está muy malita y débil —prosiguió el doctor.

Le cogí la mano a Francis y se la apreté con fuerza; estaba a punto de desmoronarse.

—Le recomiendo que, si tiene una hermana pequeña y no quiere que se enferme, también las separe, al menos durante un tiempo. Veremos cómo evoluciona y ya iremos decidiendo sobre la marcha. Ahora, la enfermera les dará alguna pauta para el tratamiento. Y sobre todo, esta niña debe comer; hay que fortalecer ese organismo. Les firmaré la autorización de una cartilla más de racionamiento, por motivos médicos.

Así finalizó la consulta del médico.

De vuelta a casa íbamos silenciosas y cabizbajas. Rosario y Piedad iban delante jugando al "veo veo", ajenas a todo lo que había ocurrido apenas un momento antes.

—¿Qué estás pensando? —le pregunté.

—Acabo de enterrar a un hijo, me sentencian a muerte al segundo y me destierran al tercero. Quisiera morirme ahora mismo y no tener que afrontar este intenso dolor que siento, que me está taladrando por dentro; no quiero pensar, ni tomar decisiones. Si no hubiésemos venido a esta miserable ciudad, nada habría ocurrido; ¡maldigo la guerra y a Matías por arrastrarme a su miserable vida! —dijo completamente compungida.

La reprendí:

—Matías no tiene la culpa de lo que está pasando; él sufre como tú, más incluso, por lo suyo y por lo que le rodea, que le mata cada día. Tu marido es bueno y sensible; deberías apoyarle, te necesita, Francis. ¿Cómo no lo ves? No sabes lo que yo daría por tener una familia, un marido a quien cuidar, alguien con quien compartir mis penas y alegrías, mis silencios, mi todo. No sabes lo que es la soledad, el diálogo interno que te devora poco a poco y te vuelve loca, ¡no lo sabes! —le grité.

Por primera vez, Francis salió de su mundo para aproximarse al mío, quizá mi pena había sido capaz de aliviar por unos instantes la suya, le había hecho recordar, pensar que el dolor ajeno también existía y que todos compartíamos episodios tristes: Gonzalo, madre, Fátima y yo misma, su familia, la que estaba lejos, la que le quería todavía.

Cuando llegamos a casa, dejé a Francis recostada y llorosa, ¡demasiadas emociones! Y yo me llevé a las niñas con su permiso.

Mi tiempo en Valencia tocaba a su fin y quería comprarles un regalo. Pero Piedad y Rosario no querían nada, ningún objeto que el tiempo desgastase; eran capaces de prescindir de todo. Bueno, de todo no. ¡Ambas querían ir al mar!

Ni siquiera en el mejor de mis sueños, hubiese creído que el mar estaba tan cerca. Absorta como venía por la tristeza de la muerte de Ricardito, no había caído en la cuenta de que en Valencia teníamos el mar al alcance de la mano.

Pasamos una tarde preciosa.

¡Por fin lo veía!, ¡el mar!, soñado, azul, inmenso, tantas veces nombrado por Agustín. Extendí mi mano como queriendo coger un sueño y la pequeñita mano de Piedad se instaló en ella cómodamente como si siempre hubiese estado allí.

Mi tristeza, la cicatriz imborrable de la memoria, contrastaba con la felicidad de mis sobrinas, que correteaban sin parar y cogían conchas a la orilla del mar. Sentía la desdicha en la comisura de los labios y la amargura por la enfermedad de aquella criatura deliciosa, por la separación inminente de dos espíritus libres. Piedad crecería sola y Rosario se consumiría en una pubertad apenas mal disimulada.

Lejos estábamos todas nosotras de imaginar que aquel feliz día en el mar sería su último día juntas; nunca más jugaron ni compartieron secretos de hermanas; nunca más se dieron un beso de despedida o se enfadaron por ningún motivo importante…

¡Jamás volvieron a verse!

# CAPÍTULO 21
## «Triste despedida»

Cuando regresamos a casa, nos encontramos a Francis y a Matías en el comedor. Las niñas fueron corriendo a enseñarles sus tesoros recogidos en la playa; estaban eufóricas, había conchas de diferentes colores y piedrecillas horadadas por el desgaste de las olas; algunas tenían agujeros. Francis improvisó con un cordón varios collares, uno para cada una; Matías protestó que él también quería uno y de nuevo se pusieron a la tarea; era bonito disfrutar de aquella estampa familiar.

Preparamos la cena. Cuando estuvo lista y todos nos habíamos sentado, Matías comenzó a hablar.

—Magui: Francis y yo hemos pensado, si te parece bien, que te lleves unos días a Piedad a la casa donde trabajas, y si no te lo permiten, la lleves al pueblo de Sabinas con su abuela Clara; solo será un tiempo, hasta que Rosario se sane.

Rosario comenzó a protestar…

—¿Y por qué no me voy yo, que soy la que estoy enferma? Además, yo no quiero separarme de Piedad; solo es un resfriado; mamá, díselo, por favor —insistió lloriqueando.

—Lo siento, Rosario. Desgraciadamente, no es solo un simple constipado; es algo más serio, y lo más triste es que es contagioso; por eso es mejor que te repongas rápido, y así Piedad podrá volver pronto con todos nosotros. Es justo que sea ella quien se vaya; tú necesitas muchos cuidados y el sol de Valencia te hará bien. Ni tu abuela, que ya está mayor, ni Magui, que trabaja, pueden ocuparse de ti; mejor que sea yo, tu madre, quién te cuide. Te conozco bien y sé lo que te conviene —dijo Francis atajando una posible discusión. En el comedor se hizo el silencio; Rosario aceptó su derrota bajando la cabeza y negándose a comer. Piedad parecía estar al margen de la conversación, en un mundo imaginario poblado de espíritus donde ninguno de nosotros parecíamos formar parte.

Esa noche no pude dormir. ¡Piedad se venía a vivir conmigo! Estaba nerviosa, ¿sería capaz de ser una buena madre?, ¿entendería sus necesidades?, ¿aceptaría don Manuel a Piedad?

¡Mi vida daba un giro inesperado!

La de Francis también. Mientras preparaba la ropita de Piedad, lloraba; lo hacía en silencio para que nadie se diese cuenta, pero la ropa estaba ligeramente humedecida cuando yo la metía en la maleta. Sus lágrimas me conmovían…

—Cuidaré bien de ella; no le faltará nada, ¡te lo prometo, Francis!

—Eso es lo que me da miedo, que no le falte nada, que me olvide con el tiempo, que esta enfermedad arrastre a mi hija mayor y me quite el cariño de Piedad. ¡Me asusta pensar que voy a perder a todos mis hijos! ¡Mi familia se desmorona y yo participo en su final!

—No exageres, no se puede olvidar a una madre, la huella que deja es imborrable; le hablaré de ti todos los días, miraremos tus fotos y tú vendrás a verla cuando quieras, Francis; la niña va a estar bien. Con la nueva cartilla y lo que no come Piedad, Rosario se repondrá, ¡ya lo verás! —mi mensaje era positivo pero en el trasfondo de mi alma no lo tenía tan claro; la entendía demasiado bien. Era tan pequeña Piedad, tan vulnerable… A mí también me daba miedo aferrarme demasiado a ella; me aterraba que la niña echase de menos a su madre, a su padre, se pusiese a llorar sin consuelo, ¡nunca había cuidado de una niña tanto tiempo! Y ahora tendría que hacerlo noche y día, con amor, paciencia, disciplina, sabiendo que no eres su madre pero que debía actuar como si lo fueses, suplantándola, ocupando un papel en el mundo que la naturaleza te ha negado.

Pero Piedad puso las cosas fáciles desde el primer momento. Cuando salimos por la puerta de su casa de Valencia iba contenta, me daba la mano a ratitos mientras caminábamos hacia la estación del tren o jugueteaba con su hermana, cuyo semblante era serio y entristecido, o se colaba por entre las piernas de Francis, que no paraba de secarse con el dorso de la manga las lágrimas de la cara. Cuando se cansó de tanto ir y venir, su padre la subió a caballito encima de los hombros; desde lo alto reía ajena a todo porque un niño no necesita más amor que la atención y el cariño de quien le rodea, no tiene todavía sentido de familia ni de pertenencia, su entorno es rico en sensaciones que le estimulan la creatividad y el juego; un niño es capaz de olvidar a la misma velocidad que cambia de actividad y… Piedad olvidó. Y yo, sin pretenderlo, ocupé el lugar de Francis, porque resultó que el tiempo, al final, fue demasiado largo y la espera de su vuelta, interminable.

Sí, Piedad fue una niña dócil, alegre, sensible y agradecida.

Nuestra vida en el Paseo Independencia, acomodada, rica y sin estrecheces de ningún tipo, también ayudó, ¡qué ser no se adaptaría a una vida así! La pequeña enseguida nos conquistó a todos; al primero, a don Manuel, que aceptó encantado la presencia de Piedad. Se convirtió en su nieta del alma; le contaba cuentos, le enseñaba, salían de paseo, se la llevaba al trabajo, le compraba vestidos y muñecos; nada era suficiente para esa encantadora criatura que había conseguido sacar del mutismo y la soledad a un hombre viudo y sin ganas de vivir. A mí también me conquistó. Me convertí en madre sin apenas percibirlo, dándole cariño y al mismo tiempo mostrándole el camino, lo que era conveniente, de lo que debía estar atenta, cuál era su lugar en el mundo; la prevenía de que don Manuel era el señor de la casa, pero entre ellos se estableció una relación de amor en la que nunca pude meterme; sencillamente, se necesitaban, se buscaban. Para Piedad, él era el "abuelo Piquito". Para don Manuel, supuso la oportunidad de vivir una paternidad tardía y volcar todo su afecto y el que doña Elvira tenía por ser madre, en una sola personita, Piedad... Y conquistó, cómo no, a sus primos y a Fátima, incluso a Adolfo. Piedad se hacía querer con la misma naturalidad con la que uno bebe un vaso de agua.

La maternidad me transformó. Sacó de mis entrañas un ser desconocido, dormido, yermo; volví a sonreír cada mañana, encantada de vivir y compartir con Piedad mi cotidianeidad; su alegría se contagiaba y pintaba las paredes, en una casa en la que los adultos nos habíamos vuelto demasiado silenciosos y solitarios, una casa de murmullos y sonidos amortiguados, de oscuridad mal disimulada.

Piedad era un ángel. Acabó con la vida gris y monótona que nos envolvía, su sonrisa era ancha como el cielo y nosotros la dejábamos vivir a su aire, ¡cómo ponerle freno a la felicidad añorada! Entraba en todas partes, descorría las cortinas; la luz y el aire se colaban juguetonas por los rincones; dueña del espacio, del ruido, de la risa; un ritmo alegre, la fiesta de vivir.

*No existe más metáfora que la metáfora del tiempo,*
*más celebración que la de los días, de pronto iluminados,*
*de repente enseñándonos nuestra misma imagen,*
*el reconocimiento en lo donado,*
*la fiesta de vivir.*

*El color del aire,*
José Manuel Gutiérrez

—Hoy es tu última siesta conmigo, Clara. ¡Qué rápido se ha pasado el verano!, ¿verdad? —dijo Magui, abrazándome pesarosa.

—Sí, Magui, me gustaría quedarme. ¡Aquí me encuentro tan bien!, no me extraña que mamá fuese feliz contigo, pero ¿todavía te queda mucha historia por contarme? —pregunté inquieta viendo que mis horas en Zaragoza se consumían. La ansiedad por conocer el final de la vida de mi abuela se me hacía insoportable—. ¡Hoy no quiero dormir, Magui, por favor! —dije implorándola.

—¡Esta bien!, pero recuéstate —dijo pacientemente—. Tu madre cambió mi vida, eso ya te lo he dicho. El amor que comencé a sentir por ella, tan desinteresado, tan real, tan pleno, transformó mi deseo de volver a ver a Agustín, lo mitigó hasta anularlo y un día me encontré quemando el trozo de papel con su dirección a la luz de una vela. En mi cuarto renuncié, sin más, sin luchar, sin desvelarle que estaba viva, sin explicaciones, ¿de qué hubiesen servido? El tiempo se había llevado lo mejor de los dos y prefería atesorar en el recuerdo mi única historia de amor, porque jamás pude volver a enamorarme. Los besos se me hicieron esquivos, el deseo quedó adormecido, la pasión, el tormento del alma, el amor incondicional de Agustín quedó relegado a un sueño. No podía volver a poner mi vida del revés; no quería perderme de nuevo; solo anhelaba disipar la oscuridad de mi interior. ¡Ahora era madre!, era el momento de recuperar el tiempo perdido, ser dueña de mí misma, ¡por fin había encontrado mi destino!

*No es posible tocar fondo igual que no es posible morir en sueños, pues al final viene la vigilia y te salva.*

No recuerdo quién lo escribió, pero Piedad me salvó, de eso no hay duda, me regaló su eterna risa y me enseñó a soñar, a soñar como solo los niños saben hacerlo.

Pasaron semanas… después meses. Rosario mejoraba y empeoraba al mismo tiempo, sufría ciclos de recuperación que después se precipitaban en recaídas, se consumía lentamente bajo la atenta y luchadora mirada de Francis, que hacía lo imposible por sacar adelante a su maltrecha familia. Rosario no quería comer, tosía sin parar y tenía accesos de vómitos continuos, un sinvivir que restaba la esperanza de sus padres, que veían consumirse a su hija mayor con impotencia y desazón, haciendo más lejana la posibilidad de que volviese a casa Piedad.

Sin embargo, Piedad vivía ajena a todo el padecimiento de su hermana mayor; fue adaptándose feliz a la vida de Zaragoza como si siempre hubiese estado allí, en la casa de Independencia.

La llevaba conmigo a todas partes, era mi apéndice, mis manos, mis ojos. Solícita y soñadora, me ayudaba, haciéndome la vida mucho más fácil de soportar.

Hice varias visitas con la niña de mi mano, encantada de presentarla como mi sobrina, aunque en mi fuero interno yo actuase como si fuese su madre. A Piedad nunca le engañé; hablábamos de Francis y Matías, sus padres, todos los días; ella hacía dibujos que yo luego enviaba con largas cartas, contándole a Francis todo sobre su evolución, cambios, preguntas que hacía, travesuras; le desmenuzaba su vida con todo detalle. Era lo mínimo que podía hacer por una madre, mi hermana, que sufría en la distancia la pérdida del afecto de su hija pequeña.

Un día nos acercamos a la tienda de juguetes del pasaje *El Ciclón*, en la calle Alfonso, y se la presenté a Pura. Piedad se paseaba por entre todos aquellos juguetes sin llegar a tocarlos; era una niña comedida, sabía que aquellas muñecas no estaban a su alcance; por eso, ni se acercaba, ¡no quería desearlas!

Cada día me sorprendía, ¡cómo era posible que una niña tan pequeña fuese al mismo tiempo tan inteligente! La animé; Pura también lo hizo; podía cogerlas, tocarlas e incluso jugar un ratito con ellas mientras nosotras nos poníamos al día; nos miró sorprendida; tenía un brillo especial en los ojos, ¿lloraba o era solo emoción? Como fuere, estaba conforme y contenta; eligió unas muñecas y se sentó en el suelo. Ajena a todo, a nosotras, llenó la tarde de fantasía e imaginación.

Pura estaba radiante, mucho más bonita que la última vez que nos habíamos visto, y ¡se casaba! Solo faltaban algunos meses; habían elegido el mes de julio…

Mi mente voló muy lejos durante unos breves instantes y se entristeció al mismo tiempo… ¡Julio!, ¡22 de julio de 1936!, desvarío, ¡Agustín! El vacío me precipitó y sentí vértigo; él ya no estaba a mi alcance, ahora era de otra mujer, ¿se habrían casado ya? Entonces recordé. ¡Había quemado su dirección! Ya solo formaba parte de mi pasado, un pasado feliz, colmado, un pasado doloroso que todavía punzaba en el estómago… Miré a Piedad y recordé, recordé por qué había quemado su dirección; ya no quería ser esclava de un sentimiento, el ayer me quedaba remoto y Piedad era el ahora, el presente. ¿Mi futuro?

Era una incógnita. Al menos, hasta que se recuperase Fátima.

Pura se casaba y se marchaban a vivir a Valencia. Pensé en Francis y la vida tan difícil que llevaba allí, y quise avisarla, prevenirla. Pero Pura estaba tan feliz que pensé, ¿quién eres tú para velar su futuro, sus meses más esperados, su ansia de volar? Callé; y lo volvería a hacer, porque recordaba el dulce preparar de una boda, el idílico momento en el que piensas que todo es posible, el cruce entre el sueño y la realidad que te abofetea sin piedad. En todo eso pensaba cuando la abracé y le deseé suerte, y le di la dirección de mi hermana Francis por si necesitaba ayuda, con-suelo o una mano amiga con quien contar.

Los meses fueron pasando, sin prisa, en una lenta cadencia compartida. Estrenábamos rutinas, de las cuáles disfrutábamos por igual todos los protagonistas de la casa de Independencia.

La tranquilidad es un bien preciado, Clara, ¡y caro!

Una tarde vino a verme madre desde el pueblo, en vísperas del cumpleaños de Piedad, el 14 de mayo.

Su rostro estaba tenso, visiblemente preocupado.

Al principio pensé que lo hacía porque quería estar con la pequeña Piedad, pero enseguida me di cuenta de que nada tenía que ver su visita con la cortesía o la celebración…

¡Madre se marchaba a Francia! O al menos, eso era lo que pretendía; mi colaboración tendría mucho que decir.

—Gonzalo está enfermo, se está muriendo; debo estar a su lado —dijo casi sin respirar—; ha escrito el tío Prudencio desde Francia, se ha refugiado con ellos. Parece que en los Alpes la altura le ha afectado en demasía al corazón y está muy grave.

—Madre, ¿se da cuenta de lo que dice? Es un viaje muy largo y todavía, por desgracia, no exento de peligros, ¡me preocupa que le pueda pasar algo! Además, puede que Gonzalo muera antes de que usted llegue; entonces, ¿de qué serviría tanto esfuerzo?, ¿con qué va a pagarlo? —pregunté atropelladamente.

—Por eso estoy aquí. Quisiera que le pidieras ayuda a don Manuel, un adelanto para el pasaje; debo coger dos, uno hasta Hendaya y luego otro tren en zona francesa hasta el lugar más próximo donde viven tus tíos; ellos me recogerán después en la estación; les mandaré un telegrama antes de coger el último trayecto. Debo ir, Magui, necesito ver a mi hijo por última vez, decirle que le he perdonado, que nada importa ya, la guerra solo se ha llevado lo material, y yo le sigo amando con todas mis fuerzas; quiero que parta tranquilo, ¡se lo debo como madre!

—De acuerdo, hablaré con don Manuel. ¿Cuándo pensabas marcharte? —pregunté.

—¡Cuanto antes! El viaje es largo y no quiero llegar demasiado tarde, Magui —suspiró.

—Mañana es el cumpleaños de Piedad, ¿recuerdas?, 14 de mayo. Pensaba celebrarlo con Fátima y los niños y hacer una merienda en casa. ¿Crees que podrías quedarte aunque fuese solo un día?

—Supongo que sí —dijo tristemente—, ¡supongo que podría!

Fui a hablar con don Manuel mientras madre se quedaba con Piedad y se hacían fiestas; le pedí permiso para la merienda de Piedad y, armándome de valor, le conté lo de mi hermano y la petición de madre, excusándome de antemano por la premura y por su atrevimiento, que a mi modo de ver era completamente inadecuado.

Sin embargo, no percibí ningún malestar en su actitud y generosamente, me ofreció el salón principal para hacer la merienda a la que él, con mi permiso, también asistiría encantado. A continuación, sacando de su bolsillo la cartera, cogió unos billetes y me los ofreció…

—¡Cómprale algo bonito por su cumpleaños de mi parte! ¿De acuerdo, Magui? —dijo sonriendo.

Asentí cogiendo lo que me ofrecía y me quedé esperando… faltaba que me respondiera a lo más importante. Se rascaba la barbilla y daba pasos pequeños de un lado al otro del despacho, arriba, abajo, meditando; yo me impacientaba y golpeaba sin percibirlo el suelo con el zapato, con un martilleo constante; de pronto, se paró en seco delante de mí y mi pie se quedó paralizado, dormido; un leve cosquilleo interno todavía palpitaba en la parte delantera de mis dedos, imperceptible pero molesto; quería moverlos otra vez pero su mirada me indicaba que estaba a punto de decirme algo serio, importante, que requería toda mi atención y silencio.

—De acuerdo, te pagaré los pasajes; pero no uno, sino dos. Debes acompañar a tu madre, ayudarla, despedirte de tu hermano, que un día, si no recuerdo mal, te salvó la vida. Y de paso, resolver algo que tienes pendiente desde hace demasiado tiempo —dijo seriamente—. Yo puedo ocuparme de Piedad; de hecho, estoy pensando en irme unos días al balneario de Alhama de Aragón. Desde que murió Elvira, no he vuelto y lo echo en falta; la llevaré conmigo, si te parece bien. También le diré a Elisa, la sirvienta, que me acompañe, así me ayudará en todo.

Don Manuel no hablaba, ordenaba, y lo que había dicho ya lo había decidido de antemano, mientras paseaba, sin consultarme; no tenía ninguna posibilidad de contradecirle porque los dos sabíamos, en el fondo, que tenía razón. Pero yo había quemado la dirección de Agustín y no se lo había contado, había decidido pasar página, quedarme al lado de Piedad, cobijarme en su risa, esconderme con su inocencia apenas descubierta; aunque con un poco de esfuerzo podría recordar alguna seña, algún indicio que me indicara el camino, ¿recordaba algo, o todo? Me estaba engañando. Quemar el papel había sido solo una excusa, un símbolo, un punto y final, pero su dirección completa estaba atesorada en mi memoria; solo tenía que recordar, era fácil, pero ¿para qué? Mi cabeza daba mil vueltas y el pánico me atenazaba ante la sola posibilidad del encuentro, de volver a verle, aunque solo fuese un instante, ¡volver a verle! Cerrar una etapa gris, arrinconarla, abrir una ventana a la esperanza, al renacer de un sentimiento, ¿el suyo?, ¿el de otro?, seguir adelante ligera de equipaje, ir en busca de lo que una desea, lo que duele todavía, la vieja herida que todavía supura y bajo la venda no se percibe, pero cuando la levantas por la noche, en tu libre inconsciente, sangra todavía e intentas repararla en vano, curarla, pero la ausencia se hace más presente por la noche; siempre la noche, más áspera. Y te reprochas la fatiga, la tristeza, la falta de coraje y sueñas con sus brazos que te agarran fuertemente y sus manos que te recorren entera; sus besos húmedos te lastiman hasta la locura y el calor de pronto te invade entre las piernas y gritas su nombre muy alto, y en silencio te despiertas sudando, extraviada, gozosa, llorando, e intentas en vano volver a conciliar el sueño robado del éxtasis. Pero es imposible, por eso tus columnas de libros no paran de crecer en tu habitación y tu sed de aprender no tiene límites, porque solamente engañando al espíritu y dándole un entretenimiento eres capaz de aceptar que estás viva; solo así puedes esquivar tus anhelos, sus ojos soñadores, su piel curtida, sus poemas susurrados al oído, fugitivos, de noche... Siempre de noche, la noche rompe mi calma, me devuelve a ti, me acerca hasta acariciarte el pelo y revolvértelo, hasta rozar tu boca y morderte los labios; tus yemas me queman la piel, dejan rastro; tu recuerdo se hace presente y vive, ¡de noche!, por eso duermo poco; me da miedo volver a verte, me da pánico perderte, tengo contados uno a uno los días de mi cautiverio solitario; he creado un mundo de deseos a mi alrededor, me alimento de ellos, cada latido, cada impulso me devuelve por unos instantes a la vida, a tu amor; de noche te traigo hasta mí, pero todo es un maldito sueño, la irrealidad de un pensamiento ávido e impaciente, desfallecido, muerto.

—Sé lo que estás pensando, Magui —don Manuel me liberó bruscamente de mi dañina y continua comezón, ese pensamiento que no puedes dejar ni un instante y que se te instala en la cabeza como un runrún—. Es difícil enfrentarse al pasado, pero debes seguir adelante con tu vida, volver a enamorarte, casarte, tener hijos. Agustín te tiene presa y ese muchacho merece saber que no estás muerta, ¿no crees? —dijo en tono conciliador y paternalista.

—Me asusta volver a verle, que no sea el mismo, que ya no me ame —dije rehuyendo su mirada; me avergonzaba reconocer que estaba derrotada de antemano, que era una cobarde, una víctima más del silencio de la guerra.

Don Manuel me abrazó silencioso.

—Lo sé, lo sé —dijo muy bajito; pero se lo debes, te lo debes, Magui.

Al día siguiente celebramos la merienda de Piedad en el salón grande. Era su día, su cumpleaños, así que le puse un vestido blanco de organza que don Manuel le había comprado; parecía una princesita. Percibí cierta mirada torva y envidiosa de su prima al llegar y me recriminé por mi falta de tacto; bastante humillante era ya hacerles venir a una casa llena de lujos y criar a la niña como si fuera la nieta de don Manuel, sino que además la vestía con sus mejores galas, contrastando en todo momento con el pobre y gastado aspecto de los demás, su propia familia.

¡Había sido una estúpida! Tenía los nervios a flor de piel, pero pasado el primer impacto, todo fue sobre ruedas y los primos disfrutaron mucho juntos.

Para evitar más susceptibilidades, me guardé el regalo y se lo dimos por la noche. Adiviné cierta tristeza en su mirada cuando, al acostarse, fui a despedirme de ella…

—¿Estás bien, tesoro? —le pregunté antes de darle mi sorpresa.

—Mamá no ha venido, ni papá, ni Rosario, ¿por qué?, ¿ya no me quieren? Ni siquiera han mandado una postal, ¿ya no se acuerdan de mí, Magui? —preguntó llorosa.

¿Sabes, Clara?, Piedad nunca me llamó mamá. Para ella, yo fui siempre Magui, como lo soy para ti y para todos tus hermanos; un apéndice siempre a la sombra en la vida de tu abuela Francis, alguien con quien ha tenido que compartir el amor de los suyos. No tuve el título oficial de madre ni lo tengo ahora de abuela, aunque sin pretenderlo, lo he sido por partida doble, y doy gracias a Dios por ello todos los días.

Magui continuó:

—¡No, Piedad! Tus papás te quieren mucho y se acuerdan de ti todos los días, por eso te han mandado este precioso regalo.

Su carita se iluminó y eso compensó mi engaño. Por supuesto que sus padres le recordaban cada día; de eso no cabía la menor duda, pero tenían tantas otras preocupaciones y estrecheces económicas que hubiera sido impensable que Francis le enviase un regalo, y mucho menos aquella muñeca de porcelana exquisitamente vestida que yo había comprado aquella misma mañana en la tienda del pasaje Ciclón con el dinero de don Manuel.

—¿Volverás pronto, Magui? —dijo apretando fuerte la muñeca y hundiéndose contra mi pecho.

—Por supuesto, no te darás ni cuenta de que me he ido; lo vas a pasar fenomenal en el balneario de Alhama de Aragón. Allí hay un lago donde nadan los peces y tú puedes unirte a ellos —dije guiñándole un ojo.

—Pero, ¡yo no sé nadar! —protestó sin ganas.

—Te enseñará don Manuel, ¡ya lo verás!, acabarás siendo un pececillo más en el agua templada de Alhama y en verano, cuando vayamos juntas, me podrás enseñar tus progresos.

—La voy a llamar Pura —dijo señalando a su muñeca—, como tu amiga de la tienda de juguetes. Se parece mucho, tiene su misma sonrisa.

Le acaricié la cara y me despedí recordándome que, pasara lo que pasara, yo debía volver, porque aquella criatura que ahora iniciaba el sueño segura y querida, dependía de mí, ¡solo de mí!; al menos, de momento.

Llevamos poco equipaje y los papeles en regla en un bolso de mano. Para ambas era el primer viaje a un país extranjero, Francia. El primer viaje solas, después de la guerra, un viaje hacia el pasado. Los nervios y la ansiedad se fundían en un solo sentimiento; cada una lo enfrentaba como mejor podía o sabía. Madre no paraba de hablar, nunca la había visto tan locuaz, pero yo estaba en-simismada, envuelta en un silencio espeso; miraba por la ventana del tren y el paisaje se confundía con mis pensamientos a la misma velocidad con que los campos se desdibujaban en la distancia; era una estampa hermosa, salpicada de colores, un manto primaveral ofreciéndonos todo su esplendor.

Tuvimos tiempo para todo: conversar, comer, compartir confidencias propias y con otros viajeros, soñar, volver a comer, perdernos tras el cristal, vagar entre las altas montañas imaginando ser aves solitarias que surcan el cielo en un mar de nubes, libres, dueñas del mundo. Y sobre todo, dormimos, a ratos intermitentes, breves, largos...

Pero al final, el viaje resultó largo y pesado; las horas que trascurrían jugaban a nuestro favor; los nervios insistentes y continuos del principio fueron dando paso, poco a poco, a un cansancio anestésico e incómodo, sobre todo por el ajetreo y el ruido persistente del tren.

Un tren cuyas locomotoras aún eran de carbón, cuyas paradas continuas para rellenar calderas se hacían interminables; un tren de muchedumbres, donde se entraba y salía dando gritos, fumando tabaco de picadura, dejando un ambiente espeso e irrespirable, llevando bultos de un lado al otro. Nosotras viajábamos en primera clase, cómodas, pues don Manuel se había ocupado de los pasajes, pero desde la ventana se percibía el sabor de una España pobre, cuyos andenes eran un hervidero de actividad, de ventas ambulantes, de despedidas, de besos, de saludos; una España que hacía lo posible por salir adelante entre bocadillos de hogazas de pan, embutidos grasientos, largos sorbos en botas de vino y contagiosas y acrobáticas conversaciones desde las ventanas del tren. Fuimos unas valientes. Ningún contratiempo amilanó nuestro ímpetu. Y rememorando aquel viaje, me doy cuenta de que la precipitación del momento aparcó nuestro sentido común y nos lanzamos en una secuencia heroica sin pensarlo demasiado; no ya solo porque viajar en tren por aquella España maltrecha era toda una aventura, sino porque arriesgamos mucho internándonos en una Francia ya ocupada por los alemanes.

España aún estaba recuperándose y lamiendo sus heridas cuando Europa enfermaba. Los años sucesivos, la vieja Europa se vería sacudida por la demencia más absoluta, la II Guerra Mundial. Todavía miles de exiliados españoles permanecían retenidos en campos de internamiento —más adelante pasaría a llamárseles campos de concentración— cuando la ocupación nazi llegó también a Francia, el 10 de mayo de 1940. La mayoría de estos campos fueron construidos a principios de 1939 cerca de la frontera española para albergar a los exiliados que huían precipitadamente del país. Con las prisas, nacieron unas explanadas de tierra llenas de barro donde los refugiados vivían a la intemperie o en barracones de madera mal construidos por donde se colaba el agua de las lluvias, el frío y el viento, siempre permanentemente vigilados; no disponían de agua potable ni de las mínimas condiciones higiénicas de salud. Hombres y mujeres eran separados apenas llegaban y como consecuencia, familias enteras que habían emprendido la amargura del exilio juntas, quedaron irreparablemente destruidas. La acogida dispensada por las autoridades y el pueblo francés a los refugiados españoles sufrió importantes altibajos durante la guerra; en un primer momento, se les repartió por el territorio proporcionándoles trabajo, papeles y ayuda. De esta primera época se verían beneficiados mi familia y Agustín, que no tuvieron ningún problema en trabajar y adaptarse a una nueva vida en otro país. Pero a medida que avanzaba la contienda, el éxodo fue aumentando progresivamente hasta hacerse insufrible para los propios habitantes franceses, que aun siendo un país hospitalario, recibían con hostilidad a las largas e interminables filas de españoles que cada día llegaban a sus fronteras cubriendo kilómetros y kilómetros de desdicha, penurias y hambre; una muchedumbre extenuada, soldados republicanos harapientos, mujeres desoladas, ancianos taciturnos, niños abatidos por la fatiga, heridos y mutilados caminaban lentamente hacia lo que ellos creían la libertad; llevaban consigo lo poco que habían podido salvar de sus hogares, fardos improvisados, hatillos mal anudados, maletas viejas; la mayoría se protegían del frío nocturno con mantas y solidaridad.

271

Reinaba en el camino un silencio denso, espeso como la niebla que se rompía solo con lamentos y suspiros entrecortados.

El ruido de los aviones alemanes e italianos también rompía la lenta y agónica calma de huida cuando se precipitaban volando sobre la larga cola de espectros vivientes y comenzaban a ametrallar y bombardear a la muchedumbre indefensa, dejando en cada pasada un río de muertos yaciendo sobre el asfalto y un impotente gemido que se elevaba al firmamento.

Al renacer la calma, volvían al camino, con el miedo pintado en sus rostros ante el temor de caer prisioneros, a ser alcanzados por una bala, a ser rechazados en la frontera, con la mirada atenta al cielo y al mismo tiempo buscando un refugio donde meterse por si volvían los aviones, con los sentidos alterados por tanta crueldad, ya no solo de los nacionales sino de la insensibilidad de algunos fugitivos que parecían competir por quién llegaba primero; una carrera ansiosa en la escapada, sin mirar hacia atrás, sin pararse a auxiliar, el egoísmo en estado puro; el estado del miedo que es capaz de sacar de las mismas entrañas lo peor de cada uno… También lo mejor. El panorama deplorable que se vivía en las cunetas incitaba a cuidar y ayudar a aquéllos incapaces de seguir adelante, de dar un solo paso más; hombres y mujeres valientes demostraban cada día, sacando fuerzas de rincones ocultos, que el infierno es el lugar más propicio para mostrar coraje… y caridad. Pero todos ellos albergaban la misma congoja, la desazón de abandonar su país, su casa, su gente, y bajaban la cabeza escondiendo las lágrimas amargas de la deserción, del abandono de tus propios compatriotas; la conciencia empobrecida en busca de la seguridad; una garantía de supervivencia que se convertiría, en Francia, en un campo de prisioneros: alambradas, silbatos, barro mezclado con excrementos secos de ganado y filas, ésta vez para obtener un mendrugo de pan, insuficiente para suplir la falta de alimento sufrido durante el éxodo, o en ocasiones, el lanzamiento de los pedazos de pan desde los camiones de reparto y la posterior disputa entre hermanos de fuerza y habilidad.

La derrota y el hambre no reconocen escrúpulos morales.

Las penurias que se vivieron en aquellos campos franceses después de las pasadas en la dolorosa huida, provocó que algunos perdiesen la esperanza; humillados, huyeron al amparo de la noche, en silencio para no sentir la vergüenza del abandono de sus propios compañeros; pero decididos, eso sí, a salvar una vez más la vida.

Muchos de ellos cruzarían la frontera de nuevo hacia su hogar, preferían mal vivir en su propio país que hacerlo en el ajeno; otros creerían en las promesas de clemencia del nuevo régimen y volverían cabizbajos esperando algún rastro de benevolencia pero acabarían realizando trabajos forzados en las compañías de trabajadores de Franco, yendo a la cárcel o enfrentándose a un piquete de fusilamiento.

La suerte que corrieron otros muchos refugiados españoles durante los meses posteriores a la finalización de la Guerra Civil española fue una auténtica diáspora. El gobierno francés creó las *Compañías de Trabajadores Extranjeros*; éstas quedaban a disposición de los generales jefes de las regiones militares y se les encomendaban labores de defensa, construcción de fábricas de armamento y sobre todo, la de fortificaciones en el Atlántico y en las fronteras con Alemania e Italia. También se favoreció que los soldados republicanos se enrolasen en las Fuerzas Armadas, en la Legión y en los Batallones de Marcha.

Cuando comenzó la II Guerra Mundial, muchos de esos españoles morirían combatiendo contra los alemanes desde las filas del ejército francés. Otros, lo harían en la Resistencia.

Pero lo más triste fue la suerte que corrieron aquéllos que fueron arrestados y hechos prisioneros por los alemanes.

En agosto de 1940 se firmó el primer convenio sobre prisioneros entre Francia y Alemania. El gobierno francés no reconoció como miembros de sus fuerzas regulares a los españoles; una vez más Francia se nos quitaba de en medio por ser extranjeros...

El gobierno español, con Franco a la cabeza, sería consultado por el gobierno alemán, pero también nuestra propia gente se desentendió de ellos con la célebre frase:

*Los exiliados no son españoles*; de nuevo se les sentenciaba a muerte sin un tribunal justo que los juzgara.

Los alemanes internaron a miles de españoles en «campos de la muerte», como Dachau, Mauthausen, Buchenwald, Oranienburg, Auschwitz.

Murió la mayoría.

Al llegar a los campos de exterminio, a los españoles les entregaban el "triángulo azul" de apátridas y la "S" de España (*Spanien*, en alemán). Además de estos símbolos, los alemanes asignaban el triángulo rojo, que identificaba a los presos políticos; el verde, a los ladrones o criminales; el marrón, a los gitanos y vagos; el rosa, a los homosexuales; el negro, a los criminales asociales; el violeta, a sacerdotes y objetores, y el amarillo con la estrella de David identificaba a los judíos.

Un código de identificación para la escoria del mundo.

Por fortuna, también hubo países que ayudaron, y escandalizados por lo que estaba ocurriendo, pusieron en marcha todo un sistema de acogida; este fue el caso de México, que se singularizó por apoyar sin vacilaciones, desde el principio, a la República española durante la Guerra Civil; acogió sin limitaciones a los refugiados españoles, denunciando en todo momento las flagrantes violaciones de la No Intervención en 1939. Al conocer las condiciones infrahumanas en que se encontraban los refugiados españoles en los campos del sur de Francia, puso en marcha una generosa política de asilo.

La diáspora republicana también llevó a la URSS a gran parte de los miembros del Partido Comunista de España y sus familiares.

De todas estas cosas y muchas más nos enteraríamos madre y yo estando en Francia y con el trascurso del tiempo. En la tierra de la libertad y la fraternidad, las noticias no estaban censuradas y la gente hablaba libremente de lo que había pasado y de lo que todavía estaba sucediendo en toda Europa. De la cruel realidad en la que vivían los millones de prisioneros de los campos de exterminio se sabían cosas, pero eran pinceladas; nada en comparación con lo que luego, al final de la guerra, contarían los espectros vivientes que sobrevivieron al infierno.

Aquellos días en Francia nos unieron a la familia. Comprendimos por qué no deseaban volver. Nos acercó un poco más a nuestra gente, españoles todos, a la verdad que había sido silenciada, al continuo engaño al que estábamos sometidos dentro de nuestras fronteras. No fueron pocos los vecinos, exiliados españoles, que vivían en la zona, que se ocuparon de abrirnos los ojos.

Un baño de reflexiones a la realidad.

Pero nosotras habíamos afrontado aquel largo viaje con un solo propósito: despedirnos de Gonzalo, abrazarlo, acompañarlo en su camino final de no retorno, volver a ver a Agustín… Retomar el pasado o dejarlo deslizarse de nuevo; ésta vez suavemente, entre los dedos.

Gonzalo estaba en muy mal estado, peor de lo que esperábamos; tenía muchos dolores; pálido y macilento, reposaba en una habitación oscura al refugio de la vida. Madre sufría. Verle padecer era difícil de sobrellevar, quería calmar su dolor o acelerarlo para ponerle fin, pero ya nada se podía hacer; cuando el cuerpo ha decidido que no puede más, solo hay que dejarle que expire libremente; el espíritu sabio decide cuándo está preparado para partir. Pero, al menos, nuestra visita palió su desazón; habló y habló durante horas, días, contándonos, desgranando minuto a minuto su forzoso exilio, su papel en los primeros días del alzamiento, su desesperación, la indignación, el malestar, la decepción, sus encuentros por el camino, su lento huir a Chamonix, a los pies del majestuoso Mont Blanc, su tristeza diaria y pesada en los Alpes, lejos de los suyos, lejos de casa, su falta de noticias, de afectos…

En la mesilla de noche había una foto de Inés, gastada y un poco rota; había perdido el color de tanto cogerla, de mirarla cien mil veces, de tenerla entre las manos y darle vueltas, gastada de amor, de deseo… Inés estaba hermosa; nada tenía que ver con la muchacha del hospital que me encontré aquel día en Zaragoza, con la mujer de rostro velado y delgadez extrema, sus ojos risueños eran la antítesis de aquellos hundidos por sufrimiento.

Con un leve gesto, indiqué a madre que nos dejara solos.

Cogí la foto de la mesilla y la miré…

—Inés murió, Gonzalo. No sé si lo sabías ya —con un ademán vago de negación, cerró fuertemente los ojos, como queriendo evitar el dolor; proseguí— Estuvo detenida durante varios meses en la cárcel de Torrero, sometida a brutales interrogatorios y a condiciones infrahumanas; al final contrajo una enfermedad contagiosa y la trasladaron a un hospital donde doña Elvira y yo íbamos de voluntarias a ayudar y dar consuelo a las enfermas; fue allí donde la encontré —tomé aliento—. Fue allí donde me contó muchas cosas…

Volví a depositar la foto en la mesilla y saqué de debajo de mi regazo una cajita. La abrí; dentro estaba el pasador en forma de mariposa, desgastado y roto, que había llevado prendido después de la muerte de Inés, el que él mismo le había regalado una tarde de primavera en Sabinas. Lo cogió llorando y se lo llevó a los labios; en la caja también había algunas de las cartas de amor que Gonzalo le había escrito durante el tiempo que estuvieron juntos, y alguna que recibió mientras se perdía en la nada, sin remite, sin identidad, como un náufrago a la deriva; todas ellas estaban anudadas con un lazo azul pero debajo estaban sus respuestas, las de Inés; palabras atesoradas llenas de recuerdos y nostalgia de un tiempo que jamás podrían ya recuperar, cartas que nunca pudo enviar porque sencillamente, no sabía dónde encontrarle; palabras que escribió después de su partida, en Sabinas, antes de que la cárcel se llevase el papel, la tinta y las ganas de recordar que su vida podría haber sido de otra manera.

—Un día, dejó de preguntarse en condicional, ¿y si… y si…? El abandono invadió todo su cuerpo y se encontró con que ya no quería vivir; no había ningún motivo por el que luchar, salir a flote; la vida para ella dejó de tener valor, carecía de sentido, de ideales, de tu amor. Sé que me salvaste la vida, Gonzalo, y te estaré eternamente agradecida por ello; todos me creyeron muerta durante años, ¿te lo puedes creer?, pero…

No pude continuar. Con la mano me indicó que me acercara; no tenía fuerzas para hablar alto y lloraba como un niño desconsolado. Él sabía a dónde quería llegar… Agustín era nuestro punto de inflexión.

—Mi querida Magui —dijo en un hilo de voz, muy fatigado—, te has convertido en toda una mujer y muy elegante, por cierto; eso me alegra y me satisface pensar que yo tengo algo que ver. Hice bien en mandarte a Zaragoza, en salvarte de las garras de un incierto futuro; siempre fuiste una niña diferente a las demás, más lista, continuamente inconformista; puede que fuese la falta de padre pero siempre procuré protegerte del mal, de quienes podían lastimarte. Desde el principio, Agustín no me gustó para ti; sabía, o más bien intuía, que te haría infeliz —quise protestar, pero alzó la mano de nuevo pidiéndome silencio; se esforzaba en proseguir pese a su maltrecha salud—. Él no era de nuestro mundo, Magui, tienes que entenderlo; estaba de paso, mostrándote los caminos ingenuos del primer amor, pero de paso, y ahora es solo un escollo al que te aferras para no seguir adelante… Sí, te salvé la vida, Magui, pero tú continúas apresada en el pasado.

—Te equivocas, Gonzalo. Crees conocerme, pero no sabes nada de mí o de mis sentimientos; te alejaste de ellos cuando no pudiste soportar verme con Agustín. No hiciste el menor esfuerzo por entender que el amor es capaz de vencer cualquier obstáculo, y más el social. Nuestra relación no fue jamás algo pasajero; nos amábamos de veras y la mentira que me salvó la vida, tu mentira, le alejó de mí. Y hoy estoy aquí; he recorrido miles de kilómetros porque necesitaba perdonarte y también agradecerte la vida, y porque quiero seguir adelante, calmar mi ansia, cerrar página y comenzar un nuevo libro; ¡necesito la verdad!

Gonzalo cerró los ojos durante unos momentos, que me parecieron eternos; me asusté y le grité zarandeándolo:

—¡Gonzalo, Gonzalo; no te mueras, por favor, no te mueras, por lo que más quieras, no me dejes así con este dolor, te lo suplico!

Madre entró corriendo y la puerta golpeó en la pared; el tío Prudencio la siguió por detrás. Yo me puse a un lado, temblaba, me sentía terriblemente mal, mis palabras le habían lastimado, había provocado el final, el final de su vida. Una arcada llenó mi boca de un sabor amargo y repulsivo. Me precipité hasta la puerta, necesitaba aire, calmarme. Escapé de la habitación. Las cartas se habían derramado por el suelo, el pasador había resbalado de su mano y ahora yacía inmóvil sobre la mesilla, curiosamente, cerca de la foto de Inés.

Me dirigí a la cocina, cogí un vaso de agua y lo bebí ávidamente. Desde allí se oían los lamentos de madre:

—¡Hijo, hijo, no te vayas, hijo! —lloraba madre.

El tío Prudencio le decía:

—¡Clara, ayúdame!, hay que enderezarlo; creo que es solo un desmayo. Su pulso es débil pero late —dijo el tío intentando que madre se tranquilizase.

Durante más de media hora estuvimos todos en vilo, pero Gonzalo volvió en sí, a la vida, se recuperó, aunque no sería por mucho tiempo…

El justo para despedirse.

Casi no me atrevía a volver a la habitación donde un moribundo Gonzalo se despedía entre susurros de madre. Cuando me vio en el dintel, me indicó que me acercara y yo me senté a su lado, le cogí la mano y se la apreté llevándola después a mis labios; permanecimos así mucho rato, hasta que las palabras rompieron el silencio…

—Sé que te hice daño, ¡sentía tanto odio! Pero no era a ti a quien quería lastimar. Me encontré con Agustín, es verdad, ya en Francia; nuestros caminos se cruzaron. Yo buscaba trabajo y acabé en una hacienda donde a él le habían contratado para la vendimia. Él se alegró de verme, me ofreció su ayuda, me preguntó por ti. ¡Perdóname, Magui, pero en aquel momento sentía tal rencor, tanto resentimiento acumulado de cansancio, de decepción, que fui cruel; sí, fui despiadado! Le dije que habías muerto, le salpiqué con desprecio su condición de peón después de ser un terrateniente explotador; me reí en su cara y decliné cualquier ayuda que pudiera venir de él, de la mano de un rico venido a menos, de la mano de un impostor; para mí hubiera sido impensable, ¡un ultraje! No me daba cuenta, porque estaba todavía ciego de inquina, de que aquí, en Francia, todos seríamos iguales, destronados de la misma patria intentando salir adelante, buscando un hueco de existencia para simplemente poder sobrevivir… Agustín no vive lejos de aquí. Alguno de la familia se lo ha encontrado a veces en el mercado del pueblo. Pero ha rehecho su vida, Magui. Has llegado demasiado tarde —dijo pesaroso.

—Solo deseo verle, Gonzalo, y decirle la verdad, ¡solo eso! Sé dónde vive, Vicente me dio sus señas, pero no quiero dejarte ahora; tú eres el principal motivo por el que hemos venido desde tan lejos. Sé que lo hiciste por mi bien, Gonzalo; las personas nos equivocamos, porque errar es humano pero perdonar es divino. Así que viaja tranquilo y ligero, que jamás podré sentir rencor por ti; solo un profundo y apacible amor…

—Magui, ¿querrías leerme las cartas de Inés, por favor? Tú siempre has tenido un don para la lectura —dijo lacrimoso.

Comencé a leer las palabras de Inés. No me correspondían a mí, sino a los ojos de Gonzalo; eran sus sentimientos más íntimos, aquéllos que escribes con la única intención de que los adivine y sienta la persona amada. Mi papel fue simular su voz, sus acentos, su entonación. Poco a poco fui perdiendo el pudor y me embebí de sus palabras y las hice mías; mi tono pasó de ser monótono y pudibundo a apasionado y al mismo tiempo triste. No estábamos tan distantes Inés y yo; aquellas cartas podían haber sido mías, escritas en mis noches de desvelo, de mi puño y letra…

Fui leyendo las cartas en el mismo orden en el que habían sido escritas; el tono iba variando, tornándose cada vez más desilusionado y escéptico, como si ella intuyera que su final estaba próximo. Gonzalo sonreía, se entristecía; otras veces, las lágrimas rodaban por sus mejillas y humedecían la almohada, cerraba los ojos, imaginando, perdiéndose en el deseo que la escena recreaba en la carta. Estaba emocionado; miraba la ventana como si sus recuerdos pudiesen atravesarla y llegar volando hasta Sabinas, y volver a ser el de antes, el joven entusiasta, enamoradizo, lleno de ideas revolucionarias con las que quería cambiar el mundo. Le miré. Insinuó una pobre sonrisa llena de amargura, de resignación, de aceptación… Interrumpí la lectura y me dirigí hacia la puerta de la habitación. La abrí. El sonido amortiguado y monótono de una oración pronunciada en voz alta llegaba nítidamente hasta la cama.

¿Estaba madre rezando? Gonzalo arqueó una ceja; yo le hice un gesto con los hombros…

—Voy a abrir la ventana, Gonzalo, me falta aire.

Subí la persiana, descorrí las cortinas y abrí de par en par la ventana. La corriente que se produjo levantó ligeramente mi vestido hacia arriba y revolvió mi cabello; el aire primaveral, todavía frío, de la mañana se coló como un soplo de aire fresco, delicioso. A mi espalda sentí un suspiro…

—Es agradable un poco de aire —dije distraída, aspirando el perfume que subía trepando por la pared de la casa—, huele a geranios, a rosas…

Apenas había pronunciado estas palabras cuando un intenso escalofrío recorrió mi nuca. Me giré bruscamente hacia Gonzalo; sus ojos estaban abiertos, muy fijos en la ventana o en el horizonte que se perdía más allá de ella y en su boca se dibujaba un rictus de agrado. Podría decirse que murió sonriendo.

Me acerqué a él, le besé en la frente y le cerré lentamente los ojos…

—¡Buen viaje, hermano!

Sin prisas, me dirigí al salón. Allí madre había creado una especie de altar con velas y rezaba sin parar; la tomé de las manos y la mire con dulzura…

—Se ha ido, madre; ya se ha ido.

Se levantó pesadamente. El cansancio que arrastraba sobre sus hombros era mucho más que físico, era la abrumadora sensación de pérdida de un hijo, la hondura de su destierro, el lamento por haberle sobrevivido. Enfiló el pasillo y se encerró en la habitación con él, sin haber pronunciado ni una sola palabra.

Mi tiempo se agotaba y todavía me faltaba algo importante por hacer, así que, con la muerte de mi hermano pegada en mi retina, salí de casa y me dirigí al tío Prudencio, que descansaba en el jardín, ajeno a todo, bajo la sombra de un castaño.

—Tío, necesito su ayuda, ¿podría usted llevarme a esta dirección?

La había escrito de nuevo en un papel; al menos, lo que recordaba de ella.

—No sé si estará completa, ¿queda muy lejos?

—No, no queda distante. ¡Sé dónde vive Agustín! —dijo mirándome con pena—. Avisaré a mi yerno Carlos, él te llevará; yo ya estoy mayor para soportar tanta aflicción; no puedo ver cómo vuelves al pasado y te astillas el corazón una vez más. ¿Es que acaso no sabes, criatura, que está casado? —preguntó.

—No se preocupe tanto por mí, tío Prudencio. Sé bien lo que hago, ya no soy una niña; preferiría, sin embargo, que entrase usted a ayudar a madre; está desolada… Gonzalo acaba de morir —dije zanjando una posible discusión.

Me miró con pesar, quizá con un ligero hastío, sin comprender cómo era capaz de marcharme en aquella circunstancia; y, resignado, llamó a gritos a su yerno Carlos que acababa de salir de la casa y le indicó que se acercara; le entregó el papel con la dirección y le dijo algo que no pude escuchar.

Carlos era un hombre sencillo, del campo; me caía bien, hacían una buena pareja mi prima y él; su mirada era noble y sin pretensiones. Se acercó y me indicó que en una hora estaría libre y me podría acompañar encantado. Quedamos debajo del castaño.

Me retiré a mi habitación y me miré al espejo. Me resultaba frívolo arreglarme, elegir un bonito vestido, recomponer mi peinado, maquillarme ligeramente, enrojecer mis labios; cuando mi hermano yacía muerto en la habitación de al lado, cuando la pena de mi madre traspasaba las paredes, cuando yo misma tenía los ojos completamente arrasados. Era una situación completamente irreal, como si dos mujeres encerradas en el mismo cuerpo fuesen capaces de hacer dos cosas distintas, tomar dos caminos, elegir dos vidas al mismo tiempo, desdoblarse; la que sufría, la que amaba; la que solo quería tumbarse en la cama a llorar o la que anhelaba salir, encontrar al amor de su vida y besarle hasta dolerle los labios; la racional y al mismo tiempo, la irracional; la que le frenaba y la atrevida, la que le empujaba a aquella última oportunidad.

No podía dejarla escapar; esta vez, ya no había excusas.

Hice lo que pude con mi maltrecho aspecto; lo tenía todo preparado, pensado para cuando llegase el momento; y había llegado, ¡por fin!, después de tanto tiempo. Iba a regresar al mundo de los vivos.

Carlos me esperaba ya debajo del castaño, a la sombra. Me miró con sorpresa; en sus ojos intuí que estaba hermosa; agradecí el silencioso piropo que su mirada me regaló aquel día y también su discreción. Estaba demasiado nerviosa para entablar cualquier conversación con él; su silencio durante el camino fue reconfortante. En mi mente repasaba continuamente nuestro encuentro, lo que diría; había imaginado aquella escena un millón de veces, con distintos escenarios, palabras, vestidos. Pero los personajes eran siempre los mismos: Agustín y yo.

Las únicas palabras que dijo Carlos en todo el trayecto fueron:

—¡Ya estamos llegando!

Un torrente de sensaciones contrapuestas se apoderó de mí en aquéllos instantes: ¿hacía bien?, ¿era mejor escapar?, ¿y si ya lo sabía?, ¿y si…? Me dolía el estómago y crucé los brazos por encima, como queriendo quitarme esa sensación incómoda de pronto.

De nuevo, las palabras de Carlos me devolvieron a la realidad.

—¿Quieres que te espere? —dijo, sabiendo la respuesta de antemano.

—No creo que haga falta, Carlos, gracias. Espero que la persona que vengo a ver tenga la gentileza de llevarme de vuelta a casa —respondí sin que mis palabras resultasen del todo convincentes.

—De todas formas, te esperaré un rato, no vaya a ser que los fantasmas del pasado de pronto se hayan volatilizado —dijo.

Le miré, no había habido ningún tono de ironía en sus palabras, ninguna maldad, pero sus palabras me desconcertaron, me hicieron dudar…

—¿Intentas decirme algo que yo no sepa? —le pregunté un tanto quisquillosa.

—Prudencio me ha contado un poco vuestra historia de amor; perdona si he resultado un tanto chismoso pero conozco a Agustín desde hace mucho tiempo. Llegamos a esta zona más o menos a la vez; enseguida nos pusimos a trabajar la tierra, como unos peones más. Estábamos contentos de haber sobrevivido, teníamos trabajo, él escribía poesía y cartas, muchas cartas, como un diario; los compañeros le llamábamos "el poeta". De pronto, un día recibió una visita. Era otro español cansado y hambriento, con la pena pegada como único fardo a su espalda, tu hermano Gonzalo. Agustín lo recibió con cordialidad, casi con alegría, le hacía mil preguntas y todas a la vez, pero Gonzalo lo hundiría, aunque nunca supimos que le dijo, pues partiría enseguida hacia los Alpes. Pero aquel encuentro hizo cambiar a Agustín para siempre. El frío le veló los ojos. No volvió a ser el mismo. Dejó de sonreír, de escribir; comenzó a tener otras miras, más elevadas. Sé que corrían tiempos difíciles. Confiar en el otro, contarle los motivos de su exilio forzoso, no era siempre lo más conveniente; la sinceridad no existía, la prudencia era nuestra única arma en Francia… —de pronto, se interrumpió bruscamente—. ¡Disculpa, Magui!, te estoy entreteniendo —dijo al darse cuenta de que ya habíamos llegado y estábamos parados en la misma entrada de la casa—. Es mejor que te enfrentes cuanto antes con el pasado; él mismo te contará qué le hizo cambiar.

De mala gana, salí del coche. Estaba interesada en la historia que me estaba contando; al menos, había tenido más información para saber a qué me enfrentaba. Lamenté no haber comenzado a hablar con Carlos mucho antes. Le hice un saludo con la mano, me giré y respiré profundamente.

Había imaginado muchas estampas, muchas, pero ninguna como ésa.

En mi mente Agustín malvivía, era pobre, araba la tierra, me añoraba cansado después de una jornada larga de trabajo; pero la casa a la que me enfrentaba dominaba una alta colina, era inmensa, solariega, aislada del mundo por una cancela de forja. Un largo camino bordeado de abetos nos había llevado hasta ella; los terrenos que la rodeaban estaban llenos de vides bajas, repletas de hojas verdes, que dejaban ya intuir una fructífera cosecha de uva.

No había timbre, así que grité…

—¡Hola! ¿Puede alguien oírme? ¡Hoooola!

Del interior de la casa salió una mujer con un traje de sirvienta, limpiándose las manos en el delantal; desde la puerta me decía algo, me preguntaba, pero yo no comprendía, no entendía ni palabra de francés.

—Soy española, quiero ver a Agustín, ¡Agustín! ¿Vive aquí? —intenté vocalizar y hablar lentamente a ver si así comprendía aquella muchacha.

Su respuesta fue cerrarme la puerta en las narices y perderse dentro de la casa. Resoplé mientras Carlos se reía abiertamente fuera del coche…

—¡Tú no me ayudes, no te preocupes! ¿Para eso te has quedado, para verme hacer el ridículo? —dije visiblemente enfadada.

De pronto, su mirada se tornó seria y se quitó la boina que llevaba de medio lado, inclinó ligeramente la cabeza y me hizo una señal; me giré y allí en la cancela, allí mismo, como si el tiempo se hubiese detenido, estaba él, mi Agustín. Más mayor, ligeramente más grueso, con el pelo ya un poco cano, elegantemente vestido con chaqueta y corbata, mi Agustín, el de siempre, el hombre al que había amado intensamente, el que todavía me hacía flojear las piernas y enrojecer como una quinceañera con solo una mirada. La intensidad de la situación era tan abrumadora que no me salían las palabras de la boca; mis torpes piernas estaban ancladas al suelo, como las raíces profundas de un sauce llorón. Nos mirábamos, nos reconocíamos, nos sorprendíamos. Cómo se le dice a una persona que te cree muerta, que jamás pereciste, que todo fue un engaño, una sobreprotección; cómo se le explica a alguien que no eres un espíritu que flota en el aire, un sueño de una tarde primaveral; cómo se le cuenta al amor que perdiste hace siete largos años que has venido con la intención de recuperarle pero que sabes con certeza que volverás a irte sola, porque la vida ya ha elegido vuestros destinos; cómo se le dice al pasado que todavía quema que se duerma, que apague los rescoldos ardientes de tu pecho y te permita seguir adelante, ¡cómo!, ¡cómo!

La magia quedó suspendida e interrumpida por el sonido de un motor. Carlos se marchaba. La grava salpicaba la parte posterior del coche haciendo un ruido seco, conocido, el marchitar de las hojas de otoño, el crujir de sus filos en el suelo, un paseo bajo las sabinas…

Agustín había abierto la cancela y se había situado a mi altura; su mano deslizó la mía; cerré los ojos y la apreté; así permanecimos unos momentos; eternos minutos, gozosos flecos que la vida te regala, el tiempo detenido, solos él y yo en otra dimensión, la que vuelve sobre sus pasos, la que retorna al dulce pasado de una unión.

—Mi querida Magui, ¿eres real?, ¡no puedo creerlo! Todo el mundo dijo que habías muerto, ¡todos! Te habían subido a un carro y luego, luego, tu hermano, tu propio hermano me lo corroboró, ¡cuánto odio escupieron sus palabras cuando me lo dijo! Se regocijó al verme sufrir y yo creí morir, y estuve muerto durante mucho tiempo, pero al final, al final, cuando uno toca fondo y la esperanza se desvanece, llega la vigilia y te salva, la vida te vuelve a sonreír y sigues adelante, una vez más.

—Gonzalo ha muerto esta mañana —dije de pronto, y le miré a los ojos, con dulzura, con amor—; él me contó vuestro encuentro. ¡Te esperé! Llevó esperándote siete años, esperando una carta, una noticia, algo que me diera la menor pista de que estabas vivo, de que no te habías muerto por el camino. Indagué constantemente en la *Cruz Roja*; ya me conocían, casi me vuelvo loca, de pena, de amor, de desamor, pero mi instinto me decía que estabas vivo, aunque procuraba convencerme de lo contrario para poder vivir ¡He sentido tal desgarro! Mi corazón estaba preso de ti y el abismo del silencio, la falta de noticias, me hacía pedazos. Entonces fue cuando me crucé por casualidad con Inés, la novia de Gonzalo, en un hospital.

Habíamos comenzado a caminar lentamente por las viñas, todavía cogidos de la mano. Fui contándole todo, narrando cada episodio de mi vida durante los años de ausencias; no me dejé nada, se lo debía, los dos habíamos sido víctimas del odio, del amor, de erróneas suposiciones, de malos entendidos… de la guerra.

Y así, caminando, llegamos hasta un sendero estrecho bordeado de árboles milenarios, altos y frondosos; la casa era ya solo un puntito en el horizonte.

—¿Puedes andar bien con esos zapatos? —preguntó—. Me gustaría llevarte hasta un lugar muy especial —añadió.

Los pies me dolían y el tacón, aunque no era alto, se me clavaba en el talón al contacto con las piedras, pero por nada del mundo habría estropeado aquella estampa, aquel momento tantas veces soñado, esperado: Agustín y yo, ¡solos!

—Sí —me oí decir—, ¡sigamos; despacio, puedo! —sonreí.

Continuamos, cogidos de la mano, unos instantes en silencio. Ahora el espacio se había estrechado y la proximidad de su cuerpo al mío, el roce involuntario de su brazo, su respiración, me turbaron;

enrojecí sin darme cuenta. Los destellos perezosos de los últimos rayos de sol se colaban entre los árboles, confiriéndole al camino un aspecto dorado y enigmático…

—¿A dónde me llevas? —pregunté un poco fatigada.

—Ahora lo verás, Magui —dijo mirándome a los ojos.

Continuamos caminando; al fondo se intuía una construcción pero no se veía claramente qué era. No sería hasta que el paisaje comenzó a abrirse y los árboles quedaron atrás, que pude verla.

¡Increíble!, era nuestra Ermita Blanca de Monte Alto. Me froté los ojos pensando que quizá era un sueño; pero no, ¡era idéntica a la de Sabinas!

—¿Sorprendida? —dijo sonriendo.

—¡Encantada! —dije emocionada.

Nos paramos unos instantes, levantó su mano y me rozó la cara…

—¡Qué hermosa eres!, aún más bonita de lo que recordaba —su mano continuó deslizándose por mi cuello, mientras la otra se había soltado de la mía y aferraba delicadamente mi talle—. ¿Bailamos? —preguntó tímidamente.

Le sonreí asintiendo; nuestros cuerpos comenzaron a moverse al son de una canción que tarareaba Agustín.

Acerqué mi cara hasta rozar la suya y le susurré al oído:

—¡Te amo, Agustín!

La música dejó de deslizarse entre sus labios y, separándose de mí, me condujo hasta la Ermita. Allí nos sentamos en un banco; era un lugar hermoso, ligeramente oscuro y húmedo, sencillo, diáfano, un estudio, un lugar de meditación, un improvisado refugio.

Me recorrió un escalofrío el cuerpo y Agustín se quitó la chaqueta y me la pasó por los hombros, dejando apoyado su brazo alrededor de mi cuello.

—Necesito saber qué ha pasado contigo todo este tiempo, en qué te has convertido, cómo se ha sucedido tu vida, quién ha entrado en ella; no quisiera ser la segunda, ni una amante tan siquiera. ¡Cuéntame tu historia! —le pedí.

—Cuando llegué aquí, solo era un peón más trabajando la tierra —comenzó—. No me importaba, era un trabajo de sobras conocido para mí, pero no me sentía cómodo con mis compañeros; todos habían llegado por lo mismo, republicanos, con un ideal, con muchos prejuicios. No tenía intención de quedarme mucho tiempo de todas formas; quería volver, buscarte, rehacer mi maltrecha casa y volver a poner en funcionamiento mis tierras; pensaba equivocadamente que la guerra no duraría mucho tiempo, pero resultó que al final fue demasiado. Nunca llegué a creer del todo a la gente del pueblo; te habían visto desmayada o muerta en una carreta; se te llevaban hacia el pueblo, pero eso no significaba nada. Solo cuando llegó por aquí Gonzalo y me confirmó que habías muerto fue cuando me lo creí de verdad; mi mundo se vino abajo y mis esperanzas se quebraron. Decidí que no volvería jamás y comencé fríamente a valorar mis posibilidades en esta tierra; no podía continuar siendo un peón toda la vida, mi cuerpo no resistía las jornadas de sol a sol, el frío intenso cuando tocaba, la espalda doblada de la mañana a la noche. Quiso un golpe de suerte llamar a mi puerta. El patrón Mr, Chevalier, Michel, como le gustaba a él que le llamase (aunque para mí era realmente chocante tratar de tú a un patrón), aconsejado por alguno de mis numerosos compañeros que sabían de mis gustos por la literatura y la escritura, vino un día a ofrecerme un puesto para dar clases a sus dos hijos pequeños, y aunque mi conocimiento del francés era todavía un poco rudimentario, acepté encantado. Hubiese hecho cualquier cosa por alejarme un poco de los campos. Me puse manos a la obra; enseguida me hice con las lecciones, con los niños, con las letras, y volví a mi mundo, del que nunca debía haber salido. ¿Recuerdas, Magui? Yo quería ser profesor, y mira tú por dónde, acabé haciendo lo que siempre había soñado, aunque en francés.

Apoyé mi cara contra su pecho, un instante aprendido, un gesto involuntario.

—El patrón comenzó a sentir afecto por mí. Le confié mi
vida una tarde mientras me invitaba a una copa de vino y él me
regaló una vida nueva. Me convertí en capataz de las tierras, en
hombre de confianza; lo dirigía todo, como si fuese el propietario.
La gente que trabajaba para nosotros era sencilla, españoles exiliados
sobre todo; la lengua era fundamental para poder entendernos. Pero
al mismo tiempo continuaba con las clases, y otras que fueron sur-
giendo en haciendas vecinas. Tuve al final que improvisar un aula y
juntar a los niños de edades parecidas para facilitarme la tarea. Me
fui haciendo un hueco aquí, un mundo nuevo; no tenía tiempo para
pensar o añorar el pasado. Tu recuerdo me dolía todavía, así que
ocupaba todo mi tiempo hasta caer desfallecido por las noches de
cansancio; no quería soñar, ni buscar tu aroma en las noches, no
quería pensarte. El tiempo fue pasando. Mi amistad con el dueño de
las tierras se intensificó. Ya era uno más de la familia, como un tío
despistado que ha pasado un día a verles y se ha quedado para
siempre a vivir con ellos; los niños me adoraban, iban creciendo…
Entonces, sucedió que una mañana al alba, cuando me dirigía a
trabajar, encontré todas las luces de la casa encendidas y un gran
alboroto alrededor. ¡Michel Chevalier había muerto! Un infarto. En
su cama yacía todavía inerte y con los ojos muy abiertos. Su mujer
no pudo cerrarlos; era como si algo le hubiera sorprendido en mitad
de un mal sueño, ¡la muerte! Su mujer, Rose, quedó destrozada, desvalida. A punto estuvo de marcharse con su familia, lejos, a París,
pero las voces de alarma sobre una incipiente guerra con los
alemanes la retuvieron en el campo; no deseaba una vida para sus
hijos coartada de libertad, y aquí se sentía a salvo… Así fue como, a
través de ella, comencé a ocuparme de todo. Ella confiaba en mí. Yo
era, por decirlo de algún modo, su mano derecha, también la izquierda, sus ojos en el campo, la voz masculina que mantenía el

orden. Me volqué en el trabajo. Reduje las clases con mis alumnos; las trasladé a la tarde y a todas las edades en un mismo grupo; le consultaba todo lo que ocurría en la hacienda, despachaba los asuntos importantes, pero ella siempre tenía la última palabra; todo lo que antes hacía con el señor, con Mr. Chevalier, comenzaría luego a hacerlo con Rose. Y así, sin buscarlo, sin querer, el contacto diario y próximo fue creciendo entre nosotros. La soledad latente y dolorosa de ambos se hizo menos turbadora, las confidencias durante alguna cena que se alargaba más de la cuenta nos reconfortaban, su sensibilidad hacia las letras, la lectura y la poesía hacía que las veladas que compartíamos fuesen ricas y estimulantes; era como volver al pasado, me transportaban a Sabinas, a nuestros paseos por el río, a tu risa, a mi desvelo. Y me enamoré, nos enamoramos; quizá solo fuese la proyección de tu recuerdo, te veía en todas partes, eras su reflejo, sus manos, sus labios. Te imaginaba, te soñaba cuando la besaba, cuando le hacía el amor, y un día tu rostro se me hizo difuso, tu risa se hizo la suya, solo veía sus rasgos, solo percibía su aroma. Rose se apoderó de tu recuerdo, su afecto colmó mi desazón y la naturalidad nos llevó a hablar de boda; nos casamos hará poco más de un año. Cuando pedí los papeles a España, Vicente, mi amigo de Sabinas, ¿lo recuerdas?, me confirmó que nadie de tu familia había vuelto por el pueblo. Tu muerte se me hacía insoportable, ya no quería mirar atrás, Magui; y si me casaba con Rose, mi vida estaría resuelta. Sé que Rose no eres tú, y ahora que te veo, no lo será nunca, ¡ella es tan distinta! Pero hemos sabido entendernos, congeniar, aceptarnos con nuestras penas, compartirnos en los momentos difíciles…

Le puse una mano delante de la boca; no deseaba escuchar más excusas. Él ya había elegido su camino y yo volvería a mi vida, seguiría adelante, aceptaría que el destino tenía otros planes, inciertos todavía para mí; prefería gozar de nuestros últimos momentos juntos en silencio, nuestros cuerpos próximos, la emoción que emanábamos. Retiré la mano con suavidad de su boca y le besé en los labios, con toda la intensidad de la que fui capaz, con todo el amor que llevaba reservando durante siete largos años.

Le hubiese hecho el amor, se lo hubiese hecho mil veces allí aquella noche, hasta caer en la extenuación, hasta que mi cuerpo se le hubiese quedado grabado en sus huellas dactilares y nunca, nunca más pudiese borrarlo de su mente, de su recuerdo. En aquella ermita convertida en estudio, en zona de lectura, en clases improvisadas, entre poemas y letras, le hubiera hecho el amor; sí, lo habría hecho, sin el menor remordimiento, porque los papeles no eran los legítimos; Rose era la impostora, la usurpadora, había ocupado mi espacio, mi cuerpo, mi aroma, mi risa, pero ahora estábamos allí, solos, besándonos, recorriéndonos con nuestras manos precipitadamente, reconociéndonos en el otro; un camino ya recorrido… de sobras conocido.

De pronto, irrumpieron en la ermita dos chiquillos con el pelo revuelto hablando en francés; iban riendo, dándose manotazos… Apenas pude mirarlos. Me pareció que tendrían alrededor de diez años. Sus miradas interrogativas y silenciosas se nos clavaron en la piel; no sé si entendieron lo que allí estaba pasando, pero después de unos segundos, que se me antojaron interminables, enfrentándonos, huyeron despavoridos, esfumándose por donde habían venido.

La puerta se quedó abierta, la magia de nuestros cuerpos se había roto, dejándonos doloridos y culpables, ¡mi viaje al pasado acababa de finalizar!

No hacía falta que me dijese que los niños que habíamos visto eran los hijos de Rose, y no era difícil imaginar que esa noche Agustín tendría un serio problema, pero eso ¡ya no era cosa mía!

—Me alegra haberte visto, Agustín —dije tristemente apoyando mi mano sobre su hombro. Me giré para recomponerme el vestido; lo hacía torpemente mientras Agustín me miraba, ¡sentía tanta vergüenza!

—Me atormenta la idea de no volver a verte —dijo susurrando y acercándose de nuevo a mi espalda.

—Ya no tenemos ninguna posibilidad, Agustín —contesté— y tú lo sabes. Vine solo porque necesitaba saber que lo nuestro había sido de verdad... ¡Ahora puedo partir tranquila!

De pronto, me entró la urgencia de escapar de allí, no podía mirarle más a los ojos, no quería tenerle cerca; o volvería a abrazarle, a besarle, a...

—Tengo que marcharme; se me ha hecho tarde, casi es de noche y madre me necesita, ¿me acompañas hasta la casa del tío Prudencio?

—¡Claro que sí, Magui! —dijo. Y acercándose de nuevo a mí, me abrazó, fuerte, muy fuerte, y nos fuimos de la ermita cogidos de la mano hasta el coche, y me abrió la puerta, y durante todo el trayecto hasta la casa del tío Prudencio mantuvo su mano en mi pierna, con la mirada perdida, con los ojos llorosos.

Cuando el coche paró, nos miramos. Ya no quedaba nada más que decir, nada. Le cogí la mano y se la solté de mi pierna.

—Adiós, Agustín —dije abriendo la puerta e inclinándome para salir.

—Nunca te olvidaré, Magui —fueron sus últimas palabras, que quedaron suspendidas en el aire nocturno de Francia.

No me volví. No contesté. Escapé corriendo hacia la puerta de la casa, sin pararme, llorando, destrozada, deseando no encontrarme con nadie. Mi único anhelo era refugiarme en mi habitación, de todos, del dolor, tumbarme en la cama y llorar, llorar todo lo que no había llorado durante el día... todo lo que no volvería a llorar nunca más en toda mi vida.

*Cuando te tambalees bajo el peso del dolor y*
*agotes el manantial del llanto.*
*Cuando te exaspere el resplandor del día*
*y anheles que una noche eterna se abata sobre el mundo.*
*Entonces, solo entonces,*
*piensa en el despertar de un niño".*

Yo pensé en Piedad.

*Un país no es donde nacemos, sino el lugar donde elegimos*
*vencer el miedo de vivir.*

Madre eligió Sabinas; Agustín, Francia, junto a Rose y yo
decidí que mi lugar, mi lugar... era junto a mi niña, Piedad.

# CAPÍTULO 22
## «Francis»

Jamás hubiese imaginado que cuando subí a aquel autobús de vuelta a mi casa y me despedí fugazmente de mis yayas al final del verano, nunca más volvería a ver a Magui.

Magui se llevó los últimos días de mi infancia, mis veranos en Zaragoza; se llevó la Navidad, la magia cargada de ilusión, y las comilonas familiares; se llevó la armonía de la familia, mis siestas y la alegría de mi madre.

Cuando murió, me di cuenta de que su historia había quedado incompleta, que ya no podría contarme qué había pasado con Piedad; me di cuenta de que nadie más me arrullaría durante un cuento, que su aroma se extinguiría entre guisos y ventilaciones matutinas, y me sentí desvalida, muy desvalida.

Una mañana me acerqué a mi madre; era temprano y estaba todavía recostada; mi padre se había ido a trabajar. Hacía pocos meses que Magui había muerto y, desde entonces, ella estaba siempre triste, taciturna; me tumbé a su lado, abrazándola, consolándola y fue así como comencé a preguntarle. Yo quería saber más, completar mis lagunas, indagar en el resto de la historia, pero no estaba segura de que mi madre deseara hablar, así que comencé tanteándola.

—Mamá, Magui me contó su vida durante las siestas del verano, pero no la acabó; me prometió que la continuaría y ahora se ha ido y no podré preguntarle más —dije llorosa.

—Quizá pueda ayudarte yo —dijo sonriendo.

—¿Por qué no me cuentas cómo fue tu infancia?

* * *

Mi madre me contaría muchas cosas desde la perspectiva de la niña que un día cogió una maleta y, de la mano de su tía Magui, a la que solo había visto una vez en su vida, emprendió un largo viaje sin retorno.

—No volví a ver a mi hermana. Tengo de ella un recuerdo difuso, dulce y triste al mismo tiempo; soy capaz de recordar escenas, momentos puntuales, pero todo es vago y está revuelto entre mis recuerdos. Al principio pensé que solo estaría unos días con mi tía Magui en Zaragoza, o con la abuela Clara en Sabinas; pero el tiempo pasó muy deprisa y las semanas se convirtieron en meses y los meses en años.

Me adapté enseguida a las costumbres de Magui. Me sentí querida y atendida desde el primer momento; la casa de Independencia se convirtió en mi hogar, Magui en mi madre y don Manuel en el abuelo Piquito.

Pasados casi tres años desde mi partida, recibí la única visita que mi padre mi haría en todo aquel tiempo. Recuerdo que no quise estar con él, ya no le reconocía; él se mostraba afectuoso, me cogía en brazos, me besaba la cara, las manos pero yo me sentí en todo momento incómoda, tímida ante tales muestras de afecto de lo que para mí, era un auténtico desconocido.

Tampoco a él le volvería a ver. Murió al año siguiente, de cáncer de pulmón. No fuimos a su entierro y con el tiempo lamenté que aquel encuentro, el último de nuestras vidas, hubiese sido tan frío. No me mostré amable en ningún momento; supongo que partió con el corazón roto de tanto desamor. Mi familia era tan solo polvo en el camino, ya no había nada que salvar; un padre y un hermano muertos, una hermana cada día más enferma de tuberculosis y una madre coraje que luchaba incansable por ella. Y mientras yo, la más pequeña, vivía ajena a tanto dolor, lejos de todos ellos.

Sin embargo, mi hermana sobrevivió a mi padre, contra todo pronóstico.

Casi diez años habían transcurrido desde que Magui se me llevara a Zaragoza aquel día de otoño, diez largos años, cuando nos enteramos de que Rosario había muerto; una víctima más de la guerra, de la falta de alimentos, de medicamentos. Enferma durante tanto tiempo, al final no pudo recuperarse. Mi madre luchó con uñas y dientes por traerla a la luz, pero su organismo no pudo con la enfermedad. Durante todo ese tiempo, Francis, mi madre, no vino a visitarme nunca.

Cuando decidió volver a Zaragoza, lo hizo completamente sola, sin nada. Todo lo dejó atrás, en Valencia: su casa, sus cosas, su marido y sus dos hijos, Ricardo y Rosario. Hizo una maleta, metió lo justo y se puso en camino, sin pretensiones, sin ilusión, a enfrentar un futuro en soledad, un viaje de retorno al hogar de la infancia, un viaje hacia mí; pero yo no la quería, y ella lo sabía.

*Te dijeron que el sur estaba en el norte,*
*que era lo mismo en otro lugar,*
*pero en otro lugar nada es lo mismo.*

Flavia Company

Jamás intentó imponerme su amor; sabía que era una batalla perdida de antemano; se conformó con estar cerca, en un segundo plano, siempre a la sombra de Magui. Aceptó volver al pueblo a cuidar de madre, acompañarla en su vejez; pero después de estar tanto tiempo fuera de Sabinas, viviendo una vida propia llena de quehaceres, con sus hijos, en varias ciudades, las cuatro calles y la misma gente de Sabinas le asfixiaban hasta ahogarla; por eso, de vez en cuando, venía a Zaragoza y pasaba unos días conmigo para alejarse, para respirar, y también para acercarse un poco más a mí.

Poco a poco fuimos recuperando el tiempo perdido, pero nunca la consideraría mi madre realmente; Magui era mi único universo, a quien le contaba mis desvelos, en quien confiaba sin recelo.

Sin embargo, con el paso de los años, aprendí a valorarla y a quererla, por su carácter fuerte y valiente, por su sencillez, por su determinación de seguir siempre adelante pese a los reveses que la vida le había deparado, pese a la tristeza, pese a todo; como un ave fénix, resurgía de sus cenizas y alzaba el vuelo; nada ni nadie podía con ella, el desaliento no existía en su vocabulario y siempre decía la misma frase:

*Yo los problemas me los cargo a la espalda...*, y entre risas proseguía: *por eso estoy tan cheposa.*

Nadie hubiese imaginado al conocerla que aquella mujer alegre y divertida había sufrido de tal forma en su juventud.

Sin embargo, jamás hablaba de ello, su pasado no existía.

\* \* \*

Mi abuela Francis murió a los 98 años. Disfrutó una larga vida, sobre todo la de los nietos, colmada de amor y dedicación.

Sobrevivió a todos sus hermanos: a Magui, a Gonzalo y a Fátima. Un día, en casa, tropezó y se cayó; mi madre la encontró en el suelo, magullada y dolorida. Pacientemente, entre bromas y chascarrillos, esperaron a una ambulancia. Cuando la ingresaron, tenía rota una cadera. La operaron... ya era mayor.

Nunca despertó.

Entró en un mundo de tinieblas y la luz se la llevó dos meses después.

# AGRADECIMIENTOS

Quisiera, en primer lugar, agradecer su incondicional cariño al grupo original de escritura creativa de mayores; con todos ellos compartí algo más que una puñado de letras y lecturas dispersas, compartimos el saber de la experiencia, el compañerismo y el apoyo mutuo. De aquel grupo ya casi no queda nadie solo el maestro que lo dirigía, el poeta Alberto Cubero, cuyas letras, en algunos poemas, están presentes en este libro. Gracias a su motivación me lancé a escribir y me sumergí en esta difícil e incomprendida tarea de las letras, donde todas las horas que dedicas son pocas, y todos los conocimientos que atesoras se quedan cortos; donde avanzas sin darte cuenta y casi sin percibirlo, llegas al final. Y cuando esto ocurre, te sientes vacía, como si toda la flema literaria se hubiese volcado y derramado y ya no quedase nada más. Hasta que de pronto te viene a la mente una idea, una frase, y dices:

¡Ya sé cómo va a empezar mi próxima novela!

Muy cerca de nosotros, estaba sentada en un despacho pequeño y acogedor, una persona muy especial que trabajaba sin descanso por la mujer, Dona Madridejos. Ella me permitió acceder a este grupo de escritores mayores en el cual yo era una benjamina pero vio en mí la necesidad de hacer algo bueno, la inquietud que te despiertan los cambios de la vida; me acogió en un momento en el que una noticia sobre mi estado de salud sacudió mi mundo y me dejó participar, sin preguntas, sin dudas. Gracias, Dona.

Quisiera agradecer a mi querida doctora, Mercedes Sobreviela, su interés y su profesionalidad, siempre más allá de la estricta relación paciente-médico, su amistad y afecto sincero y sobre todo, mi vida. Después de muchos años en sus manos, confío seguir muchos más.

Soy muy afortunada; tengo muchas amigas y algún buen amigo, sinceros, cercanos en espíritu, aunque a algunos de ellos la vida se haya ocupado de alejarlos de mi lado. Pero en todos y cada uno pienso cuando les agradezco hoy su cariño, sus llamadas, sus alientos en momentos bajos, sus risas contagiosas cuando hacen falta; ellas y ellos saben quiénes son.

Por fortuna, también tengo alguna buena amiga cerca, cuyo calor cotidiano me reconforta; un café mañanero, un recado en compañía, una ayuda cuando la necesitas, una comida en pleno centro de Madrid compartiendo confidencias y sonrisas. A ellas, más que a nadie, les debo todo mi sosiego y les reconozco su amistad.

A Guillermo, poeta y colaborador de esta edición, gracias por haberme ayudado sin apenas conocerme y sobre todo por haber diseñado justo la portada que yo siempre quise. A veces, hacen falta pocas palabras, quizá solo unos versos, para que las personas encajen. Mil gracias a David y sobre todo a Lourdes por insistir y presentármelo.

A mi madre, a quien le agradezco todo lo que una hija puede recibir y más, sus desvelos, su amor, sus llamadas interminables, su oído atento cuando le leo un capítulo a deshora, su apoyo para seguir adelante, su consejo, sus ganas de vivir, su fuerza, sus valores; infinitas gracias, mamá.

A mi padre, que aunque siempre parece estar en segundo plano, en una apaciguada sombra, ha contribuido, y mucho, en la mujer que hoy soy. Gracias, papá, por tu crítica, por ayudarme en todo, por estar siempre ahí cuando te necesito, por tus manos en el piano regalándonos tardes de melodías incansables, por haberme dado la posibilidad de crecer en conocimientos sin menospreciarlos y sobre todo, por tu silencioso cariño.

A mis hermanos, a todos ellos, porque me regalaron una infancia, un universo rico y variado, lleno de ternura, juegos y compañía.

A mis hijos, Adriana y Samuel, que guardaban silencio cuando me veían sentada en el ordenador tecleando y cerraban las puertas sigilosamente diciendo "mamá está trabajando"; a ellos, que aun siendo pequeños, han sabido comprender mejor que nadie lo difícil que es crear un mundo paralelo, la imaginación que hace falta para soñar y trasmitir; a ellos, a mis niños, gracias infinitas por estar ahí.

Y en especial, a mi marido, Miguel, que lleva dándome la mano más de la mitad de mi vida. Hemos dado muchas vueltas, pero siempre logramos adaptarnos allá donde vamos. Me reconforta su imagen, su presencia, su mirar sincero, sus silencios, su amor. No necesito más; el resto es superfluo y prescindible. Gracias, mi amor, de todo corazón.

Y finalmente, quisiera agradecerles a ellos, a todos los escritores del mundo, afamados o anónimos, poetas, novelistas, filósofos, su dedicación a las letras, sus palabras, su inspiración, su tiempo. Gracias a los innumerables libros que han caído en mis manos desde que la pasión por la lectura me envolvió hace ya muchos años. He podido crear mi propio mundo paralelo; mi estilo se ha conformado y enriquecido generosamente de cada uno de ellos.

Particularmente, quisiera agradecer su presencia a aquéllos que cito en este libro; me han acompañado incansablemente, con su fuerza, con su alma y con todas y cada una de sus palabras.

¿Quieres conocer un poco más a la autora?
¿Sabías que su color favorito es el amarillo?

Clara Fuertes nació en el corazón de Castilla y León, en una villa llamada Aranda de Duero (Burgos) y en un año decisivo, 1975. Pasó su infancia y parte de su adolescencia en una ciudad que ama, Valladolid. Sin embargo, su alma siempre fue aragonesa y *Agua de Limón*, su primera novela, sabe muy bien por qué. Después de cursar estudios universitarios, enamorarse de verdad, ser madre dos veces y trabajar en la docencia, la escritura se convirtió en su vida, en su lugar favorito del mundo.

Hay momentos en la vida de una mujer, en los que una se mira, se detiene y se descubre por primera vez. Tu propio encuentro es algo increíble, y te das cuenta de que todas las experiencias y conocimientos adquiridos a lo largo de los años han tenido un único y verdadero fin, escribir.

Viajera incansable, amante del arte, la lectura y el cine.

Su palabra escrita es denuncia *(Otoño desde mi ventana, ¡Háblale!.... A quien comprenda tus palabras).*

Su palabra es esencia, amor, crítica, desvelo, biografía, historia *(Agua de Limón, El gran dragón negro, Mi querida Irène).*

Su palabra es viaje, compromiso *(Luz de Abril)*.

Su palabra es infancia, familia *(La estela de Lidia, y otros cuentos ilustrados en verso)*.

¡Su palabra está hecha de mujeres!

Descúbrela en:

En Facebook: @ClaraFuertesEscritora
En Twitter: fuertes_clara
En Instagram: fuertes_clara
Y en su página de autor en Amazon:
http://amzn. to/2qp5vgU

Ha ganado varios premios:

•Primer premio, en la I edición de micro relatos sobre la violencia machista de la Asociación de mujeres Amparo Poch con un relato que lleva por título, *Crónica de una muerte anunciada.*

•*La pandilla Maravilla*, álbum ilustrado infantil, primer premio de la I edición del concurso de Literatura Infantil del Ayuntamiento de Santa Marta de Tormes, organizado por la Universidad de Salamanca.

•Primer premio, en el I certamen de micro relatos Internacional Valores Humanos, con el relato *Palabras de lapicero.*

Agua de Limón
Clara Fuertes

Basada en una historia real

**LUZ DE ABRIL**

*Clara Fuertes*

*Un viaje a la India. Un viaje hacia el amor.*

# EL GRAN DRAGÓN NEGRO

## Clara Fuertes

CLARA
FUERTES

¡HÁBLALE!

A QUIEN COMPRENDA TUS
PALABRAS

# Otoño
### desde mi
# ventana

*Clara Fuertes*

De la autora de las inolvidables novelas
*Agua de Limón* y *El gran dragón negro*.

# MI QUERIDA
## *Irène*

Basada en una historia real

## CLARA
## FUERTES

# ¡FELIZ LECTURA!

Printed in Great Britain
by Amazon